# 上海烟云

朱少伟 著

# 序

听文友说,早在上世纪九十年代中期,朱少伟先生就因为写作面广而被不少报刊称为"杂家",近年他更是拥有了"通才"之誉。确实,他无论作为一位作家,还是作为一位学者,都有着独特之处。

我曾经在报刊上看到朱少伟先生的大量文章,有些还被剪存作参考,可谓"神交"已久。然而,彼此相识则是在数年前,那次一起在杭州西湖畔参加会议,遇空结伴闲逛,互相之间挺谈得来,很快成为知交。临别时,当他惠赠几本自己的作品,我不禁眼睛一亮:其中既有小说、散文,也有随笔、杂感,还有札记、论文,体现出了一种"复合型人才"的风格!

我当过两届地方政协委员,所以一直订阅相关报刊。记得在2014年2月,《联合时报》发表了记者采写的《朱少伟:执著追求"博大精深"》,开头就点出:"多年来,朱少伟的小说散文、童话故事、文史随笔、学术论文频频出现于各地报刊,其笔触或生动感人,或幽默风趣,或词锋犀利,或矜持老练,因而有了'学者型的作家,作家型的学者'之誉。"通过这篇四千多字的专访,我对朱少伟先生又有进一步的了解:原来,他从农场考入复旦大学读书期间获史学大师周谷城教诲于先,接着又得"补白大王"郑逸梅提点于后,加之本人兴趣广泛、勤奋阅读,因此不断接近"博大精深"的目标;他对中共党史、上海史、文学翻译史、佛教文化、海派文化、中西海上交通史、现代报刊史、江南民俗、沪郊方言等都有研究,而且成果颇丰。从此文中,我也知道他担任了不少社会职务,平时工作之繁忙完全可以想见,却始终没有放弃治学和"爬格子",但综合地来看,可以认为他在上海史方面花的精力尤其多。

朱少伟先生对上海史的钻研,并未局限于"通史",而是多角度的,他的研究文章《在六朝时期上海地区是"仙鹤之乡"》《唐宋时期上海地区就有对外贸易港》《明清上海法华牡丹堪称"江南一绝"》《明代上海水蜜桃曾为"天下冠"》《郑和船队与上海古灯塔》《上海路名中的旧园痕迹》《南溪草堂:孕育上海一个名门望族》等,都吸引了许多读者。或许因为早年主编过《上海故事》杂志,他对申城逸闻的搜集也乐于付出大量心血,这本《上海烟云》可算成果之一。

《上海烟云》虽然带"传奇"性质,却又不同于一般通俗文学作品。例如,对昔日上海镇守使郑汝成在外白渡桥殒命、名医"张聋甏"抵抗哈同强迁、黄金荣从租界"包打听"升为督察长、杜月笙在十六铺靠削生梨发迹、"阿德哥"虞洽卿因祸得福、黄楚九精明的"生意经"、"出租车大王"周祥生以一部旧汽车起家、日本上海派遣军司令官命丧"祝捷"会、《新生》事件来龙去脉、海派作家穆时英遇刺之谜、发生在汪伪报社的反汪事件等都娓娓道来,极易使人在阅读时淡忘其包含文学创作成分。

当下,关于老上海的书籍品种甚繁,在书店的货架上几乎常目不暇接,此乃人们热切希望了解昨天的申城使然;但是,书的上架量大,不等于佳作就多,有些仅属"炒冷饭"而已。我敢说,《上海烟云》则别具一格,有新颖的视角、独到的思考、清通的笔法,努力做到了"推陈出新",不失为一本折射老上海风情的好作品。我也相信,读者会喜欢看这本书。

凛 寒

2015年春于望江庐

# 目 录

序　　1

惊心动魄的狙击——上海镇守使殒命外白渡桥　　1

"地皮大王"碰壁——名医"张聋甏"勇抗强迁　　9

"亨达利"与"亨得利"——南京路大老板打官司　　15

从"包打听"到督察长——黄金荣升官记　　21

削生梨的高手——杜月笙在十六铺发迹　　33

因祸得福——"阿德哥"的时来运转　　39

巧妙应对外国瘪三——黄楚九的"生意经"　　47

从一部"野鸡汽车"起步——"出租车大王"周祥生的精明　　61

沧州饭店里的倩影——宋美龄被绑案始末　　71

虹口公园爆炸案揭秘——日本上海派遣军司令官命丧"祝捷"会　　87

《闲话皇帝》的余波——"《新生》事件"来龙去脉　　95

"民国第一杀手"的失算——王亚樵脱险记 103

民国前总理倒在客厅内——唐绍仪遇害真相 129

福煦路的黄昏——中统女杀手除奸 139

没有硝烟的战场——"谍海才女"在魔窟 173

练就绝技的女盐贩——"双枪黄八妹"其人 199

福建路的枪声——海派作家穆时英遇刺之谜 207

巨奸惊魂——发生在汪伪报社的反汪事件 213

扬子江上的风浪——在日伪眼皮底下运炮筒 225

存入银行保险箱的密信——周佛海未被枪毙笼罩迷雾 245

"小数点"的奥妙——一则"爆炸性新闻"背后 263

漕河泾的薄暮——蒋介石给"师父"拜寿 291

跋 331

# 惊心动魄的狙击
## ——上海镇守使殒命外白渡桥

外白渡桥是老上海的标志性建筑之一，与它相关的不少故事长期流传于民间。其中，当年陈其美组织革命党人狙击上海镇守使郑汝成的秘闻，可谓惊心动魄。

## 固守制造局

袁世凯在北京攫取临时大总统职务后，为建立独裁统治全面改组临时政府，竭力扩充自己的嫡系，并对革命党人举起屠刀。1913年3月20日，根据他的密令，杀手在上海沪宁车站（今天目东路北火车站旧址）行刺国民党代理理事长宋教仁。这种倒行逆施使舆论哗然，令民众震惊。

孙中山迅速从日本赶回上海，坚决主张武力讨伐袁世凯。他在同孚路（今石门一路）21号黄兴寓所召开紧急会议，与黄兴、陈其美等商讨策略，明确提出："所能解决者只有武力"，"惟有出其不意，攻其不备，迅雷不及掩耳，先发始足制人"，"否则时机一纵即逝，后悔终嗟无及"。

为控制上海这个东南大都会的局势，袁世凯让"权谋诡谲，干练多才"的亲信郑汝成率领"应瑞"、"肇和"两舰，护送临时改编的海军警卫队一千三百多人搭乘轮船招商局的"新昌"、"安平"两轮南下，直驶黄浦江。

郑汝成是河北静海（今属天津市）人，早年考入天津水师学堂驾驶班，1886年秋被马尾船政局选派去英国留学四年，回国后历任威海水师学堂总教习、北洋常备军军政司教练处帮办、海军处机要司长、海军部军制司长、烟台海军学堂监督等职；1912年上半年，曾任大总统府高等侍卫武官，成为袁世凯心腹；1913年初，被授予海军中将之衔。他声称要"拼死报答主知"，7月上旬到达上海，就进驻江南制造局（今江南造船厂旧址），占据了军火库。

随着"二次革命"爆发，陈其美担任上海讨袁军总司令，设司令部于南市，并在7月18日宣布独立。此时，上海讨袁军约有七千五百人；吴淞要塞司令姜国梁也投向革命党人，对进逼吴淞口的"飞鹰"号驱逐舰进行炮击。陈其美认为兵工厂是部队的命脉，希望通过"磋商"接收江南制造局。然而，郑汝成傲慢地加以拒绝，并命令士兵们抓紧修筑工事。袁世凯闻讯，马上任命郑汝成和海军总司令李鼎新为前敌指挥，与上海讨袁军对峙。郑汝成虽然扬言要与革命党人决一雌雄，却为防万一将指挥所设于黄浦江上"海筹"舰。

上海商界害怕发生战乱，要求和平解决事态。据《民立报》披露，在7月19日，地方绅士李平书、王一亭去江南制造局面见郑汝成等，"告以上海刻下秩序不安，若再坚持，设有事端，商民生命财产势必糜烂不堪，务请顾全大局"，未获结果。第二天，李平书又邀请陈其美、郑汝成、李鼎新等在高昌庙自来水厂（今南市自来水厂）会谈，提出："将制造局军火一并封存，等南北大局定夺后，再行办理。"郑汝成态度强硬："吾等奉袁大总统之命来此保护该局军械，断难违命。"上海总商会见此情形，便发公函称："全体开会决议，上海系中国商场，既非战地；制造局系民国公共之产，无南北争持之必要。无论何方先启衅端，是与人民为敌……"该信貌似中立，实际是转而向上海讨袁军施加压力。

7月23日凌晨，陈其美指挥部队向江南制造局出击，激战一小时，攻入该局第一道大门。高墙内的敌军凭借有利地形和火力优势，固守第二道大门；郑汝成、李鼎新则让黄浦江上"海筹"、"应瑞"、"肇和"、"海琛"、"镜清"等舰集中炮火，进行猛烈轰炸。上海讨袁军的炮兵营被摧毁，死伤百余人，一下子失去攻坚能力。

当晚，上海讨袁军再次向江南制造局东、西两侧进攻，一度突破东栅门，但仍被黄浦江上各舰的炮火击退，死伤六百多人。郑汝成更加嚣张，竟公开发出威胁："如果陈其美不取消所设司令部，就炮轰南市。"陈其美为避免殃及无辜百姓，遂将司令部撤往闸北。

面对严重挫折，上海讨袁军并未气馁，又相继向江南制造局发动了几次进攻，均因敌军工事坚固、火力密集，且有舰炮随时支援，虽经浴血奋战，终不能克。另外，郑汝成还故意向闸北炮击，使租界当局找借口派巡捕和万国商团进驻该地，从而逼迫陈其美把司令部迁至吴淞一带。

7月28日，郑汝成因"战功卓著"，升任上海镇守使。不久，他率舰至吴淞口，与北京海军部派来的海军陆战队会合。各舰环列江面，轮番猛轰吴淞炮台；海军陆战队也迂回江湾，从侧面进行袭击。上海讨袁军伤亡严重，只好放弃吴淞炮台，转移到嘉定，最终不得不解散队伍。陈其美先暂避租界，旋流亡海外，行前在心里暗暗发誓：郑汝成乃袁氏凶恶鹰犬，吾终将与之清算！

## 肆虐上海滩

郑汝成担任上海镇守使不久，兼任上海警备地域司令官、淞沪一带接战地域司令官、江南制造局总办，又获海军上将之衔，并被授权"指挥一切事宜"。他独霸一方，自诩"以力战而存制局，以声威而复淞台，邻省闻名，列邦喧传"，屡屡胡作非为，上海从此进入黑暗的北洋军阀统治时期。

为取悦于袁世凯，郑汝成首先对上海民众在辛亥革命中取得的成果进行反攻倒算。很快，带有地方自治色彩的上海市政厅被改为上海工巡捐总局，观察使被改称沪海道尹，县民政长被改称县知事，各初级审判厅也全部被裁撤。

随即，郑汝成疯狂追杀革命党人，到处张贴告示宣布"留藏匪类者，处死"，让军警在南市、闸北等地挨家挨户搜查；他对于藏身租界的一些上海讨袁军官兵，或与密探联手伪造函件诱捕，或收买流氓下毒手，后来又按照袁世凯的电令以"划分警权"名义满足租界当局的扩张要求，换取其帮助捉拿"国事犯"。1914年夏，范光启接受孙中山指示抵沪，在葛罗路（今嵩山路）设立机关，一面联络革命志士，一面说服驻军中有反袁倾向者作内应，准备攻打上海镇守使署；不料，该行动为郑汝成侦悉，范光启在机关起草军书时遇害，受牵连的二百多人也都被枪毙。在这个袁世凯爪牙坐镇上海期间，报纸上不断登出"破获乱党机关"、"乱党分子被正法"的消息，惨遭杀戮者数以千计，以至老百姓中流传这样的顺口溜："镇守使署鬼门关，党人一去不复还。"

1915年5月9日,袁世凯接受日本政府最后通牒,承认耻辱的"二十一条",并加快恢复帝制的步伐。在群情激愤之中,郑汝成却指责反日爱国运动是"煽惑滋事"、"要挟政府",叫嚣愿"以一身独当东南各省反对之冲"。5月24日,上海各团体近万人在南市举行大会,强烈要求抵制卖国条约,他派军警到现场进行镇压;第二天,市民们仍聚集开展抗议活动,他再次派军警前往"弹压禁阻"。

匿居上海的革命志士曾多次秘密商议,想除掉这个血债累累的家伙。其中的杨殷血气方刚,决心不惜牺牲自己,为民除害。在同仁们的配合下,他仅用数日就摸清郑汝成出巡的规律。有一天,他化了装,腰间揣着炸弹,耐心守候在一个路口。当郑汝成在卫兵簇拥下穿过马路时,他果敢地掷出炸弹,霎时一声巨响,尘土飞扬。他趁乱躲进附近的理发店,见郑汝成只受了点轻伤,颇为遗憾。郑汝成为之胆战心惊,此后再也不敢招摇过市,耀武扬威。

## 血溅豪华车

1915年秋,陈其美奉孙中山之命潜回上海。10月29日,他设机关于法租界环龙路渔阳里(后称老渔阳里,今南昌路100弄)5号,筹划在沪发动起义。

此时,郑汝成号称拥有"精兵十万",继续唯袁世凯马首是瞻。陈其美分析情况后,决心设法铲除他,这一是为去掉严重的军事威胁,二是为替昔日攻打江南制造局和坚守吴淞炮台而牺牲的革命党人报仇。

不久,陈其美得到一个消息:在日本大正天皇登极之日,日本驻沪领事馆将举行庆祝招待会；郑汝成是地位显赫的上海头面人物，以前又曾随使考察日本海军，接受了"旭日中绶章"，肯定要亲往致贺。他觉得必须抓住这个绝佳的机会，便立刻在渔阳里机关召集骨干会议，布置迅速物色一批机智灵活、枪法娴熟的敢死之士。

11月9日，陈其美在萨坡赛路（今淡水路）14号寓所与杨虎、孙祥夫等共同进行周密部署。大家商定，明天让那些被选中的敢死之士分组埋伏于郑汝成可能通过的路段见机行事，其中跑马厅（今人民广场、人民公园）、十六铺、黄浦滩（今外滩）、海军码头均属重要地点。因外白渡桥是从沪南去苏州河北岸日本驻沪领事馆的必经之处，所以这里的狙击由孙祥夫指挥，机关人员周淡游协助、尹神武策应。

陈其美意识到此事绝不能有失误，一旦打草惊蛇，后果难以预料，便于当晚专门召见枪法娴熟的王明山、王晓峰，两人的原籍分别为吉林和山东，都是在赴浙经沪时为他所留，并安顿在宝昌路（今淮海中路）宝康里。陈其美说："欲在沪发难，必先杀郑汝成，故杀郑既所以倒袁，亦既所以存民国也，二君之意若何？"两人毅然表示一定会在外白渡桥干掉郑汝成，并异口同声道："堂堂七尺之躯，献之于国矣。"

再说郑汝成，虽然把上海镇守使署设于江南制造局龙华分局（今龙华路2577号），却常待在江南制造局，因风闻革命党人绝不放过自己，为保险起见整天不敢离开那戒备森严的办公室。

当他在灯下端详着手上的日本驻沪领事馆请帖，不禁左右为难：如果推辞，既有失面子也违背老袁旨意；要是去了，则可能会遭暗算回不来,到底怎么办呢?一边的副官见状,出了个主意:"黄浦近在咫尺,大人何不走水道?"郑汝成拍了一下桌子:"此举堪称出其不意,试看乱党奈吾何!"那副闻言官连忙去安排。

11月10日上午,各行动小组都进入指定地点。王明山怀揣数枚炸弹、王晓峰腰插两支驳壳枪出现于苏州河畔,混杂在川流不息的行人中间。郑汝成头戴白羽金帽、身着佩戴多枚勋章的海军上将礼服,悄悄乘汽艇来到附近码头,然后不动声色地钻入一辆黑色豪华车,前往日本驻沪领事馆招待会会场。

中午时分,郑汝成的车缓缓驶上外白渡桥。王明山看清目标,立即扔出一枚炸弹,但因用力过猛没投中。司机见势不妙,慌忙猛踩油门,企图加快速度逃跑。王明山盯住不放,赶紧丢了第二枚炸弹,只听"轰"的一声巨响,车尾被炸坏。王晓峰乘势冲上去,举起驳壳枪连续射击,使郑汝成脑浆迸裂,马上殒命。两人见郑汝成已死,放声大笑,从容被捕。

在刑讯中,王明山、王晓峰镇定自若,慷慨陈词:"郑汝成助袁世凯叛反民国,余等为民除贼,使天下咸知吾人讨贼之义,且知民贼之不可为。"当法官追问主使者及同伙时,两人一口承担:"事之始末,皆余二人为之,勿妄涉他人也";而且,还自豪地说:"吾为祖国立一大功,虽死无憾。"12月7日,两人就义于江南制造局西炮台。

袁世凯获悉悍将郑汝成一命呜呼,感到十分震惊,辍食终日以示悲哀;接着,下令追封郑汝成为一等彰威侯,把天津小站练兵营田三千亩赐给家属,又拟在上海及其故里建专祠祭祀。以大总统身份对部下封侯,简直不伦不类,弄得相关机构一时无从援例办理，因而《申报》一针见血地揭露这实际是"表示实行帝制之决心"。

袁世凯为加强防务，随即裁撤上海镇守使和松江镇守使，另设松沪护军使，并增派北洋军第十师驻扎上海。尽管如此，革命党人仍在上海坚持斗争，拉开了武装反对恢复帝制的序幕。

# "地皮大王"碰壁

## ——名医"张聋鼚"勇抗强迁

上海过去有这样一句流行语:"生了伤寒病,快寻张聋鼚。"张家从明末就开始悬壶济世,"张聋鼚"(原名骧云,又名世镳,字景和)作为其第九代传人,因用药果断、配伍确当,声望或医术都达到新的高度,他在民国初期已成为申城的中医名家。

那么,"张聋鼚"的称呼是怎样产生的呢?

那是由于这位名医早年为一个"烂喉痧"患者出诊,检查那人喉咙时,突然喷出的污物全吐在他脸上;他没计较,只随手揩了一下,不料回家后便感到浑身难受,听力很快下降,要靠自制的"喇叭筒"助听应诊,因而得了别名"张聋鼚"(上海方言把有较严重听力障碍者称为"聋鼚")。日子一久,"张聋鼚"被叫得妇孺皆知,他本来的名字反而遭遗忘。

"张聋鼚"毕生致力于伤寒热病的临床研究,倡导"治伤寒、温热于一炉"的学说,著有《君相诊余随笔》等医学文稿,提出一套行之有效的治疗方法。

他融合各家学说,善用平常药料,临床讲究审诊求因、辨证论治,为医伤寒病研制出"张家膏",以"张聋鼚,一帖药"饮誉江南。

"张聋鼚"的诊所设在自己家中,那是一座坐落于上海爱文义路(今北京西路)文安坊的五进宅院,旁边还有小花园;第二、三进均用作看病,门前长年常挤满求医者,要挂号的人常天不亮就来排队，有些善动歪脑筋的家伙都起早排队"卖位置"，这可算"黄牛"的"前辈"了。

"张聋鬌"昔日在申城出名，除了由于医术高超、同情穷人，还因为他敢于同上海"地皮大王"哈同抗衡。

哈同是犹太人，他出生于巴格达，幼年生活很苦，靠拾破烂、拣煤块为生。1872年夏，哈同只身从印度抵达香港，靠打杂为生。翌年，哈同身穿深灰亚麻粗布无袖长袍，头戴一顶夹住头发的旧便帽，束着皮革腰带来到上海，在沙逊洋行做"司阍"（门卫）。

哈同天生具有好奇、冒险精神，他暗暗以同样是犹太人的老板沙逊为自己的人生榜样，并立志将来要超越沙逊。

哈同由于手脚勤快、为人谦逊，很快升任"管事助手"，负责看守鸦片仓库；这是个肥差，利用掌握的小权，常可收取提货人的贿赂，加上他偷偷贩卖鸦片、放高利贷，很快便攒下可观的财富，而且购置了几块零散的土地。

不久，哈同在虹口四卡子（今日鸭绿江路）遇见自称是中法混血的罗迦陵，他觉得她在母亲很早病故、父亲不辞而别的情况下做过外侨女佣、卖花女，却能自强不息学会说英语和法语，有着"助男运"，就决定娶为妻子。

1884年，中法战争爆发，清军在冯子材的率领下接连挫败法国侵略者的攻势，上海许多"洋大人"闻讯匆匆忙忙逃离，使申城房价一落千丈。罗迦陵也劝丈夫赴香港，暂避一下；哈同则感到这是千载难逢的好机会，他说服妻子，一起联络有实力的犹太人低价收房。当时清政府腐败无能，在军事上节节胜利之际"不败而败"，"洋大人"们陆续返回，上海又房价暴涨。一些从中获得暴利的外商对哈同感恩戴德，他名声大噪。

1886年秋，哈同在妻子的协助下，正式投身于房地产行业，他最终成为"犹太炒房团"中最耀眼的明星，从1897年开始担任上海公共租界工部局董事。

清末民初，哈同集团利用乱世不断发展，并在各种政治力量中左右逢源：宣统初年，罗迦陵曾去拜见隆裕太后的母亲并被收为义女，隆裕太后也亲自赐"福"字，接着她又被特封为"正一品夫人"；辛亥革命后，北洋军阀在上海的三个护军使均与哈同关系密切，民国大总统冯国璋、徐世昌都给他颁过勋章。这样一来，哈同在"十里洋场"就有了举足轻重的地位。

哈同所购置的房地产，不少均位于南京路（今南京东路）一带，这里逐渐发展为上海商业中心，成为黄金地段，店铺云集。

哈同不仅眼光独到，而且也很会作秀，他曾拿出六十万两白银，用铁藜木铺南京路：铁藜木结实，先截成二寸见方的块子，浸了沥青，再细细码成路面。哈同宣传说："铁藜木有弹性，踩上去很舒服，落雨时水一下子就能吸干。"消息传到外地，不免被添油加醋，铁藜木变成了"红木"，从此南京路的房地产价格更是扶摇直上，上涨竟逾千倍。后来，上海第一条有轨电车线路通到了南京路。

1904年，哈同经过多年经营、巧取豪夺，控制了南京路的大量房地产。因而，这个"远东第一富翁"根据妻子的要求，决定兴建上海最大的私家花园爱俪园（俗称哈同花园），并邀请清末名僧黄宗仰负责设计。

哈同仗着有租界当局撑腰，公然在涌泉浜一带（今上海展览中心）用竹篱笆圈地。凡是被划入的地方，全被硬拆强迁；对于持有异议者，他便以断水、阻路等手法施加压力。许多居民迫于无奈，不得不售地搬离。

"张聋鬈"的祖坟恰巧也在被圈范围的东南角，他拿定主意要抵制哈同的为所欲为。哈同碍于"张聋鬈"的名气，对这个"钉子户"先进行利诱，但丝毫没有奏效。于是，哈同干脆翻脸来硬的，顾自开始建园施工，在一片废墟上掘湖池、堆假山、修桥铺路、营造房屋，用了不到三年时间，中西结合的爱俪园亮相，但范围局限于静安寺路（今南京西路）、小沙渡路（今西康路）一隅，玫瑰色的大铁门朝北开；1910年，经过大规模扩建，又向西南延伸，占地已达三百余亩，格局以中式为主、西式为辅，景色幽雅宜人。

爱俪园分内园与外园两大部分，园中建造三个主厅、两座楼阁、十八座亭阁，并分布着佛塔、石舫、观云台、假山、池塘和花圃，景点共八十三处：如外园有"渭川百亩"、"大好河山"、"水心草庐"，内园有"天演界"、"飞流界"、"文海界"、"海棠艇"、"驾鹤亭"、"引泉桥"、"西爽轩"、"听风亭"、"涵虚楼"等。每个景点均由达官贵人、名家雅士题写楹联；园内还蓄养三匹从跑马厅（位于今人民广场、人民公园）高价购得跑过第一名的骏马，饰以华丽马衣，作为点缀。全盛时期园内有管家、警卫、雇工二百余人。

在此期间，"张聋鬈"极有骨气，对哈同毫不买账，他利用租界的法律条文把这个外国冒险家告到会审公廨和英国驻沪领事馆，与之打了一场马拉松式的官司。申城各界也提出抗议，积极声援"张聋鬈"。最终，会审公廨因受到社会舆论的压力，以及"张聋鬈"顽强地据理力争，被迫作出判决：哈同不得侵犯张氏坟址，爱俪园必须另辟小路供张氏祭祖时出入。

哈同把爱俪园比作"海上大观园",更把它看成颐和园,没料到却要在里面长期保留一块坟地。他虽觉得大煞风景,但碰了壁,不得不容忍"张聋鬈"及家人随意进出,到那儿祭拜祖宗。

"张聋鬈"于1925年辞世,而他的后代中依然人才辈出,其中不乏医学名家。他昔日勇抗强迁的故事一直流传于民间。

1931年6月,哈同在爱俪园撒手人寰,直至临终仍对那次强迁未成耿耿于怀,他留下了土地四百六十亩、房屋一千三百幢,以及价值百万英镑的珠宝。哈同去世前,已占有南京路地产的百分之四十四,如永安公司、新新公司、慈淑大楼等的地皮曾是他的产业,两侧的慈裕里、慈庆里、慈顺里、慈丰里、慈永里等也曾是他的房产。当年,据估计哈同遗产价值一亿七千二百万银元。按哈同生前所立遗嘱,其全部遗产归妻子继承,罗迦陵为此应交一千七百余万银元遗产税。1941年10月,罗迦陵病故,与其丈夫一样,也落葬于爱俪园。由于哈同夫妇二人留下的两份遗嘱有很大出入,其养子女(夫妇俩未曾生育)以及垂涎财产的各色人物纷纷登场,引发了轰动社会的遗产继承纠纷案。

太平洋战争爆发后,爱俪园被侵沪日军占为营地,建筑物被破坏殆尽;另外,还曾遇数次火灾,至1945年夏偌大的园林仅剩几间旧洋房。

当年,张爱玲在小说《连环套》中提到过它:"篱笆破了,墙塌了一角,缺口处露出一座灰色小瓦房,炊烟蒙蒙上升,鳞鳞的瓦在烟中淡了,白了,一部分泛了色,像多年前的照片。"

# "亨达利"与"亨得利"
## ——南京路大老板打官司

上世纪二十年代初的一天，上海南京路（今南京东路）"亨达利"钟表行的德国老板豪普，心情十分烦躁，因为离他钟表行不远的广西路（今广西北路）口，新开了一爿"亨得利"钟表店，生意十分兴隆，使"亨达利"的营业逐日下降。

豪普还听说，过去外地慕名改成"亨达利"的钟表店，也都在悄悄地改为"亨得利"了。真是墙倒众人推。这使豪普更加生气。他把账房王先生请到写字间，问："你调查'亨得利'的情况怎么样了？"王先生不慌不忙地说："东家，我仔细地调查过了，他们在二十几年前不过是宁波城里的一家杂货铺，由三个人拼股开的。以后三人合买了一张彩票，意外中了头奖，得了几万银元。这笔横财使他们大有转机，把店从宁波迁到上海，花了五万银元盘下那四开间店面……"

豪普越听越恼火，不耐烦地打断了王先生的话："我不能容忍这几个宁波人如此猖狂！王先生，你想想有什么办法封了他们的店门？"

王先生沉思了一下，说："要搞他们，只能从店名上做文章。他们和我们只是'达'、'得'一字之差，用上海话念起来简直一样，有点鱼目混珠。我看只有向上海地方法院告他们侵权，官司打赢了，不但'亨得利'的招牌保不住，还可要他们赔偿经济损失，准保这三个人要变成瘪三逃回宁波呢！"

豪普听了连声叫好，忙催王先生快送状子去法院。上海地方法院与别处不同,它设在租界里,外国有领事裁判权,一向打官司都要"华洋会审",中国法官反而成了陪客,因此洋人总占便宜。豪普控告"亨得利"由德商礼和洋行出面,他想打赢是十拿九稳的了。

这消息传到了"亨得利"那几个股份老板耳朵里,他们自然有点惊慌,立即召开董事会商量对策。商量了好半天,总没个万全之策。

最后,有个姓徐的董事自告奋勇地站了出来,愿意去打这场官司;他认为,欧战以后,德国是战败国,上海租界掌权的英美等国,不一定会帮德国人办的礼和洋行。董事会觉得徐董事说得有点道理,就同意让他去同"亨达利"周旋。

徐董事的师傅是杜月笙的门生,在上海滩有些办法。他听徒弟徐董事讲了来龙去脉后,想了一想说:"有句成语叫'剑拔弩张',那就是说有人拔出宝剑向你冲过来,你如怯懦逃掉,那人反而紧追不舍;你如把手上的弓拉满,箭扣在弦上严阵以待,他反而不敢下手。这事,你不妨去找同门师兄萧大律师,就说是我要他给你想想办法。"

徐董事喜出望外,谢过师傅就匆匆赶往萧大律师的事务所。

上海地方法院在租界中承办的官司,十有八九是商业上的民事诉讼。为了打赢官司,原告、被告都会向法院送礼行贿,因而那民庭推事只要做上一年,就发了财;由于是肥缺,那推事就像走马灯似的换个不停。现在刚上任的是花了"本钱"运动来的赵推事。

赵推事仔细读了礼和洋行代"亨达利"钟表店呈上的诉状,心中不禁一动:"亨得利"是上海滩上中国人开的大钟表店,油水很足。这场官司双方都是可输可赢:两店名字仅"达"、"得"一字之差,"亨得利"开店稍后,似有模仿"亨达利"之嫌;然而,告假冒必须完全相同,不能禁止别人近似。他想,我不如找了两家店来进行调停,捞些外快,再劝"亨得利"改名了事。主意打定,他就到院长那儿陈述了自己的想法。

院长听了哈哈一笑,从桌上拿起一份状纸递给他,说:"这是'亨得利'的反诉书,你拿去看看。"赵推事一听"亨得利"反诉,心里一沉,觉得这事不好办了。他接过状纸一看,"亨得利"告"亨达利"依仗洋行势力,垄断钟表经营,欺凌华商同行。"亨得利"已委托萧大律师全权代理,请法庭主持正义,令"亨达利"赔礼道歉,并补偿名誉损失费。赵推事越看心越冷,知道这位萧大律师是杜月笙门下一个讼棍,"亨得利"请他做代表出庭,说明背后有上海大亨支持。双方势均力敌,怎能调停?他不由愣愣地看着院长。

院长微微一笑,说:"我们不受理是不行的,双方都惹不起。不如明天就贴出公告,说本院受理'亨达利'与'亨得利'互控一案,因头绪纷繁,需较长时间进行调查,待调查告一段落,当开庭再行审理。老实说,这调查就是拖日子,我们拉满了弓,箭要看准火候才放!"

赵推事听了钦佩不已。他想:这家伙真不愧是老讼棍出身!

"亨达利"洋行老板豪普听说法院同时受理了"亨得利"的反诉,气得七窍生烟。他咽不下这口气,忙又和账房王先生商量。王先生是老滑头,早看出这是上海地方法院在坐山观虎斗。

他想了一会就献计说:"东家,法院想拖,说明了强龙不压地头蛇。他们不敢得罪我们,更不敢得罪上海大亨,这官司在上海难打。我想我们在天津有分店，'亨得利'在天津也有分号，可以由礼和洋行出面向天津地方法院控告。这样'亨得利'没有地方势力可依靠，官司也就好打了！"

豪普一听连声称好，第二天他就同王先生一起乘火车去天津告状了。

徐董事没想到"亨达利"来了这一手，觉得事情有点棘手，忙匆匆去找萧大律师。

萧大律师说："老兄，'亨达利'用的是调虎离山计。在天津我们人生地疏，有不利之处。不过也有转机，这要看贵店肯不肯下本钱了。"

徐董事听出话外之意，咬一咬牙说："师兄，这事小弟一力担承，请讲吧！"

萧大律师凑到徐董事身边，附耳讲了一些话。徐董事边听边点头，脸上露出笑容，最后说："这事就请师兄从速进行，小弟立刻把支票送过来。"

再说豪普向天津地方法院递交状子后，那天津礼和洋行分号的大班告诉他，法院认为这是巧妙冒用店号，将依法判决，并转请上海地方法院执行。豪普听了，好像暑天吃下一杯冰水，清凉痛快。

天津地方法院确实不拖泥带水，过了一个多月，就通知豪普明日开庭。

第二天上午，豪普赶到法庭，瞥了一下坐在对面的"亨得利"代表徐董事，只见他眉飞色舞，脸上还带着点喜色。豪普感到诧异：莫非他们也向天津地方法院送礼通了关节？这时法官升座宣布开庭，首先询问了豪普。

"你们'亨达利'店号是何时使用的？"

"具体时间记不清楚，大约是清代光绪初年。"豪普回答。

"你们店曾向中国政府主管部门登记注册了吗？"

豪普有点摸不着头脑了，开在租界里的店要向中国政府登什么记呢？他只好说："我们盘下那爿店，改个名称重开，还要向谁注册呢？"

法官听了微微一笑，请他坐下。接着就询问"亨得利"的代表徐董事，也问到可曾向政府有关部门注册登记。

徐董事不慌不忙地说："我店开设在清代光绪初年，从宁波迁到沪后，就根据国民政府颁布的商标注册法向农商部登记，蒙发给登记证。请庭上查看！"说着，送上一份登记证。法官仔细看后，宣布暂时休庭，待再开庭后宣判。

豪普心理打起了鼓：法官今天问的都是自己未想到的事，这里面肯定有文章。

豪普想对了，这文章就是萧大律师附耳教给徐董事的计策。萧大律师知道"亨达利"未办过注册手续，就代"亨得利"托人到南京农商部申请店名注册商标。按理说衙门办事要拖不知多少时候。但钱能通神。

萧大律师找了熟人，花上一笔钱，没几天那登记证就倒填年月日发了下来。萧大律师自然也发了点小财。

重新开庭时，法官升座宣判说："查'亨达利'与'亨得利'两店创设时间相近，店名虽近似，但并不相同，且'亨得利'钟表店已向农商部报请注册登记，自应依法予以保护。'亨达利'所控一节，于法无据，应予驳回。诉讼费用由'亨达利'担负，向本院缴纳。"

豪普听了判决，眼前一片漆黑，差点晕倒在法庭上。官司彻底打输了，豪普回到上海气得生了一场大病。

# 从"包打听"到督察长

——黄金荣升官记

旧上海的大亨黄金荣,发迹前曾在法租界巡捕房当"包打听",只是个为洋人跑腿的不起眼的小角色。后来,出人意外地升了官,被法国佬提拔为巡捕房督察长,成为举足轻重的人物。其中有什么奥秘呢?这还要从一起绑票案说起。

### 姚主教失踪

1923年5月5日黄昏。

一列从上海出发北上的火车,正在山东峄县境内行驶,因为前面快到临城,速度逐渐慢了下来。在软卧车厢的一间包房里,有个戴金丝边眼镜的法国老头,打了个呵欠,将刚翻过的《圣经》放到桌上,然后撩起窗帘朝车外张望了一会。他名叫裴于松·雷狄,是上海董家渡天主堂的主教。此人可不简单,在第一次世界大战中因冒险为法军送情报,使一场战役获胜,得到法国政府颁发的"勇士奖";后来,鉴于他是个"中国通",法国教会便派他到上海以传教名义"为政府工作",他为方便活动给自己选了个中国姓,人们称之姚主教(上海现在的天平路,昔日叫姚主教路,即以他命名)。这次姚主教带了几箱银元,准备到天津再建一座天主教堂。刚才他听车长说,临城一带很不太平,有时会出现匪徒拦车抢劫,所以此刻随着车速的减缓,他的心跳却加快了。他见窗外树丛里没动静,不禁在胸前画着十字喃喃道:"上帝保佑,在临城不要出麻烦……"

"呜——"随着一声长鸣,黑漆漆的火车头缓缓地在临城车站停下了。平时,车站里只有几个巡警维持秩序,今天却多了一队大兵。姚主教见此情形,心里笃定起来:有这一队"黄狗"守站,匪徒是不敢自投罗网了。他放下窗帘,躺在软铺上养起精神来。

不一会,软卧车厢里响起脚步声,随即有人"嘭嘭"敲姚主教包房的门。姚主教有点不耐烦:"别敲,我现在不用餐。再来打搅,我找车长教训你!"

这时,只听"砰"一声枪响,门锁被打坏,外面的人拉开了门。姚主教见门外站着几个大兵,不由着了慌,刚伸手要往腰里摸防身武器,但被一个挎小手枪的麻脸汉抓住了手腕。麻脸汉迅速从姚主教腰间搜出一支法式短枪,冷笑一声:"你这洋和尚的手枪,倒比老子的强多了。"麻脸汉把枪往腰里一插,吩咐道:"弟兄们,给我搜!"姚主教连忙说:"各位老总,我是法国神父,有神圣使命在身,你们不能乱来的!"麻脸汉跺了跺脚:"俺就是从车长那里查到有你这位'贵宾'在软卧包房,才下令火车多停几分钟,特地来请你去做客的!"

那几个大兵七手八脚地扛起放银元的箱子,押着姚主教下了火车。姚主教知道自己是碰上了比匪徒更可怕的散兵了,不敢再惹怒他们,只得乖乖听从吩咐,被蒙住眼睛乘上一辆旧卡车。这时,他未免有点后悔,上海法租界巡捕房华人探长黄金荣当初曾建议自己带几个华探随行,自己却为了显示胆量婉言谢绝了。

在暮色中,这辆绑架姚主教的车子很快在灰沙飞扬的公路上消失了。

## 巡捕房悬赏

上海公馆马路（今金陵东路）口，有一座红砖两层洋楼，它就是法国驻沪领事馆。这幢建筑顶部中央耸起，呈圆形，意在象征半个地球，希望在这半个地球上挂起红白蓝三色法兰西国旗。

这天，法国驻沪总领事刚坐到办公桌前，侍者送进来几份当日的报纸。他信手拿起来浏览，突然《字林西报》头版一条消息使其目瞪口呆："有名望的法国裴于松·雷狄神父（姚主教），日前北上天津途中，在临城被番号不明的兵卒绑架……"他不由急得团团转：这件事如不尽快妥善解决，法国政府和教会中有些意见不合者肯定要借题发挥，说不准还会趁机将其心腹推荐来接替他目前占据的肥缺位置。况且，姚主教平时与自己往来密切，在上海法租界具有幕后操纵实力，如不迅速搭救，以后肯定也要发难。经考虑，他认为盘踞山东的是吴佩孚、张宗昌的军队，属北洋政府节制，于是立即电告北京法国驻华使馆，请公使出面向北洋政府施加压力，让其命令山东的两个军阀协助调查。

谁知，吴佩孚、张宗昌接到北洋政府总理秘书的急电后，对部下稍加询问后都很快答复：此案非部下所为，也许是伪装的匪徒干的勾当，实在无能为力。北洋政府对各地军阀的节制是极有限的，只好如实把这个情况通知法国驻华使馆。

法国驻沪总领事无计可施，便找法租界巡捕房警务总监来想办法。警务总监耸了耸高鼻子说："北京政府帮不了忙，只好靠自己了。中国人有句成语说'重赏之下必有勇夫'，咱们就悬重赏请人破案吧。""好吧,也只有走这步棋了,"总领事托着尖尖的下巴,"悬赏一万块大洋,公董局、巡捕房各承担一半。"

巡捕房警务总监离开领事馆后,马上将在巡捕房当探长的黄金荣召到办公室。黄金荣刚进门就嚷着:"当时我就建议派几个得力的华探为姚主教护驾,但他执意不肯,谁知偏碰巧被绑架了。现在,上海滩到处在议论这件事,这可怎么是好!"警务总监用生硬的汉语说:"唉,这也怪我太大意了,我原以为中国人不见得敢绑架外国神父。现在召你来,就是要你具体落实悬赏营救姚主教的事。"黄金荣听了总监的打算后,表示立即就去办,一有眉目就来报告。

黄金荣奉命在外忙碌了几个钟头,回到钧培里黄公馆时,天已经黑了。佣人打水让他洗脸后,便将七八样菜肴和一瓶花雕酒放上餐桌。他时常晚回来,所以大小老婆都已先用好膳玩麻将牌去了。他今天的情绪特别好,嚼着油氽花生,喝着花雕,不时得意地晃动脑袋。那脸上的点点麻皮在灯下泛着红光。他觉得临城的绑票案,是老天爷赐给自己的升官发财机会,只要设法找回姚主教,飞黄腾达当然不在话下。

### 抱犊崮之客

在临城郊外有个叫抱犊崮的山村。这里附近没有像样的公路,上山要攀登悬崖峭壁,所以十分闭塞。

在村西溪边有两间旧屋,因主人前几年携全家逃荒去了,空关了好久,最近突然住进了几个挎枪的大兵。大兵们轮流在屋前站岗，不许好奇的村民走近，行动有点鬼鬼祟祟。原来，姚主教被绑架后就软禁在这里。

姚主教到底平时享受惯了，自那天被大兵们从软卧包房扯下来，在旧卡车里颠簸了几个小时，天黑下车后又被架着在山路上穿行很久，浑身骨架都快散了，在草铺上躺了两天都没全恢复过来。这时门上的铁锁开了，麻脸汉走进屋来："嗨，洋和尚，俺们督战处处座来瞧你了。"

姚主教从草铺上撑起身，打量着麻脸汉身后那个穿军官制服的矮个子，说："你身为军官，竟绑架法国神父，不考虑后果吗？"

"哈哈，话别说得这么难听，俺王四身为张宗昌将军的督战处副处长，怎么会和匪徒一样呢！"王四说到这里。故意将身体挺了挺，用手摸了摸盒子枪，"要是说什么'后果'嘛，半个山东归张将军做主，他就是这里的皇上，俺是他的把兄弟，你说俺怕谁呀？"

"既然你们不是绑架，那就归还银元，放我回去吧。"

"银元嘛，俺当作见面礼收下了。你想回去很容易，只要为俺办件事。俺干这个空头处座腻了，想当带大队人马的团长。张将军说了，只要有本事搞到人、枪，他马上就发委任状。现在人已招得差不多，枪还缺一大半，请你来就是想解决这个问题。"

"你别白费心计了。我是上帝的仆人，一直为拯救人们灵魂而工作，绝不会向任何人提供凶器。我相信，你们的政府当局对此次事件不会袖手旁观的！"

"别装腔作势，俺那兄弟身上新添的手枪原先不就是你用的吗？你不愿帮忙也可以，那就看看有谁来救你吧！想通时还可以找俺。"

"咔嚓"一声，门又锁上了。

姚主教连连在胸前画十字，嘴里嘟哝着："罪恶，罪恶呀……"

## 茶楼放长线

郑家木桥（今福建中路、延安东路口）附近的聚宝茶楼，是旧上海较热闹的一个场所。当时地方上的店铺老板、流氓头目和外埠来沪的生意人等，常云集这座老式茶楼品茗吹牛，打探市场行情。

黄金荣在法租界巡捕房里虽不是大角色，但在市民阶层中倒也很吃得开，他走进茶楼后，有人马上献殷勤道："哟，黄先生来了，真是难得！"

黄金荣心里有事，懒得与闲人多啰嗦，"嗯"了一声就自顾自挑了靠窗的空位子坐下。茶楼老板笑嘻嘻走过来问："黄大哥是不是还像上次那样，来壶碧螺春？"黄金荣抬头吐了个烟圈，看着它散去，才搭腔："可以。"

黄金荣今天憋着一肚子火。为了探听姚主教的下落，他派了两个很机灵的小流氓到临城悄悄打听；谁知，这两人在街上奔波时，引起了驻军巡逻队的怀疑，被抓去不分青红皂白毒打了一顿，他们幸亏咬着牙没泄露身负的使命，否则恐怕就回不到上海了。黄金荣听了汇报，感到事情不像自己想象的那么容易，不禁有点沮丧。偏偏巡捕房的悬赏告示公布后，又一点没反应。他不甘心坐失良机，便决定到三教九流混杂的茶楼里来探探线索。

也许是黄金荣心不在焉，今天的碧螺春茶喝了许久还未品出味来。茶楼里的茶客愈来愈多，但那些人宁愿在其他桌子边挤挤，也不敢挨到他独坐的桌前来。要是在平时，这一定会使他感到得意，而现在却令他感到孤单。正在此刻，有个穿长衫的外地佬跨进茶楼，见黄金荣这边空着，便不知深浅地过来一屁股坐下，还微微点了点头。在四目对视之际，两人都怔住了：原来是熟人。来者是吴佩孚手下的一个参谋，名叫袁云浦，早先曾和黄金荣合作贩过黄金。黄金荣不由眼睛一亮："幸会幸会，袁老兄啥时从山东到上海的，有何贵干哪？"

袁云浦犹豫了一下，说："唉，近来闲着，想在上海买几套高级服装穿穿，因为新搭识的那个开小饭馆的女相好说我土气。谁知下了火车刚到街上，装在肚兜里的一百块大洋就被人扒去了。真倒霉！"

黄金荣暗想，吴佩孚和张宗昌同驻山东，双方的部队相距不远，袁云浦肯定有办法打听到姚主教的情况。于是，他马上打了个电话叫人送二百块大洋来。

黄金荣让茶楼跑堂重沏了一壶好茶，同袁云浦边品边聊。时间不长，二百块大洋送到了。黄金荣立即塞给袁云浦。袁云浦感激涕零："这叫我怎么报答黄先生呢？"

"朋友嘛，何必说报答。"黄金荣假惺惺地说，"不过，倒是有件事相烦，最近我正在查办姚主教被绑架一案……"

袁云浦一听，忙说："不久前我到临城公干，听说了此事。当地巡逻队的队副蔡胖子和我喝酒时说，那是张宗昌的督战处副处长王四指使手下人干的。至于法国神父关在哪里，当时没打听。"

黄金荣顿时来了劲，要袁云浦买好衣服速回山东，尽快将姚主教的关押地点搞清并告诉他，届时另赠一千块大洋酬谢。袁云浦觉得这大把的银元太好赚了，表示十天之内必送准确消息来。

## 密室定妙计

自从姚主教被绑架后，法国驻沪总领事心情很烦躁，每天都要挂几个电话到法租界巡捕房询问破案情况。这天中午，他又准备挂电话时，电话铃却先响了，话筒里面传来警务总监的声音："总领事先生，我们有姚主教的下落了。领事馆里进出人员多，有所不便，您是否到巡捕房来见一个人？"总领事思忖片刻，表示同意。

警务总监、黄金荣和袁云浦已在巡捕房密室交谈多时，忽听外面传来小汽车喇叭声，知道总领事到了，便站起来恭迎。总领事带着翻译走进密室，在沙发上坐定后，他急不可待地问警务总监："姚主教究竟是什么人绑架的？"

警务总监将侍从送来的热咖啡递到总领事面前的茶几上，说："总领事先生，巡捕房华人探长黄金荣通过他的朋友，喏，就是这位吴佩孚的参谋袁云浦，打听到姚主教系张宗昌的督战处副处长王四指使部下绑架的，现被软禁在临城郊外抱犊崮一所民房里，身体尚未受到伤害。"

"哼，原来如此。"总领事气呼呼地说，"我马上向公使阁下报告，请北洋政府让张宗昌放人！"

黄金荣一听急了："总领事先生，张宗昌本人不一定知道此事内情，不久前也已否认其部下绑架过姚主教；如果现在将真相揭露于众，这个杀人不眨眼的军阀为了推卸责任，必然令部下撕票毁尸掩盖罪行。这样一来，会使事态变得更加严重！"接着，他谈出了自己的营救计划。

总领事听了黄金荣的话觉得很有道理，便拍拍他的肩膀："你好好干，到时候我会向公使阁下汇报你的成绩……"

送走总领事后，警务总监按黄金荣的要求，命账房给了袁云浦一千块大洋酬金，并说："袁先生，等救出姚主教时，巡捕房再赏你两千块大洋。"

袁云浦接过大洋，连连哈腰："在下愿为总监大人效劳，绝不敢有丝毫怠慢。"

黄金荣叮嘱袁云浦，到临城时先买通一名有姿色的妓女粘住城内督战处的王四，使他与部下隔绝；然后，从巡逻队队副蔡胖子那里高价买几套军服，放在约定会面的旅社里；另外，再向熟悉的大商号借一辆卡车备用。

袁云浦一口答应，当天下午就急匆匆乘上北去的火车。

## 功成官运来

两天后的傍晚，黄金荣带着八个青帮小兄弟扮成生意人模样来到临城。

由于在火车上没有好吃好喝，这时个个都饿得肚子咕咕叫，他们走进了车站旁的一个小饭馆。老板娘殷勤地问："诸位喝点啥酒？"几个小兄弟正要搭腔，黄金荣瞪了他们一眼，说："不喝酒，只要上些好菜和米饭。"老板娘只好照办。

等黄金荣他们吃饱了饭赶到城南一家约定的旅社时，穿军服的袁云浦已在门口等候。进入客房，大家都换上了"黄狗皮"，然后一边喝茶一边交换情况。不一会，旅馆后门响起三声短促的喇叭袁云浦说："我借的卡车来了，咱们走吧。"

卡车载着黄金荣等人出城时，照例遇到检查，但岗哨见车上都是穿"黄狗皮"的，马虎地问问就放行了。卡车先是拐入郊外弯弯曲曲的沙子路面，继而又开进坑坑洼洼的狭窄泥土路，最后在山脚下停住了。黄金荣和小兄弟们在袁云浦的指点下，弯着腰往险峻的山路上走去。

月色朦胧，四野寂静。来到抱犊崮，已是夜半时分，整个山村处在沉睡之中。软禁姚主教的民房前，一盏汽油灯闪着微光，有个兵卒抱枪坐在屋檐下打盹。黄金荣在树丛里打了个手势，一个小兄弟手握匕首悄悄窜出来，不料一脚踩在牛屎上滑倒了；那个兵卒被惊醒，见状大叫着逃进房内。房内的小头目麻脸汉和其他三个兵卒闻声冲到门前张望，发现有人来"劫票"，立即朝黑影开枪。那小兄弟一个打滚，躲进树丛里，但肩上已挨了一枪。黄金荣一边叫人撕布条为他包扎，一边对着那所民房喊道："喂，房里的弟兄听着，我们是吴大帅的特工人员，奉命前来接回姚主教。'识时务者为俊杰'，快放人吧！"

麻脸汉让兵卒们捅开土墙，把隔壁的姚主教从墙洞里拖过来，操着鸭嗓子嚷："别放屁了，吴佩孚与俺爷们不相干，他凭什么来要洋和尚？现在老子正揪着洋和尚的衣领，你们敢上前一步，俺就崩了他！"

黄金荣眼珠一转，又喊道："房里的弟兄们，你们为王四卖命，到头来一人分不到十块大洋。如果肯放人，我给你们每人五百大洋，请考虑一下吧。"

沉默片刻，又传来了麻脸汉恶毒的谩骂。黄金荣的一个小兄弟气得正要拔枪冲出去，骂声突然中断，房里发出异常响动，分明是有人在厮打。随着"砰"的一声枪响，有个瘦子走出门说："树丛里的人听着，俺已把混蛋组长干掉了，这个不把兄弟们当人的家伙早就该死了。现在这里还有四个兄弟，如有诚意先派一个人送两千块大洋过来，俺们马上放了洋和尚。"

黄金荣心想，五百元大洋能买三十多头牛，这是一笔不小的财富，对一个穷当兵的肯定有强大的诱惑力，对方的话是可信的。于是他喊话表示同意，接着让袁云浦将钱袋送过去。

瘦子一边用枪顶住袁云浦的脑袋，一边将钱袋扔进屋。当他听清点者说银元一点不缺，便让袁云浦带走了姚主教。

姚主教有点稀里糊涂，搞不清这是怎么回事。直到他进入树丛，听到黄金荣说："我是上海法租界巡捕房华人探长，专程来救您，快跟我们走。"他总算放了心，嘴里连呼"上帝"，听凭黄金荣的小兄弟背着往山下走。

当东方地平线上露出微微晨曦，黄金荣等才一脚高一脚低地走下山。卡车开近临城，天已大亮。袁云浦取出一套备用的军服给姚主教换上，让他装扮成外国军事顾问。进城后，黄金荣到邮局用暗语往上海发了个电报，然后不敢多停留，径直到火车站跳上了往南开的早班车。

黄金荣抵达上海时，神气得简直像一个出生入死的大英雄。法租界巡捕房警务总监亲自到车站迎接。法租界公董局也派出代表和乐队，在火车进站时吹吹打打以示欢迎。这是沪上有租界以来，第一次洋人恭迎华人的盛举，轰动了整个上海滩。

数日后的庆功宴会上，法国东亚事务全权代表、安南总督授予黄金荣一等金质宝星,并破例提拔他为唯一的巡捕房华人督察长。警务总监则奖给黄金荣一万块大洋,甚至心血来潮称之为"租界治安的长城"。从此,黄金荣在洋人面前名声大噪,身价百倍。

# 削生梨的高手

## ——杜月笙在十六铺发迹

清代后期,上海县城厢内外被划分为若干铺,南市小东门(原名宝带门)外的黄浦江沿岸属十六铺。

十六铺一带早在十八世纪末就出现许多沙船商号的简陋踏步码头,后来陆续建成会馆码头、盐码头、竹行码头、王家码头、万裕码头、公义码头等货运码头,附近所筑的信泰码头街、生义码头街、赖义码头街、丰记码头街、油车码头街、新码头街等也都因码头得名。由于十六铺一带码头集中,是重要的水上门户,所以它一度成为上海港的代名词。从这里通往各地的航线,早在开埠前就已十分活跃。

随着十六铺的名闻遐迩,各地商贾纷纷开店设庄,从事沿海和长江流域埠际贸易业务;而上海港作为一个航运中心,南北农副土特产品都在这里集散、转运。于是,街市迅速发展起来,使该区片又成了一个商业中心,它东临黄浦江,西濒丹凤路,南达老太平弄(也曾延伸至万豫码头街),北至龙潭路。其中,咸鱼、腌腊行多设于里、外咸瓜街,南货、海味行多设于洋行街(今阳朔路),水果批发行多设于今龙潭路,桐油、苎麻号多设于老太平弄和今中山南路,米豆行多设于豆市街,毛竹行多设于竹行街,棉花行多设于花衣街,银楼、皮货行多设于小东门口和今东门路;周边的芦席街、筷竹弄、火腿弄、面筋弄、硝皮弄、洗帚弄、汤罐弄(今汤管弄)和杀猪弄(今萨珠弄)等,则从名称就能看出其特色。

至于在十六铺发迹者,则可以说出不少。然而,其中最为人知晓的是"水果月笙"。杜月笙出生于浦东高桥镇南的杜家宅,四岁以前母亲、父亲相继去世,年少辍学。十四岁时,杜月笙来到十六铺,先在堂伯父杜阿庆所在的鸿元盛水果行干。谁知,杜月笙熟了地头就不守本分,常用行里的水果做人情,结交街上的瘪三;行门口马路上有女子乘坐的黄包车经过,常扔个烂水果过去,进行调戏。杜阿庆感到脸面丢尽,只得把这个祸害推出门,介绍杜月笙去潘源盛水果行做学徒。杜月笙起初还能安心呆着,很快就故态复萌,他又开始到街上胡混。因为当学徒无工资,每个月只有两银元剃头、洗澡费,所以杜月笙没钱用来作赌博压注。于是,杜月笙常挪用行里的钱,亏空越积越多,仅半年就"被炒了鱿鱼"。杜月笙倒也无所谓,回到高桥卖了几个月的大饼油条,结果把本钱都蚀光,只好再回十六铺。张恒大水果行的账房先生黄文祥看杜月笙可怜,就背着老板批给水果,让他摆个摊维持生计。杜月笙觉得单是摆个摊不能赚多少钱,他就和一些白相人结伙,常在十六铺一带徘徊,看到有水果船开来,立即潜登上去,半偷半抢拿一些好水果,搭配着烂水果一起在大街和茶楼、烟馆、赌场叫卖。三年的卖水果生涯,使杜月笙得到了两个外号:一是"水果月笙",因为他有独特的削水果本事,往往立于别人身后,在看搓麻将和谈笑时,飞快舞动手指,眨眼之间就均匀地削下果皮,不但粗细深浅如一,而且一刀至尾不断裂(后来他得势时,还专门制了一柄不离身的形似瑞士军刀的小水果刀,其实是一把很隐蔽的小手枪);二是"莱阳梨",因为他卖水果也很特别,巧妙地把烂梨的疤一剜,用雪亮的小刀在梨蒂上一戳,喊着"莱阳梨价钱便宜,尝一个"送到对方嘴边,叫人不得不买。杜月笙虽为自己有这两手绝活而自豪,可是并不打算靠这种小玩意儿长期混下去。为了寻找庇护伞,杜月笙拜小东门的流氓头子陈世昌为"老头子",加入青帮,排在"悟"字辈;经过陈世昌的推荐,他获得机会进入黄金荣公馆。那时,黄金荣担任上海法租界华探督察长,其势力不但遍布上海滩,还达到了江苏、浙江的许多地方,是有名的大亨。杜月笙凭着机灵诡诈,很快受到黄金荣的赏识,成为其亲信,由佣差上升为鸦片提运,并负责经营法租界三大赌场之一———公兴俱乐部。从此,杜月笙时来运转,逐渐成为"海上闻人"。为了跻身于上流社会,他从衣着打扮乃至一举一动都变得文质彬彬,一改过去口叼烟卷、头戴歪帽的粗野形象,甚至大热天在家会客都穿长衫马褂;他还成为京剧票友,四房夫人有两房都是京剧名伶。

1927年4月初,杜月笙与黄金荣、张啸林在沪组织中华共进会。在"四·一二"反革命政变前夕,杜月笙设计杀害上海工人运动领袖汪寿华,随后指使流氓袭击工人纠察队,因而获得蒋介石的支持。南京政府成立后,他担任陆海空总司令部顾问、军事委员会少将参议和行政院参议;不久,他又担任上海法租界公董局临时华董顾问,显赫一时。

杜月笙虽出自黄金荣公馆,成气候时却与"麻皮金荣"有很大区别。他善于揣摩人意,善用不同手法对待不同性格的人,从政府要员、社会名流到失意政客和落泊文人,都愿意结交;他出手大方,常说"花一文钱要能收到十文钱的效果,才是花钱的能手";他眼光长远,不像"麻皮金荣"那样仅局限于几家戏院、游乐场,还着手经营银行、企业。

1929年3月，杜月笙创办的中汇银行在沪开业，注册资本五十万银元，这成为他涉足银行业的起点。那时，上海银行界有个不成文的规矩：凡有新银行开业，其他各银行一般都要先去存一笔钱，称为"堆花"；各大银行老板得知杜月笙要开办银行，纷纷前往"堆花"捧场，使之资金雄厚。1934年9月，钢筋混凝土结构的中汇大楼落成（今河南南路16号），这座十五层的红砖清水外墙的大厦有别致的塔楼，体形高耸而美观。当年，中汇大楼的租用者多达一百四十余家，其中不仅有商行办事处、公司经营部，还有律师事务所、设计师事务所，因为房客们觉得在"杜先生"的楼房里办公"许多事情方便多了"。

据传，杜月笙常去德兴馆吃"糟钵头"和"草头圈子"。德兴馆创建于清光绪九年（1883年），最早的店面开设在十六铺洋行街附近，乃"本帮菜元祖"。"糟钵头"为德兴馆的一道特色菜，它以猪内脏为原料，加水慢火清炖后，再加酒糟调味；"草头圈子"也别有风味，它是将猪大肠以酱油、蒜蓉红焖后，再以生煸草头围边，吃起来肠软菜嫩，毫无腥气。这两样都属猪的下水，德兴馆的厨师却能化腐朽为神奇、点顽石为金玉，使之脍炙人口，堪称烹饪魔法。德兴馆最有名的菜是"虾籽大乌参"。说起这道名菜还有个小故事，当年洋行街海味行经营的品种五花八门，其中有不少是陌生的东西，如海参虽身价不菲，但因人们不知如何食用，所以销路不畅。有位老板急中生智，决定请行家研究海参的食用方法，烧出美味佳肴，从而进行推销；于是，就与近邻德兴馆商量，表示愿意无偿向饭店提供海参，请厨师试制菜肴。德兴馆的厨师对从未试用过的大乌参反复琢磨，终于探索出较好的烹饪方法：先将乌参用火烤焦，铲去硬壳，再用水发浸泡至软，沥干后用热油稍炸，然后加上各种佐料进行烹制。这样做成的"红烧大乌参"，油光发亮，酥烂香鲜，食者无不拍案叫绝，德兴馆名声日隆，门庭若市。后来，厨师又加上干河虾籽做配料，与红烧肉的卤汁一起焖烧，把菜名改为"虾籽大乌参"。这道佳肴很快风靡上海滩，别的饭店也纷纷仿制，海味行的海参自然开始热销。

1937年7月7日，卢沟桥事变爆发，我国进入全面抗战时期，各种群众性救亡团体如雨后春笋般地涌现。经过浦东同乡黄炎培建议，杜月笙利用自己在社会上的影响，参与发起组织上海各界抗敌后援会；7月22日，该会正式成立，他担任主席团成员兼筹募委员会主任委员。此后，杜月笙为抗战做了一些事，如8月19日，他开始主持筹募，并在报上发布征募"救国捐"的告示，仅月余就筹集到一百五十余万银元；在淞沪会战期间，他个人出资万余银元买了一辆装甲车送给前线部队；在驻守四行仓库的谢晋元团缺乏食品时，他送去光饼二十万只。杜月笙还曾在杜公馆召开上海抗敌后援会主席团会议，通过潘汉年向八路军无偿援助一千具荷兰进口的防毒面具。上海沦陷后，杜月笙拒绝日军的拉拢，移居到香港。

抗战胜利后，杜月笙虽与蒋介石已心存芥蒂，但双方表面上仍和颜悦色。1948年下半年，杜月笙与蒋家父子终于发生正面冲突。那时，蒋介石为了挽救濒临崩溃的经济，推出所谓经济处置法，以金圆券取代法币，并管制物价、严惩囤积居奇者。蒋经国率领经济勘建大队抵达上海，希望通过"督导"，在大都市"建功立业"。蒋经国常微服出巡，发现贪赃受贿的官员即严惩不贷，还处理了许多违法商人。为了杀鸡儆猴，杜月笙第三个儿子、中汇银行经理杜维屏因"囤货炒股",被判八个月徒刑。杜月笙顿觉威风扫地,他怎么都未曾料想"打老虎"竟会弄到自己头上。杜月笙迅速邀集一批商界头面人物商议,准备反击。9月下旬,蒋经国召集上海工商巨头开会,杜月笙跳出来说:"犬子维屏违法乱纪,是我管教不严,无论蒋先生怎样惩办,都是他咎由自取。但我有个请求,这也是在场各位的一致要求,请蒋先生派人去扬子公司查一下!"蒋经国不禁一怔,扬子公司董事长、总经理是宋美龄的外甥、自己的亲表兄弟孔令侃,但他不得不作表态:"该公司如有违法行为,也一定绳之以法!"于是,上海工商界都予以关注。10月7日,在蒋经国安排下,经济勘建大队要查处扬子公司。孔令侃毫不服软:"要搞我的扬子公司,我就把一切都掀出来,向新闻界公布我们两家包括宋家在美国的财产!"蒋介石闻讯赶到上海,对蒋经国说"和为贵"。接着,蒋经国黯然离沪。杜维屏返回杜公馆时,杜月笙得意地说:"这就叫强龙斗不过地头蛇呀!"

# 因祸得福

## ——"阿德哥"的时来运转

做过上海总商会会长的虞洽卿,名和德,后来人称"阿德哥"。这位大亨早年发迹带点传奇色彩,有人说他常因祸得福。这里要讲两个关于他的故事。

### 歪打正着

对虞洽卿的发迹,在上海有许多传闻,其中一种说是"苋菜子掉在针眼里,完全是一种巧合"。据说他在颜料店学徒三年,虽然对颜料能分得了红黄蓝黑,但对外国颜料箱子上包装的洋文却一字不识。因此,跑洋行进货就轮不到他。他眼看师兄弟当跑街、赚回佣,白花花的洋钿分得不少,心中十分羡慕,就抽空到青年会补习英文,以便日后有机会能当跑街。

有一天老板吃过午饭,正坐在店堂后进的房间里吸水烟养神。忽然门一响,虞洽卿推门进来,叫了一声"先生",便立在旁边不讲话。

老板知道这小子有事,便问:"阿德,你有什么事找我吗?"

虞洽卿嗫嚅半晌,才嘟起嘴说:"先生,和我差不多时间进店的师兄弟,您都派他们跑街到洋行里进货。我知道他们懂得洋文,只好让他们去。如今,我已抽空在青年会学了半年洋文,也能和洋人打交道了!"

老板晓得他想当店里的跑街，碰巧原来那个跑街被另一家洋行高薪雇用，空缺倒是有一个。"是不是用阿德呢？"老板有点踌躇，这是出去与外国人做生意，非比一般啊！但当看到阿德胖胖的脸儿，不由想起他初来上海时那个"活财神"的故事……是啊，"财神"赏赐发财，发财要靠"财神"。于是老板决定让他去，主意一定，便好言安慰说："阿德，你别急，一个师兄已另有高就，下次外国轮船到就让你接手。现在，你先熟悉一下进货手续。"

阿德听说派他当跑街，心中自然高兴，谢过老板，就赶快去请教那师兄。师兄问他："你懂得德文吗？我们做的生意主要是和德国洋行打交道。"

阿德不知道英文和德文到底有什么不同，他呆了半晌，就说："洋文反正是爱皮西地，英国话和德国话恐怕就像咱们家乡宁波话和绍兴话，也大致差不多，我想不要紧。"

那师兄一听，知道阿德全都外行，心里暗暗好笑。但这个人门槛精，再加上对原来的老板有意见，有心想调排一下，就对阿德说："你讲得也有道理。其实做这行生意也没有什么了不起，待洋行的颜料船一到，你就随着买办到船上，用粉笔在颜料箱上标明店号，便算你订下了。洋行自然会开账单过去收钱，等店里付了款，马上可提货了！"阿德信以为真。

不出两月，德国洋行通知有一条颜料船已停靠在十六铺码头，各家可前去看货订购。老板就吩咐阿德去办理。

阿德到了德国洋行，买办知道他是新来的跑街，就把他介绍给德国人。德国人一开口，阿德竟没有一句听得懂，这下他着了慌，为了面子，又不好说自己不会德文，只是乱点头。德国人被弄得莫名其妙，买办看出阿德对看样购货是外行，决定趁机把船上那些难销的大红、乌青、深紫颜料都塞给他。于是，买办带阿德到十六铺码头船上装滞销货的舱位，也不讲明那些颜料的色泽，只说："这都是老牌德国货，请虞先生挑选，要的就用粉笔标明宝号，敝行就开单发货。"

阿德看看箱子上的德文，也不知是红是蓝，他想：反正内行充到底，就接过买办递的粉笔，将这舱内的颜料箱标了三分之二。买办心里暗喜，表面却不露声色，恭维道："虞先生真有做大生意的气派，出手不凡，将来宝号肯定财源茂盛！"阿德也不回答，就匆匆告辞。一路上，他边走边想，越想下脚越虚，寻思道："这次肯定闯祸了，反正老板饶不了我，还是趁早滚蛋！"

老板不见阿德来报告标货经过，正在纳闷，账房却送来一张订货单子，是德国洋行通知付款提货的。老板一看进的颜料只有红、黑、紫三色，而且数量大得惊人，价近万元，差点气昏过去。但这是店里跑街订下的，做生意要讲信用，岂可反悔！回头想去找阿德，谁知他竟不告而别，偷偷逃回乡下去了。

阿德回到乡下，没对母亲说明事情真相，每天只吃饭、睡觉。这样过了三四个月，上海也没有信息来。这天他吃过午饭，觉得有些疲倦，便爬上床打个盹。朦胧中，他听见门外人声杂乱，有人说："阿德就住在这里！"接着，又有人喊道："阿德，上海老板带人来看你了！"阿德瞌睡未醒，还以为是上海老板抓人来了，不禁大惊失色，想逃已来不及，只好爬起来在屋中坐着。房门开了，老板和店中账房先生一齐进来。老板满面春风，笑容可掬，走近后又十分亲热地说："阿德，你在家呀！"阿德看看老板脸色，心里捉摸不透。

老板坐下来说："阿德，你确实有胆量，以前我错怪了你。这次店里发了一笔财喜，所以我回家修祖坟，顺便邀你回去。今后店里要多多借重你了。"

阿德一听，疑惑不定。账房先生就将经过情形，仔细地告诉他。原来，从阿德标货的轮船进口以后，欧洲发生了战事，外轮停止向远东行驶，颜料突然断档。尤其红、黑、紫染料是染布的底色，有些店由于进货不多，几乎无库存。只有他们这家店存了几百箱，一下子成为紧俏商品。老板就趁此机会，把颜料的价格翻了两倍，脱手半数，竟然大获其利，不但欠债还光，还赚了个对本对利。现在，老板手头还有半数，暂时刹车不卖，想要借此来垄断市场，赚更多的钱。正因为这样，老板喜出望外，将一切归功于阿德，真的把他当成了"活财神"。于是，老板决定趁这次修祖坟之便，要把他恭请回店。

阿德听了账房先生的话，才恍然大悟，连忙杀鸡宰鸭，款待老板，并约好日期和老板同船回上海。

聪明人自然明白，老板恭请的阿德并非什么"活财神"！这种得利，完全是由于时局变动造成的。

## 巧钓"大鱼"

虞洽卿从那次进颜料反赔为盈以后，逐渐懂得一些经商的秘诀。过了几年，他离开颜料店，给几个外国商行做买办，经营的也不仅仅是颜料，如大豆、桐油、丝、茶的出口和西药、五金、军装的进口，都插一脚赚取佣金。那佣金十分丰厚，出口是百分之二十，进口是百分之十。这时他不过二十岁上下，已发了大财，买下花园洋房，进出用华丽的马车代步，成为租界内第一流的富商了。阿德做生意已非当年的吴下阿蒙，确是有些手段。这里就讲他巧办军装的故事。

在清末，已改练新式陆军，采用欧美军队的服装，但那时我国的新式服装裁剪业尚未成气候，因此都是向国外大宗订购现成的军装进口，分发给部队穿着。所以，洋行经营军装，也是一宗赚钱的大生意。各洋行买办对清政府派来采办军装的官员都十分奉承，想方设法接到上海最豪华的旅馆住下，三日一小宴，五日一大宴，因为只要接到一笔军装生意，至少上万件，利润十分可观。

这年清朝北洋军派一位大官到上海采办大批军装，据说是一笔起码有三四十万银元的大生意。消息一传出，上海各洋行的买办无不争先恐后去见那大官。不料，那大官却厌恶洋行的买办，说他们是吃里扒外的空手人，要自己和外国人直接打交道，所有来者一概不见。

这可难煞了许多洋行买办，如果这位朝廷官员真和外国人直接挂上钩，岂不是一笔大生意落空！大家商量来商量去，想不出什么办法可以接近此人。

阿德这时已是一家德国洋行的大买办，他听说这件事后，就派人去打听那大官的每日行止。次日，派去的人向他报告，那大官每天下午一定会坐马车去市内洋行打听军装行情，但因他不愿和买办打交道，买办都暗中捣鬼，使他迄今没有见到一个外国洋行的大班，所以采办军装的事还没有头绪。

阿德听了忽然想出一计，他问明那大官走的路线是从一品香大旅社出发，沿四马路（今福州路）去黄浦滩（今外滩），时间总是在下午二三点钟。阿德又问明那辆马车的形状，随即吩咐家中车夫把自己那辆十分精致的马车准备好；在下午二时左右，便乘车来到路口等候，并吩咐等那大官的马车过来时，听他号令行事。

不久，就见那大官的马车远远驶来。阿德吩咐车夫，你用力鞭马，快向那大官的马车撞过去，要把车外面的一切装饰撞坏。车夫一听，有点迟疑。阿德说："你快去撞，一切有我！"

那大官正在车中打瞌睡，忽然听到自己的车夫惊叫："不好，过来的车马受惊了，撞上来了！"那大官一惊，忙叫："快停车！"说时迟，那时快，只听"轰隆"一声，那大官在车内跌了一个跟头，两车已相撞。双方的车都停住。那大官惊魂方定，走下车来一看，自己的车被撞得车灯粉碎、油漆掉落，不觉大怒，正要上前来交涉，只见那边车门开处，走下一位衣着华丽的青年人，趋前向他行礼："实在对不起，小辈这匹驾车的马买来不久，烈性未驯，把大人的车撞坏，追究起来完全是小辈的过错，理应赔偿。请大人留下尊名，明天小辈将赔偿的马车送上。大人请恕罪息怒！"

那大官见眼前的青年彬彬有礼，答应赔偿，气已消了一半，但他尚在怀疑：对方会不会耍滑头？阿德知道他不相信，于是抽出一些名片，说："小辈虞和德，家住虹口海宁路，大人如今天还有公事要办，就先坐我这辆车去，我明天再亲自上门赔车！"

那大官见阿德如此谦恭知礼，十分高兴，就上了马车，并热情地挥手告别。

阿德觉得自己的计划已完成一半，第二天就买了一辆颜色深红、车灯把手都锃亮的新马车,要车夫空车驾驶,自己雇了一辆"野鸡马车"(当时对出租马车的俗称)跟着,驶到一品香大旅社。阿德先递进名片,那大官立即将他迎入客房。阿德说:"昨日撞车使大人受惊,今日特来谢罪,外面一辆新马车已送到,请您过目。如果中意,就请收下。小辈还备了一点薄酒为大人压惊,也算是赔情!"

那大官这次南来,有人告诉他上海小滑头很多,要小心防备。如今见阿德如此知礼数、讲信义,心里暗道:"这真所谓'十步之内,必有芳草'也!"

酒席上,那大官问阿德做什么生意。阿德这时才告诉他,自己是一家德国洋行的大买办。那大官听了,表示惋惜:"虞兄,你这样笃实的青年朋友,为什么要在洋人手下担任此职呢?"

阿德哥觉得时机已到,就煞有介事地对那大官说:"大人有所不知,洋行的买办也贤愚不齐,有的是靠洋人牌头来欺骗中国人的,这种人我也看轻他。然而,上海是五口通商的大码头,一向华洋杂处,当今朝廷也和世界各国通商。我在洋行做事,不过是替两者沟通沟通。我是大清子民,尽可以'身在魏阙,心存汉室',也即'手臂弯进里,拳头打出外'。这就是我的宗旨,不知大人以为如何?"

那大官听了不由连连点头,觉得有理,这时他已有了三分酒意,就说:"不瞒虞兄,兄弟这次就是奉派到上海为新军采办一批军装,我恐怕那些吃里扒外的家伙坑骗,因此发誓不和买办打交道,直接找洋行大班,可到现在还没有头绪。不知你们洋行经营这货吗?"

阿德一听，实在开心，"大鱼"果然上钩！但他表面上仍装得十分老实，说："小辈的洋行就是经办这项生意的。大人晓得，德国陆军世界称雄，而且北洋军也是德国教官教的。明天我就陪大人去见敝行大班，看样面谈好了。"

就这样，在众买办欲取不得、欲罢不能的情况下，阿德接下了生意。

# 巧妙应对外国瘪三
## ——黄楚九的"生意经"

黄楚九原本只是个中药店的小开,后来却办起了名声远扬的"大世界"。他之所以能够成为"海上闻人",完全是因为会耍手段和有独特的"生意经"。

### 从办西药房开始

这几天颐寿堂中药店小开黄楚九终日愁眉不展,他打算开一爿西药房。可是这西药不比中药,都要现款向外国洋行进货,虽然赚头比较大,但这笔款却一时不易凑起来。他这两天都在为此事发愁发急。

黄楚九和他母亲蒋氏是由浙江余姚迁来上海的,蒋氏是黄家祖传眼科医生。有人问:黄家代代相传的医术,怎么会传给蒋氏呢?原来旧社会秘方相传,都有"传媳不传女,传侄不传甥"的说法。媳妇毕竟是自家人,于是余姚黄家祖传的秘方,就落到蒋氏手里。蒋氏靠秘方起家,在余姚城内行医颇有名气,但有人说她是妇道人家,意思是医术再高明,比男人终逊一筹,终究难成名医。蒋氏一气之下,带着儿子黄楚九来到上海,在城内开了爿颐寿堂中药店,自己就在店中行医,引来不少顾客,生意越做越发。恰好这时租界逐渐繁华,母子商量了一下,就把药店移到公共租界,满心想越做越大。谁知,在租界中药店生意并不好,而颐寿堂药店的地段又不热闹，黄蒋氏虽然在余姚小有名气，到了"十里洋场"，谁还去理会这个乡村女医师！店里生意差，看病的人又少，蒋氏又气又恼，没有多久生了一场大病，就呜呼哀哉了。

母亲一死，黄楚九由小开成为店主。不过人家因他年纪较轻，仍旧唤他为黄小开。虽然黄楚九不过二十来岁，但比他母亲头脑灵活得多，他看出中药店发不了大财，于是想办法要开一爿西药房，把中药店的生财都盘给了人家。可是还缺少一笔本钱，他忽然灵机一动：有了！原来黄楚九的母亲蒋氏在世时，结交了一位姓叶的寡妇，她手头有上万元家私，就靠这笔遗产度日；她不会做生意赚些钱，长此下去，岂非坐吃山空？恰巧那时黄家的药店和她是隔壁邻居，她见蒋氏行医治病、开店卖药，世面比自己见得广，手面也大得多，有意去接近她，两人往来密切起来。一天，那寡妇说起"坐吃山空"的话，蒋氏对她说："阿姐，有大钱就能生出小钱来，我这店里常有人托我放些钱给那些缺头寸的客户，良心平点，月利五分，放千把块钱，一个月五十块利钱稳到手。这不是大钱生了小钱，死钱变成活钱了吗？"那寡妇被蒋氏说得心头热乎乎的，但她怕借出去的钱讨不回来，不敢放大笔钱出去，常以两三百银元为度，托蒋氏借给别人，到期本利收齐。她尝到了甜头，就不断托蒋氏放债，使她赚了不少利息。后来，蒋氏病故，颐寿堂停业办丧事，黄楚九就把这位寡妇忘记了。自从中药店改成西药房，黄楚九要搞点进货本钱，一时缺少头寸，弄得捉襟见肘，非常狼狈，才意外地想起这位有钱的寡妇太太，就衣冠楚楚地去拜访叶师母了。

黄楚九向叶师母谢过她来吊唁母亲蒋氏后，就扯起闲话。黄楚九是个绝顶聪明的人，他先不开口借钱，却讲自己把中药店改西药店的事。他佯作亲热地说:"叶师母,小店快装修好了,进了货就马上开张,那赚头是三只指头捏田螺,十拿九稳。开张那天,请您到小店来看看。"

叶师母高兴地说:"一定来祝贺你大吉大利,生意兴隆。"

黄楚九很有分寸地继续说:"但是西药不比中药,西药要用现款向洋行进货。中药不过是些树皮草根,大秤称进戥子量出,本钱不大。这西药我们不会制造,只好买洋人的成药,洋人做生意是直来直去的,一定要现款交易……"

叶师母急切地问:"要多大的本钱呢?你有没有困难?"

黄楚九知道她有点动心了,就对症下药,装作漫不经意地又说:"本钱比中药大多了,对本对利是稳的!"

叶师母惊呼起来:"这样好的赚头呀,你为什么不多轧些头寸进足货色,大赚一票呢?"

黄楚九故意叹口气说:"不瞒叶师母,母亲丧事和装修门面花了一笔钱,现在一时凑不起个整数,只好小做做了,将本求利。"

叶师母关心地问黄楚九:"黄家少爷,你究竟还缺多少现款呢?"

黄楚九听叶师母的话音,已经对口径了,不由暗暗高兴,但表面上还是装出无所谓的神态说:"说出来也坍台,母亲过世以后,人家看我年轻,怕我办事不牢靠。我也不愿多开口,免得人家背后指指点点说闲话。其实,我只缺二百块钱,本钱小些,少赚一点也无所谓,慢慢来吧!"

于是,叶师母就主动送上去说:"黄家少爷,你母亲在世时和我是要好小姐妹。我常有钱托她放放账。你缺二百块钱,这是小事，我可以替你想办法，赚了还我就是了。这点小忙你婶婶还帮得起的。"

黄楚九高兴得差点笑出声来，他想这个机会岂能轻易放过，于是又说："叶师母，承蒙你看得起小辈，感激不尽。不过，我说句不怕见怪的话，这钱是您老一大家的开销，岂能轻易动得的？你既然放心我这个侄子，我仍然按五分利结算，一个月后本利奉还，先君子后小人，否则我就不敢借您的钱了。"

叶师母本来就想托黄楚九放放账，因此让了一阵就说："你既然可怜我寡妇人家，婶婶就不客气了！"

当白花花的二百银元放在黄楚九面前时，他像煞有介事地说："叶师母，我写张借据给您，作为信用！"

叶师母摇摇手说："我们是自己人，我还有不相信你之理！"黄楚九把银元放进围腰的包内告辞了，初次出马，收获不小，他感到十分兴奋。

不到一个月，黄楚九带着礼品去看望叶师母，对她的帮助表示谢意，然后送上二百银元本钱和十银元利息。叶师母十分高兴，再三拉住黄楚九吃午饭，临了还叮嘱说："黄家少爷，你以后头寸摆不平时，尽管来找我好了。"这位寡妇尝到甜头，对黄楚九就不存戒心了。

这时黄楚九的心中已有打算，但表面上不露声色。一连三四个月，叶师母不见黄楚九来找她，她想也许黄楚九生意兴隆，店里忙，没有空来。为了想把手头的钱急于放出去，她就出城到租界里去找黄楚九。

叶师母看到药店完全改了样子，门面修得齐齐整整，店堂里一色玻璃橱，摆满各式药瓶和盒子，知道是外国货。只见黄楚九忙忙碌碌，正和几个伙计接待来配药的顾客。黄楚九看见叶师母来了，心中不禁暗暗得意，忙迎上前去，说："叶师母，您今天有空来玩，欢迎欢迎。这两天实在忙，竟没有去看您，抱歉，抱歉！"

叶师母走进店堂看了一会，来买药的顾客川流不息，生意兴隆，她很满意。但她注意到还有两只玻璃橱却空了一半，感到有点奇怪，禁不住就问黄楚九是怎么回事。

黄楚九摇摇头叹了口气说："西药不但昂贵，而且要现款进货。我一时哪有那么多钱？只好尽量办些热门货，就这样我有时还要临时调进些头寸呢！"说着，他从账桌抽屉中取出一张借条："这不，我借了五百块，月利八分呢？"

叶师母听说月利八分，心里十分肉痛，仿佛从她口袋里掏出去的一样。她嗔怪黄楚九说："黄家少爷，你为什么不来找我呢？却偏要向那些黑良心的付这种大头利钱，难道我当婶婶的不肯帮你忙吗？"黄楚九的一套戏法，使这位寡妇同情起来。

黄楚九假戏真做，连连道歉说："叶师母，您不要多心，并不是我不想到您，只是不好意思开口罢了。我在西药界也结交了几个朋友，他们告诉我，西药配方并不麻烦。只要有本钱开个作坊，挂个招牌，销路一打开，赚起钱来还不止一倍两倍呢！我打算搞它个自产自销，不过这笔本钱现正在多方面动脑筋呢！"

一听到两倍利息，叶师母惊呆了：那不是一万银元变成两三万银元了吗？这和借钱给人吃利息是没法子相比的了！

于是，她又问黄楚九："你打算怎样凑股子呢？"黄楚九胸有成竹地说："我打算集十股，每股两千银元，现在已有五股了。等我店里稍空,再去凑齐五股,就可以自制西药赚大钱了。"

叶师母越听越感到发财的机会好像就在眼前,可是五股就要一万银元,这可不比一两百块容易出手,如果有一点闪失,如何得了?但一两倍的利润还是诱惑了她。她略微迟疑了一下,对黄楚九说:"黄家少爷,如果生意不好,蚀了本怎么办呢?"

黄楚九晓得她有点动心了,就一本正经地给她一个定心丸:"当然,做生意谁能担保不蚀本!不过我们几个股东早就商量妥当了,凡股东都包本包利,横竖不会吃亏的。就是说:两千银元股份仍按股息算利钱,蚀本就蚀不到股东头上,不然谁肯入股,您说是吗?"

叶师母还有点听不清楚,进一步追问:"那蚀本蚀在啥人头上呢?"

黄楚九笑笑说:"叶师母,您这就不懂了,这钱我会放在箱子里面睡觉吗?我也是一边放出去,一边收回来派用场,有些材料是可以分期付款批发进来的。总之,钱只要流通,自然会生出小钱来,当股东的得便宜就在这个地方,不会吃亏。"

叶师母也留了一个心眼:"黄家少爷,我可以帮你凑凑股。不过,我一下子认不了五股,要和另外几个小姐妹商量商量。几个人合股可以吗?"

黄楚九晓得她这是留一手,不过她已经闻到"香味",就不怕她脱钩。于是他说:"叶师母要入股,我万分欢迎,自己人嘛,不会让您吃亏的。不过这钱数目大,我们可以立下字据,这样您对小姐妹也有个交代,将来收息得利,都以字据为准。"随即,他拿出一张花花绿绿的纸头,对叶师母说:"这就是股票,上面言明每股两千银元。股票上有名字,每到年终凭这张纸头就可取息、分红。如果不高兴入股了,股票还可以转让给别人。有了这个,您就可以完全放心了吧!"

叶师母虽然想入股,可是这事关系重大,万把块钱出手不是儿戏,总要找个靠得住的人商量一下。于是,她就辞别黄楚九,讲定三四天以后听回信。

叶师母请教了一位在洋行当职员的老头,那老头一辈子也没见过股票是啥样子的,可是他吃了不少年的洋行饭,是一个十足的崇洋迷洋者。他听叶师母讲到开西药房集股子,不觉肃然起敬,连连点头说:"西药比仙丹还灵,就说打摆子(疟疾)吧,吃上一片奎宁,马上就好,而且永不再发。开西药房真是一本万利的生意啊。"

叶师母听了这个洋行老头的话,对入股有了信心,于是她就请黄楚九到家中来,将现洋和金条折价一万银元入了股。黄楚九当面给她一张满是洋文的单子,并且郑重其事地交代说:"这是一万银元的股票收据,每年可凭这张纸头取息、分红。"叶师母看看这洋文,心中有点疑惑,明明是中国人开的药房,为什么用洋文呢?她问黄楚九。黄楚九笑了:"叶师母,这您就不懂了,经营西药特别是制造西药要经工部局审查,他们同意招股,才发一张由他们印好的股票执照,这上面有英国驻上海总领事、工部局总董的签字盖章。您千万要收藏好,不要轻易落入别人手里,因为将来付款是认票不认人的。这票落到啥人手里,就归啥人所有了呀!"

于是,叶师母把这张"股票"郑重地锁在首饰箱子里,做她的发财梦去了。

其实拆穿西洋镜,黄楚九根本没有招过什么股。他把叶师母的一万银元弄到手后,就做起大生意来了。

## 赖掉"股票"发横财

黄楚九先把药房迁到闹市口,盖起新房子,并大肆宣传:中法大药房独资经营,重金征得美国艾罗博士补脑益智处方,制成"艾罗补脑汁"……

这"艾罗补脑汁"的招贴纸上印了一个外国人的头像,写满洋文,在当时的上海滩是很吃香的。加上黄楚九又在各种大小报刊上登了不少广告,一时颇能招徕顾客。

再说叶师母足足等了一年,已是农历腊月初八,到了取息分红的时候了。她从箱子里取出"股票",小心翼翼地放在贴身小袄袋内,前往中法大药房领取利息和分红利。

中西大药房装修得金碧辉煌,十来个伙计在忙忙碌碌,却不见黄楚九。店员告诉她,黄总经理不在店内,有事可问账房先生。

账房先生把叶师母请到后面一间房子坐下。问明叶师母来意,账房先生一惊,摇摇头说:"这药房是黄总经理一人独资创办的啊,从未听说招过股。本店在工部局注册时,也是如此填报的。叶师母入股一事,我不太清楚。"

叶师母着急起来,连忙拿出"股票"给账房先生看:"这不是黄家少爷亲手给我的股票执照吗!言明五股共一万银元,凭这张股票取息、分红,你看!"

账房先生接过"股票"一看,"噗嗤"一声笑了起来。他说:"叶师母,这不是什么股票,而是一张早已过期的香槟票。是谁给你的呀！"

叶师母听到"过期"两个字，恍如五雷击顶，几乎昏了过去。香槟票她是知道的，那是赛马场赛马时的彩票；可是，她从未去过跑马场，也未买过香槟票。她怔了好一会，突然发疯似的叫嚷起来："这是黄家少爷亲手交给我的呀，他难道骗了我不成？我要和他当面对证，你们不要作弄我这个寡妇！"

账房先生说："我们不知道事情的底细，不过敝药房并未招股是事实，你不见门口的招牌上写着'独资经营'吗！你说出过一万银元，除了这还有什么笔据和收条？有谁能证明你付过钱呢？如果都没有，这事就难办了，是一万银元巨款啊！无凭无据怎么说得清楚！现在，黄总经理到国外接洽生意去了，等他回来再说吧！"

叶师母失魂落魄地回到家中，又找来那个洋行职员。那人听了她一番申诉，不痛不痒地说："这事打官司也很难。一万银元过手，一无凭据，二无见证，说给谁听都不会相信。你看怎么办呢？"

叶师母知道已上了大当，再也抑制不住心头的愤怒，急得嚎啕大哭："丧尽天良的黄家小杀千刀！这是我寡妇人家的活命钱啊！叫我一大家下半世怎么过啊，只好死给他看了。"

过了几天，《申报》的"本埠社会新闻"栏内，登了一条不显眼的小消息："昨日从浦江打捞上一具女尸，年约五十余，经人认出为南市富孀叶氏。伊何以轻生，殊不可解！有关方面正从事调查云云。"这位寡妇白白送了命，而黄楚九开始在上海滩发迹了。

## 亲自接待假艾罗

自从黄楚九办起中法大药房,生意越来越兴隆。他除了配制"艾罗补脑汁"之外,先后还制成"人造自来血"、"月月红"等药品;还与人合股开设五洲药房,创立中华制药公司,配制龙虎人丹,后又盘进中西药房,出售"百龄机"。到民国初年,黄楚九已成为上海滩西药业的巨头。

黄楚九深深懂得赚钱的奥妙,药房要靠补药赚钱。上海滩出售补药的店家太多,一定要创出牌子,才能发大财。但是要创出牌子,谈何容易?第一要别出心裁做广告,在广告方面,黄楚九确实动足脑筋,就以他赖以起家的"艾罗补脑汁"为例吧。

"艾罗补脑汁"是一种抑制兴奋的镇静剂,使神经衰弱的人能够持续亢进。"艾罗"是从英文"黄色的"译音而来。这样的起名也是颇有深意,因为药瓶上贴有美国医学博士艾罗的签名,仿佛真是一个外国专家的秘方;其实是取了黄楚九名字的罗马拼音的开头两个字母,却故弄玄虚,还弄一个外国人的头像印在商标纸上,好像这是发明补脑汁的洋博士,摆足噱头。顾客们不知个中情由,买的人很多,使黄楚九发了一票。为了证实这补汁很有效力,使生意更加兴隆,他又把脑筋动到朋友吴趼人身上。

吴趼人又名沃尧,别号我佛山人,是清末有名的小说家,他写的《二十年目睹怪现状》、《恨海》等是当时流行的章回小说。吴趼人就靠卖文为生,他的名气很大,长江沿岸的读者没有不知道他的。吴趼人喜欢结交朋友,三教九流的人都和他有所交往。黄楚九就是他的一个商界朋友。这天,黄楚九到老靶子路(今武进路)鸿安里拜访吴趼人。两人客套一番以后,黄楚九拿出三百银元递给吴趼人,说:"沃尧兄,区区之数不成敬意,望笑纳。"吴趼人连忙推却说:"楚九兄,为何突然相赠?我无功不受禄,如有事要小弟帮忙,请尽管盼咐,只要能办到无不从命!"黄楚九说:"也没有什么大不了的事。今天是兄台四十大寿,特来贺寿。另外,兄台日夜挥毫,脑力需要增补,小弟药房出品的艾罗补脑汁确有效验,我也带来数瓶供服用。希望兄台在报端给其扬扬名气。"吴趼人明白,这是黄楚九利用他的名声,想给"艾罗补脑汁"做广告写文章而已。他本想拒绝,然而这时他搬进新房子不久,用途颇大,加上最近稿费收入不多,经济上正感到拮据。既然黄楚九找上门来,拒人千里之外,也不大好,何况三百银元当时不是一个小数目,大可派派用场。于是他就开玩笑说:"好啊,楚九兄,你这是花三百银元买一个吴沃尧的名字。看在朋友面上,就贱卖一次吧!"

果然过了不久,汉口《中西报》刊登吴趼人写的一篇《还我魂灵记》,称赞"艾罗补脑汁"治好他脑病。接着,他又以书信的形式给黄楚九附言,赠照片一帧,并为"还我魂灵"而致谢。黄楚九这下如愿以偿,以中法大药房名义,把吴趼人的照片登在报上,说是让吴趼人小说的读者能"仰望风采知道他的近况"。这种别开生面的广告一登,果然使好些有脑病的文人趋之若鹜,于是"艾罗补脑汁"成为中法大药房久售不衰的热门"名药"。

黄楚九虽然大大发了一票,但也因"艾罗博士"这个噱头,使他遇上了个大麻烦,引出外国骗子找上门来敲竹杠的怪事。

有一天,一个外国青年走进中法大药房,掏出名片指名要会见黄总经理。写字间的人接过名片一看是"小艾罗",询问之下,他说:"我就是艾罗补脑汁发明者艾罗博士的儿子。黄总经理是我父亲的老朋友,父亲在世时要我有机会到上海拜访他,有些事当面向他转告。"

店员摸不着头脑,只好请"小艾罗"先回旅馆住下,等回禀了黄总经理,再作打算。

黄楚九知道这是一个外国瘪三,按理说完全可以拆穿他的西洋镜,声明艾罗并无其人,这个"小艾罗"就无从行骗了。但是否定了这个来者,就等于说"艾罗补脑汁"的秘方是假的,所有广告不过是在卖野人头,这样损失太大了。但是一承认真有艾罗其人,就一定要被"小艾罗"敲一记大竹杠,在这左右为难中,黄楚九毕竟是聪明人,他想出了一个好主意,吩咐写字间派人约"小艾罗"来会面。

"小艾罗"和黄楚九见面后,黄楚九就倚老卖老地说:"令尊和我生前是好友,他曾来上海多次。我这艾罗补脑汁,就是他转让给我的秘方。它确实大有效验。"

"小艾罗"见黄楚九承认了艾罗,正中下怀,喜不自胜。他想:就怕你不承认,承认了就好办!他进一步要挟说:"黄先生,家父生前将秘方转让给你,依照我们美国的专利法则,是要付技术转让专利费的。小侄这次就是为了艾罗补脑汁秘方专利权的事,来麻烦您的。"

黄楚九故作惊讶地说:"怎么,你还不知道这事的经过?令尊当年执意要将秘方赠与我,我说这秘方制成药品出售可以营利,不能白白要这秘方。我硬是送了他一万元美钞,他写了一张收据,你大概没听令尊提起过吧？贤侄请过目。"说着，他递过一张纸头，"小艾罗"接过一看：上面是用英文写的"收到艾罗补脑汁秘方酬劳费美金一万元整"，签名是"艾罗"；收据后面，又补注一行："此款一次收清，别无枝节。"

"小艾罗"不防有这一手，顿时心中凉了半截，弄得进退两难。他明知这张收据是假的，因为根本无艾罗其人。但他一想，如果否认艾罗，不等于说连我这"小艾罗"也是冒牌货了，那不就是承认自己是冒名而来的骗子吗？黄楚九是上海滩有财有势的西药业大亨，我这个外国瘪三不一定对付得了。在这尴尬境地，"小艾罗"好半天默不作声。

黄楚九看到这家伙已经被吓倒了，不慌不忙地取回那张收据，说："令尊和我是多年好友，你远涉重洋前来看我，我怎能不接待？你在上海尽管住下去，到各处去玩玩，我会关照伙计照应的。不过，上海西药同行有人对我生意做得得法眼红，造谣说吞没了令尊的秘方，你此次来正好给我作个证明。这点小忙要贤侄帮一下了。这里是我的一点小意思！"说着，黄楚九递过去一张支票。

"小艾罗"接过支票一看，是五百银元，心中略有安慰，觉得黄楚九这手干得漂亮，十分佩服。黄楚九又装作关切地说："贤侄在上海尽管放心去玩，所有费用我已关照手下支出。你何时准备回国，告诉我一声，回程的船票当令人送上，还有薄礼相送，请勿推却！"

"小艾罗"毕竟是个小角色，捞到一票已经心满意足。黄楚九为了把戏做足，此时却做了个手势说："刚才我说过，有人对艾罗补脑汁畅销十分嫉妒，造谣中伤。这次你来得正好，请给我作个证明，使那些眼红的人无从施其伎俩。"

"您看如何证明才好呢?""小艾罗"心不在焉地问。

黄楚九说："很简单，我请报馆拟了一篇访问记，你以艾罗博士儿子的身份证明：'此方确为先父所有，已由中法大药房依法购得制造的特许权。'这稿子已经写好，你只要签个名就可以了。"

"小艾罗"没有办法，只得将错就错，看完那篇《访小艾罗先生——谈"艾罗补脑汁"》，心里却在想：这是那张支票的代价了。他潦潦草草地就用自来水笔签上名。这时黄楚九一按电铃，两个人捧着相机对着"小艾罗"和黄楚九拍了两张照，然后躬身退去。"小艾罗"看黄楚九安排得这样有条不紊，心想难怪他在上海滩混得不错，不由钦佩他的手腕高明、诡计多端，自愧不如。在握手告别时，他忽然神秘地笑了笑说："密斯脱黄，鄙人真佩服您!"

此后，黄楚九就是凭借自己的这种精明，使生意越做越大。

# 从一部"野鸡汽车"起步

## ——"出租车大王"周祥生的精明

可以说,"出租车大王"周祥生的发迹,主要由于他具有精明的经营思路,以及能够毫不犹豫地抓住难得的发展机遇。

### 用赛马入场券招客

上世纪二十年代初,一个深秋的夜晚,在上海最豪华的礼查饭店(今浦江饭店)门侧,停着一部日本黑龙牌旧轿车,车上坐着两个人。那开车的叫徐阿弟,另一个叫周祥生。此时,他们都毫无倦容,注视着灯火辉煌的饭店大门口进进出出的人,像在等什么似的。等了一会,徐阿弟有点不耐烦了,向周祥生递上一支香烟,拍拍他的肩膀,像开玩笑地说:"老板,怎么?不去兜生意?"

周祥生点着了烟,苦笑着说:"咳!跑遍整个上海,像我这种跑街兼副手的'野鸡汽车'老板,恐怕很少见吧!兜生意——你看,那些进进出出的人,几乎都有自备汽车,怎么兜呢?我现在是在等一个中档的醉客,他坐黄包车怕失身份,叫外国车行的汽车又嫌价钱太贵,如果兜这样的头寸,保准不会落空!"

周祥生一边说着,一边盯着饭店门口。不一会,饭店里果然出来了一个醉醺醺的外国人,他踉踉跄跄地来到周祥生车旁,敲敲车窗,用英语问:"出租汽车?"

周祥生当过几年西崽(即饭店服务员),一般英语都能讲讲。

他一听忙跳下车,打开后座车门,边鞠躬边用英语回答说:"是的,先生请,您上哪儿?"

那洋醉汉上了车,晃动着身子,从袋里摸出一张钞票,摇了摇说:"我要兜风。兜好了再回家,我会告诉你的。"

周祥生知道,这种洋醉汉是不会少付车钱的,只要兜得他感到满意,这个晚上就不用再去找第二位客人了。他拿了曲柄,到车头前面发动了引擎。汽车越过外白渡桥,由外滩拐进了南京路。洋醉汉谈兴颇浓,一路上问长道短。周祥生不断运用他的洋泾浜英语,有一搭没一搭地回答。当汽车驶过西藏路(今西藏中路),开到静安寺路(今南京西路)时,周祥生看到了跑马厅的大楼(原上海图书馆),他灵机一动,从口袋中掏出几张赛马入场券送给了洋醉汉,告诉他明天这儿赛马可以买马票,若是运气好,会得到几千块的头奖。洋醉汉高兴地收下入场券,说:"明日中奖,一定再坐你的车兜风。"

第二天晚上,周祥生、徐阿弟两人又把车开到礼查饭店门口,看看辰光还早,他们便在车内靠着椅背闭目养神。忽然,有人在敲车窗玻璃,周祥生睁开眼睛一看,正是昨晚兜风的洋醉汉。他今天穿了一身崭新笔挺的西装,十分精神,笑眯眯地说:"朋友,你给我的入场券,我去买了马票,真的中了头奖,发了一点小财。好吧,以后我的朋友都坐你的车,你晚上不必再去兜别的生意了。车钱先拿去。"他递上一张美钞,又摆了摆手,说:"不要找了,多的作为你们夜宵酒钱,也算是我的一点彩头。"

这天晚上,周祥生十分高兴。当送走洋醉汉回到家中后,无论如何也睡不着觉了。他想:我这辆"野鸡汽车",是靠自己出五百块、借五百块买下来的。用这种破车兜生意,眼下日子虽然还过得去,但自己不会开车,每天收入要和司机徐阿弟对半拆账。车子越开越坏,说不定什么时候就成了一堆废铁!怎么办呢?忽然,他脑子里一亮:这次用赛马入场券招来了洋顾客,何不请他订长期包车,就可以先收一大笔钱了。如有这么几个户头,自己就不必每天风雨无阻地在马路上兜生意,可多积一点钱还清车债;然后,整修旧车,买进新车,找个地方开出租汽车行……周祥生越想越高兴,仿佛自己已坐在车行的账桌旁,银元、钞票不停地向桌上飞来。

事情很顺利。第二天,洋醉汉不但答应长期包周祥生的车,而且拍拍他的肩膀说:"阿祥老板,你慢慢会发财的。不是吗,我坐你的车去买马票,一下得了彩头!"他还答应再介绍几个朋友也包周祥生的车。

就这样,没过多久,周祥生不但还清了借款,而且又从汽车行用分期付款的方法买进了第二辆美制汽车。这时,他堂弟拿出一千块来拼股,周祥生又买进第三辆车子,在东大名路正式开设了出租汽车行,起名叫"祥生汽车行"。只有一年多光景,周祥生真的成了老板。

## 遇良机迅速扩大车队

上海的汽油生意,一直是由外国人开设的"美孚"、"德士古"、"亚细亚"三家垄断的。到了上世纪三十年代,世界性经济恐慌也影响了上海,三家公司不得不一再降价出售,后来甚至买一桶送一桶,还可先用后付款。

这时，周祥生生意越做越大，已有三个出租汽车分行了。但他对这股跌风有点吃不准。汽油便宜，租车费自然随之下降，坐车的人却没有增加，自己该如何办呢？

这天午饭过后，周祥生正看一张《申报》，无意中瞥见经济栏中的外汇行情。这时，他猛地想起最近认识的新顺记五金行副经理李宾臣。这人专门和外国人打交道，对外汇、外货十分在行，不妨请来商量一下。主意打定，他立刻吩咐账房写一张请柬，邀李宾臣晚上来家吃便饭，并告诉车行，按时派一辆新雪佛兰汽车去接。

当晚，李宾臣来到周家。酒至半酣，周祥生便谈起汽油兜售的事情，李宾臣眯着醉眼，沉吟了一会说："祥生哥，依我看这是你发大财的机会到了！"

周祥生抓抓头皮说："老兄，油贱车租也低，发财从何说起？"

李宾臣见对方不解，压低声音说："祥生，据我所知，如今外钞和银元的比价变动，美钞结价要上涨，趁目前比价还低，可先吃进一批货……"

祥生递过去一支三炮台香烟，并替李宾臣点着，说："宾臣兄，你是说汽油吗？"

李宾臣吸了口烟，缓缓地说："那是小意思。你不知道，目前美国的几家汽车公司，货都卖不出去，可以预付二成订金，两年结清。我的意思是你应趁这个机会，买进四百辆雪佛兰汽车。"

周祥生简直不敢相信自己的耳朵，四百辆雪佛兰要几十万银元！就是连我周祥生一起卖了，也凑不出这么多钱呀！他怔怔地看着李宾臣，不出一声。

李宾臣呷了一口酒，微笑着对周祥生说："我李宾臣从来不开玩笑，绝不会让朋友上当，你放心。至于钱，我先借给你三万银元，你拿这钱到花旗银行做外汇押款，由他们担保付给通用汽车公司二成，余款等汽车到手后分期付清。你看着，美钞不久就要回升了。"

周祥生踌躇不决地喃喃自语："不过外国人也不是傻瓜……"

李宾臣笑着说："当然不是，而且很聪明。祥生，你只知其一，不知其二，通用的雪佛兰因生产过剩，在国内哪怕先用后付款，也购者寥寥。现在他们用这个办法向国外推销，实为上策。至于美元升值只是对外，我们赚的钱是中国客户的银元，与之不搭界，他还巴不得你多买呢！"说着，他又凑在周祥生的耳朵边小声地说："等升值以后，你只要抛出一百辆，本钱就可全部收回，赛过白得三百辆车子。这样的好事你不敢做，真是上海人说的憨大了。"

周祥生听得心中发痒，可又忽然想到：李宾臣是五金行业最精明的角儿，放着这样大的财不发，反而借巨款给我发财，这就不合情理了！于是他转个弯子反问："宾臣哥，依你所言，小弟岂不是坐享其成了吗？"

李宾臣听了，哈哈大笑，说："祥生，你以为我在做傻事吗？不，实话对你说吧，我如果开汽车行，就有权向花旗银行申请贷款购车，可我偏偏是五金行业，这笔生意只好让你老弟做了。不过，我这三万银元也不白抛，到时收回已变成美金。现在，你懂了吧！"

周祥生一听，疑虑顿消，兴奋地斟满了酒，敬给李宾臣说："不管怎么说，总是宾臣哥帮助小弟。请！"

果然如李宾臣所料，周祥生分四批订了四百辆雪佛兰轿车，付了第一笔款后，美钞和银元的比价就逐渐上升，从原来的一百银元换四十五元美钞;到第四批结价时,已是一百银元比二十四元美钞,差不多涨了一倍。这时,只有周祥生手里有几百辆新车,很多同行纷纷前来商量能否转让一些给他们。周祥生此时踌躇满志,正想抬高价格赚一票。恰巧,这天李宾臣来看周祥生,听说这事,立即对他说:"你千万不要抬价,而且还要比'通用'进口价低一些,捐好牌照后再卖给同行。"

周祥生有点迷惑不解,说:"卖便宜一点,这意思我懂,你是要我联络同行感情。可是新车一捐牌照,再卖出去就只能算旧车,买来的新车当旧车卖出,他们会当我有神经病呢。"

李宾臣诡秘地笑了一笑:"祥生,'通用'在上海有专门经销的利威洋行,新车完全由他们独家经营。你如果将新车原样倒卖出去,洋行告到工部局,这些车就要被没收了。如果你捐了牌照,只要向买主声明,人家还是当新车买。卖捐了照会的车,只是过户,洋行睁着眼也没办法。"

周祥生对这位五金行业的老兄,真是佩服得五体投地,同时也学了许多在上海做生意的门槛。如今,他觉得将来和他竞争的对手,绝不是原来的那些中国同行,而是一些实力雄厚的洋商,出租车行必须认真对付才是。

周祥生在这次汽车买卖中,不但添了大量新车,而且还赚了一笔钱。当时,洋商车行排挤华商车行很厉害,租界当局也故意刁难;华商的一些车行,最多也不超过二十辆车子,都处在奄奄一息的状态中。然而,周祥生奇兵突起,同行们为之精神一振,就公推他为上海出租汽车同业公会会长。不久,车行扩大为"祥生出租汽车公司"。公司一建立,就和美商云飞出租汽车公司进行了一次较量。

## 觅得绝妙叫车电话号

云飞公司的老板戈尔特，不但颇有心计，而且有独霸上海出租汽车行业之野心。当周祥生没有发财添购车辆时，云飞公司已拥有八十多辆轿车，成为上海最大的出租汽车公司。周祥生买了雪佛兰，忽然超过云飞公司，这使戈尔特十分恐慌。他找来几个股东，商量怎样对付周祥生，结果决定采用车租减到祥生公司的二分之一；常用客户可以供应专车，随叫随到，不付现款，月底结账，希望以这些优惠办法招徕乘客。这样一来，果真吸引了不少乘客。祥生公司受到冲击，营业额逐渐下降。周祥生面对云飞公司的攻势大为不安。这天他吃过饭，在家中想对策，想了半天，也没想出个好主意，便想打电话约李宾臣来商议，偏偏又把电话号码忘了，好容易找到打过去，人又不在。他有点气恼，嘴里自言自语道："打个电话方便，记号码却不容易。"谁知这一句话，突然触动他的灵感，他想：现在都是电话叫车，如果我弄个极容易记的叫车号码，人们不需查找便记住，这不就有了优势！主意打定，他立刻坐车赶到电话公司找营业部主任索雷。

出租汽车行离不开电话，由于这个原因，周祥生一向对电话公司上上下下应酬得十分周到；特别是索雷，周祥生常请他到上海的有名酒家小酌。因而，索雷对周祥生十分友好，只要周祥生请他，有请必到。眼下，他见周祥生驱车而来，便高兴地迎上去说："密斯特周，今天我们到哪里去？"

周祥生心中暗笑：哈，这个老饕果然又想吃白食了。于是他说："索雷先生，我今天要请你吃一样新奇的佳肴。坐上我的车，上南京路新雅大酒店。"到了新雅大酒店，他们在楼上单间雅座坐定，周祥生吩咐来一客全味的"龙虎斗"。索雷是通华语的，大惑不解地问："密斯特周，什么叫'龙虎斗'？"

周祥生神秘地笑笑，说："索雷先生，你不要急，等一会看了便知。"周祥生吩咐跑堂，拿上活物过目。不多时，只见一个厨房操刀手拎两只铁笼上来，说："请周老板过目。"

索雷不看还可，一看吓得跳了起来。原来，一只笼子里装的是一条花斑毒蛇，另一只笼子里是一只十分肥壮的猫，正在乱叫乱跳。索雷有点气愤地说："密斯特周，这饭店在开什么玩笑！"

周祥生让索雷坐下来，说："索雷先生，你这个老上海，居然也有不知道的，今天特请你开开眼界。这是广东名菜，'龙'是蛇，'猫'是虎，这两样东西杀掉烧成一只味道鲜美的羹，就叫'龙虎斗'。"索雷听了，只苦笑着摇摇头。

不一会，一大碗喷香的"龙虎斗"送了上来。索雷知道这是用毒蛇和猫烹制的菜，迟迟不敢举筷。周祥生知道索雷余悸犹存，就举起汤勺盛了两碗羹，每人一碗，自己先吃了起来，并说："索雷先生，趁热吃，这菜要吃热的才鲜美。"

索雷见周祥生吃得有滋有味，胃口被吊了起来，舀了一调羹试试，果然肉嫩味香，味道不比一般，禁不住竖起大拇指，连声称赞说："奇迹，奇迹，中国菜天下第一！"两人对酌了一会，索雷问道："周先生，今天你为什么请我吃这奇怪的'龙虎斗'呢？"

周祥生点燃香烟吸了一口，说："因为我要你解释一个奇怪的问题。你说说,上海最大的出租汽车行有几家?"

索雷不假思索地说:"'云飞'和'祥生'两家!"

周祥生故显愁容说:"索雷先生,'云飞'是龙,我斗不过它。它后台硬、本钱大,敢杀半价放账,你说我会不会被逼得关门打烊?"索雷一边贪婪地吃着蛇猫羹,一边满有兴味地说:"周先生,不会不会。他是龙,你就是虎。上海人不是称汽车是'市虎'吗?你养了几百条'虎',大可以斗一斗。"

周祥生摇摇头说:"不行!龙居上,虎在下,斗也输,不斗也输。唉!我周祥生中国朋友一大群,可惜都不能让我如虎添翼!"

索雷随口说:"是呀,我也一样,真所谓爱莫能助。我管装电话,可装电话有什么用?如果有用,闲话一句。"周祥生正等他这句话,就情不自禁地说:"索雷先生,有用有用,电话就是翅膀。只要你装电话时给我一个好的号码,本人就感激不尽了!"

"好的号码——Good number!"索雷懂了,"密斯特周,你是要一个叫汽车容易被记住的电话号码,是吗?"

周祥生说:"对。比方'云飞'是30189,谐音是'三人一杯酒'。不过我还嫌难记,碰上滴酒不沾的乘客就不一定记得住。我的号码要简单易记。"

索雷听了心里一动,他手头确有一个很不错的整数号码,但他想不能这样一顿"龙虎斗"就轻易给他,便摆出为难的神情说:"要一个整数号码,我动动脑筋也许能办得到。不过这事不是我一个人可以作主的,否则公司里别人会有意见。"周祥生知道索雷想得一些好处,便当场答应一定给优厚的酬谢。索雷这才微微一笑说:"密斯特周,你们中国人不是常自称四万万同胞吗?我给你个四万号整数的号码如何？"

周祥生听了真是喜出望外，他脑子一转，连将来怎样用这个号码做广告的词句也想了出来："四万万同胞打四万号电话"，这太妙了！

出租汽车行业的一场"龙虎斗"就这样开始了。周祥生包下新雅大酒家全部酒席，宴请电话公司几百名职工，这手面大得吓人，一直在上海市民中传为美谈。

## 竞争对手甘拜下风

戈尔特听说祥生公司有了"40000"号电话，开始不以为然。后来见报纸、电台、车站，乃至他的汽车车身，都漆上"40000"几个阿拉伯数字，十分醒目；这还不算，周祥生又印了几万张写有"四万万同胞请打四万号电话，祥生汽车随叫随到，竭诚服务"的纸条，张贴到商店、旅馆的电话机旁。戈尔特这才有点惊觉起来。

云飞公司的租费减半，原属临时之计，不久又提升车价，失了信用。如今被周祥生这样一弄，乘客的注意力都被吸引过去，云飞公司的营业额一落千丈。戈尔特终于猛吃一惊，他想：这家伙比我棋先一着，也怪自己疏忽大意！于是，他在大西路（今延安西路）租地盖起大厂房，添购了二百多辆新车，并大登广告，可已经晚了。当时国难当头，人们对打"40000"号电话感到特别亲切，要叫车就找祥生公司。从此，云飞公司就一蹶不振，生意十分萧条。最后，戈尔特因上海战事即将爆发，便趁机下台，连车带人盘给了中国人，自己悄悄回国去了。于是，周祥生就成为上海滩的"出租车大王"。

# 沧州饭店里的倩影

——宋美龄被绑案始末

这是一桩特殊的绑架案，没有枪声，没有硝烟，没有肉票凄惨的喊叫。其中的算计匪夷所思，而名媛宋美龄则成为这个案件的主角。

## 大饭店密谈

这些天，刘纪文十分烦躁，他早已听说蒋总司令在追求宋家的小女儿——宋美龄。他和美龄是在美国留学时相识的，年轻而英俊的刘纪文不但谈吐斯文，而且又那么谙熟西方社交礼节，对女性他体贴而又不落于献殷勤的低三下四，他懂得如何抓住少女的心，很快这位宋家三小姐就倾心于刘纪文了。刘家也并非普普通通人家，可说是沪上屈指可数的豪富之家，和宋家相比也可算是门当户对，看来这件婚姻是十拿九稳了。

然而，现在却出现了这位声威显赫的北伐军蒋总司令，他可能比不上刘纪文的风流潇洒，而且洋味不多，但他现在在南京奠都掌权，俨然是中国的统治者，宋小姐逐渐向权势倾斜。刘纪文明显觉得宋小姐对他降温，虽然怨恨，但毫无办法。有人劝他算了吧，这位蒋总司令是惹不起的，他不但手握重兵，而且心狠手辣，特别是他和租界里那些大亨都有关系，如果知道你和宋小姐有一手，说不定他会让大亨手下的人对你下毒手。

这天，刘纪文百端无聊，早晨起床便顺手拿起桌上的报纸看。忽然，一条新闻跃入他的眼帘："职业杀手王亚樵险遭密捕，由京潜踪来沪。"刘纪文马上觉得有办法了。因为他从社会流传中了解到，此人胆大心细，几年前曾单枪匹马在上海"大世界"附近闹市，乱枪打死淞沪警察厅长徐国梁。现在，他又成了蒋总司令的眼中钉，请他帮忙对宋家施点压力，虽然不能和宋小姐重归于好，但总可使那位夺人之爱的大权在握者有所忌惮。主意打定，他就派人去探听王亚樵在上海的住处，准备亲自登门拜访。

虽说王亚樵化装逃出了南京，未遭蒋介石毒手，但到了上海却两手空空，住在朋友朱雁秋家里生闷气。他本是血性汉子，过去因为蒋介石是北伐统帅、国民革命军总司令，曾十分敬佩；谁知，他只是说了几句真话，反对"清共"，蒋介石就对他如此心狠手辣，几乎要送了他的命。王亚樵感到此人不除，将国无宁日。可是现在困居沪滨，既无人又无枪，只好罢休了。

忽然，朱雁秋匆匆跑进来，对王亚樵说："有个姓刘的年轻人，到亚洲饭店找你，说有事相托。我弄不清楚这人是什么路数，就问他找你有什么事，他却不肯对我讲，说这事只能与你面谈。我推说你不在，请他过两天再来。大哥，你见不见他？"

王亚樵略一思忖，便对朱雁秋说："见，约他到一品香大旅社会面。"

"一品香"是开设在西藏路（今西藏中路）、三马路（今汉口路）转角，当时算是豪华的酒店。这天，刘纪文坐着轿车来到"一品香"，对侍者说："王亚樵先生约我在此会面。"他被引进一套房间中的会客室，静候之时，便在沙发上坐下。片刻，里间走出两个人，一个是方面孔、鼻架金丝眼镜、中等身材的中年人，另外一个是高大、举止有点粗鲁的汉子，两人都点头向刘纪文打招呼。那中年人说："我是王亚樵，听雁秋兄说您要见我，不知有何事见教？"

刘纪文仔细打量眼前的名震东南的"暗杀大王"，这样温文尔雅，穿着又如此朴素，很像个教书先生，不禁暗暗称奇。于是，他开言道："擎宇先生，纪文久仰您行侠好义的大名。兄弟无事不登三宝殿，确实有件十分棘手又不便公开的事请您援手。"

王亚樵点了一支香烟，轻松地说："刘先生，我是上海人所讲的'斧头帮'帮主，干的是些出生入死的事。您要是有什么仇怨，只要可能的话，我手下的弟兄可以助点力。"

刘纪文摆手说："擎宇先生，我不要您动刀动枪，整个过程不能伤那当事人一根毫毛！"

王亚樵哈哈大笑："刘先生，这样的事我可是头一次听说！到底怎么回事，您说出来，我给您参谋参谋！"

刘纪文未开口，脸上先泛起一片红云，有点不好意思地说："擎宇先生，这事怎么说呢？宋家小女儿和我去美国留学时，关系就不错，几乎是订了白首之约。可是她回到上海，那位蒋总司令就插了进来，他可以说是动用了各种力量，连她的大姐宋霭龄也帮了忙。最后，那位信基督教的宋老太太点头了。既然她已经不愿和我维持恋爱关系，我是受过西方高等教育的，绝不强迫宋小姐和我重续旧好……"

王亚樵插嘴："刘先生，她要和别人结婚，你也不希望重续旧好，那就各走各的路，这不是很好吗？"

刘纪文苦笑说："事情不那么简单。那位蒋总司令是个心狠手辣、斩草除根的家伙，他对我和宋美龄有这段罗曼史，知道得一清二楚，难道会放过我吗？"

王亚樵点点头："这话也对，不过你找我也没办法。我和蒋某的确是冤家对头，可要我现在去干掉他，对不起，我没有这个力量。"

刘纪文说："擎宇先生，我不想伤害任何一个人。我找您只是请求帮忙，对宋小姐施点压力，保证以后的安全！"

王亚樵有点纳闷，问："我怎么对宋家施加压力呢？"

刘纪文凑到王亚樵身边悄声说："擎宇先生，只要能设法把宋小姐从她家里弄出来，找个地方软禁两天，要她保证两条，有个笔据就可以了！"

王亚樵想了一想，说："此事不容易，但我向来是路见不平拔刀相助的。"这时，他向坐在一旁的朱雁秋说："这是武戏文唱，雁秋看看这出戏怎么演？"

朱雁秋虽是五大三粗的汉子，但心思却比较缜密，他问刘纪文："不知宋小姐平常有些什么社交活动？"

刘纪文想了一想说："她在上海虽然有几个头衔，但特别关心儿童，担任上海参议会的童工委员。为这事，她常到工厂去考察童工生活。"

朱雁秋对王亚樵点了点头，又对刘纪文说："这事一周内可以办好，不过您先付点活动费给我们。因为我们不能请宋小姐到这儿来，要另外找地方。"

刘纪文慷慨允诺："这没有问题，我先签一张五千银元支票作为费用，不够打电话给我好了，诸事费心！"

王亚樵并不推辞，便说："我们请到宋小姐后，你是否和她面谈？"

刘纪文有点为难，摇摇头说："我不见她为好，因为这位小公主脾气大而固执，见了她反而会弄僵。我全权委托擎宇先生了！"

## 三小姐收到请柬

上海西摩路宋公馆（今陕西北路369号）是一幢二层楼的花园洋房，现在住在这儿的只有宋老太太和宋美龄。宋老太太的长子宋子文本来和她们住在一起，自从蒋介石追求宋美龄以后，他一直持反对态度，有点厌恶这位奉化盐商的儿子，曾多次劝阻，但这位总司令利用自己的势力使他管事的几家银行几乎濒临破产。他明白对妹妹的婚事只好听之任之了，但不愿见蒋介石，因而住到西爱咸斯路（今永嘉路）二姐的房子里去了。

蒋介石常到西摩路来，他不穿军装，有时穿西装，有时穿长袍，来时彬彬有礼。宋美龄逐渐对这位中国的新首脑表示爱慕之情，唯一的障碍，是宋老太太对这位未来的小女婿还未认可：第一，她嫌他当年寻花问柳，除了发妻之外，还有三妻四妾，有悖于基督教的教义；其次，当然是年龄有点悬殊。然而，经蒋的软磨硬泡，答应与原配"离婚"，把同居的第二位夫人送往美国，保证今后不再拈花惹草，宋老太太基本上同意了这门亲事，宋美龄已经作结婚的准备。

正是"乍暖还寒"的阳历三月天气，早晚都有冬天的寒气。这天早晨八九点钟，宋美龄起床梳洗后在吃早点，娘姨进来说："三小姐，参议会派车接您去开会，说是有要事商讨。"

宋美龄微微一怔，自言自语说："前天刚开过会，虞会长也没提起，怎么忽然又要开会，谁来接的？"

娘姨说："来人我不认识，他坐在楼下会客室等候，要不要叫他上来问问？"

宋美龄摇头说："不必了，我吃完早饭下去问吧。"

宋美龄用餐毕，换上一身西装走下楼到会客室，只见沙发上坐着一个唇留短须的中年男子，头发梳得光亮，身穿褐色摹本缎长衫，外套盘龙马甲。他见宋美龄进来，立刻站起身说："虞会长命令鄙人来恭迎小姐开会，惊动小姐芳驾，失礼了！"他说完就躬身行礼。

宋美龄打量了一下，这个人的打扮像是个商店里的账房先生，但举止不俗。她抬一抬手说："谢谢，虞会长太客气，打个电话就是了，何必劳先生枉驾敝舍。虞会长身边几位，和我都有一面之缘，先生眼生一些，却是初会，请教贵姓？"

来人微微一笑，用十分谦和的口气说："宋小姐，我是刚蒙虞会长从轮船公司调来的。虞会长觉得参议会要有个交际应酬的人，我在轮船公司是应付对外场面的，蒙他老人家抬举，把我找来担任此职。我叫乔珊，您看得起我，叫我一声老乔，我就不胜荣幸了。"

宋美龄见此人出语谦恭，就有三分高兴，她说："乔先生不必客气。不知虞会长何以紧急相召？"

乔珊说："这敝人不太清楚，只是听说海外有位华侨愿捐助一笔款，为童工做些好事。他老人家说这事必须与宋小姐面商，宋小姐在国外留学见多识广，恐怕那位华侨也是听说宋小姐主持此事慕名而来，所以务必请您枉驾，一言九鼎，事就成功了！"

乔珊这一席恭维话，使宋美龄感到十分高兴，她说："那么就烦劳乔先生陪我去吧，我叫娘姨备车。"

乔珊摇手道："宋小姐，虞会长派车来了。他吩咐，开好会仍由敝人恭送宋小姐回府！"

宋美龄不再推辞，于是起身出门，果然有一辆雪佛兰轿车停在大门口。车中的人看到宋美龄和乔珊走出，立刻开了车门，走出来躬身迎候。宋美龄看了一下，觉得虞会长从来只坐一部老爷福特车，今天这部雪佛兰轿车是全新的，跟车的保镖和司机也不认得，不由起了点疑心。乔珊看宋美龄神情迟疑，立刻接口说："这部车就是那位华侨为了嘉许虞会长关心上海童工的福利，造福申江妇孺，特别送给虞会长作个纪念，而且请他自己的司机和保镖随同试车。虞会长还没坐过，他诚心请宋小姐先试坐。喏，这是虞会长的请柬。"说着，乔珊拿出一份泥金大红请柬递过去。宋美龄接过一看，上面写着："敬请美龄小姐试坐新车来会商量童工福利事宜，希勿却是幸。"下面是虞会长的签名。

宋美龄毕竟是一个十分喜欢别人奉承的女人，看了那份请柬，更加有一种虚荣感，嘴里连说："虞会长这样客气，太不敢当了。"她马上坐进了车内。

车子从西摩路向威海卫路（今威海路）一转，又从同孚路（今石门一路）折入静安寺路（今南京西路），驶过西摩路向西一下拐进了路南的沧州饭店。这使宋美龄有点惊奇，怎么开到饭店来了？她刚要询问，乔珊已打开车门跳下车说："宋小姐，虞会长关照，华侨老先生特地在这儿订了一个静室，先由他们两位在此和您商谈决定，再提交参议会讨论实施办法。请下车吧！"

宋美龄此时有点奇怪，她弄不懂虞会长为什么用汽车接自己到近在咫尺的沧州饭店（旧址已改建锦沧文华大酒店）来谈。但转念一想，华侨总爱在上海摆排场，沧州饭店是上海以幽静高雅出名的饭店，常接待海外来客。想到这儿，她稍微掠了一下头发，在乔珊躬身引路下，昂首踏上台阶，向饭店二门走去。

## 陷入软禁之中

宋美龄被引进三楼一个十分豪华的套间，乔珊请她稍微坐一下，有点抱歉地说："虞会长可能晚一点到，宋小姐可休息一下。敝人先告辞了！"说完，他躬身退出。

宋美龄坐了差不多一个小时，不见有人来，那乔珊也不再出现。她不由焦躁起来，按电铃要茶房进来，谁知应声敲门而进的却是随车过来的大汉。他谦恭地问："宋小姐，有什么事？"

宋美龄毕竟是个聪明女子，她觉出这根本不是什么虞会长邀请开会，完全是不认识的人弄来一部汽车把自己骗到这儿。她被激怒了，指着进来的大汉说："你们搞什么鬼，把我弄到这儿来？大概是活得不耐烦了！我只要对蒋总司令讲一句，就够你们受的了。快把那个乔珊找来，我要问他！"大汉并不动怒，反而笑嘻嘻地说："宋小姐，哦，未来蒋总司令夫人，您何必动这么大气。蒋总司令确是掌生杀大权，不过我请您注意，这儿是租界，他也不能把兵开进来抓人。好吧，您不是要见乔先生吗？我去请他来！"

宋美龄知道这班人不是什么绑票的土匪，也许是上海的一路英雄，他们能包下沧州饭店的房间，有崭新的雪佛兰轿车，就不简单。她决定等那个乔珊来。

不一会儿，乔珊换了一身笔挺的西装，神采奕奕地走进房间，向宋美龄微微鞠躬为礼，说："宋小姐，多有得罪，因为有件事不便在尊府当面请教，所以多有唐突。我是王亚樵，您可能听说过这个名字。"

宋美龄顿时浑身战栗，王亚樵是上海有名的"暗杀大王"，而且听说前几天蒋介石在南京搜捕时被他逃掉了；这人是蒋介石的对头，现在落在他的手中，看来是凶多吉少了。然而，她不愧是一个有胆量的女子，定了定神说："原来是大名鼎鼎的擎宇先生，失敬失敬！不过像您这样的英雄，绑架我一个手无寸铁的弱女子，不算什么本事吧？"

王亚樵笑了笑，欠身在宋美龄对面的沙发上坐定说："宋小姐，您言重了。我们是用汽车恭迎芳驾到此，这儿环境幽静，便于求教，您请息怒。"

宋美龄见王亚樵说话一直十分有礼貌，估计不会因蒋介石抓他，而绑架自己来泄愤。可是，他们这样大动干戈把自己弄来是为什么呢？

"擎宇先生，别的话不必多说了，您是不是想要我向介石打个招呼，大家冰释前嫌，重归于好？"

王亚樵突然放声大笑："宋小姐，我是从不向人低头的。蒋介石要捉我、杀我，他只要有本事抓住我，任凭他发落。我绝不会通过女人吹枕头风求情的。"

宋美龄毕竟是个未婚女子，听了这话羞得满脸通红，她有点生气了:"那么您把我弄到这儿来干什么?"

王亚樵笑笑说:"我是受人之托,和宋小姐谈一件纯属个人的私事。"

宋美龄有些诧异:"谁和我有解决不了的事?要请出您这位'神道',费这么大气力,把我弄到这儿来谈呢?"

王亚樵不忙答话,点起一支雪茄说:"宋小姐,的确这并不是什么太麻烦的事。但这事和宋小姐的终身乃至蒋先生都有点瓜葛,委托我的当事人放心不下,理由我不详细说了。因此,只好请宋小姐来谈谈!"

宋美龄一听,马上觉出这事是刘纪文找王亚樵干的,她不由心里怒火直冒:不错,自己和刘纪文恋爱过,可受过西方近代文明教育的刘纪文,怎么找个"暗杀大王"来对付自己?他是要干掉我,还是强迫我和蒋介石断掉关系?哼,这都不能接受。于是,她怒气冲冲脱口而出:"擎宇先生,如果你的委托人是刘纪文,那就不必谈了。我和他同过学也交过朋友,但无其他任何纠葛。他凭什么要通过先生把我弄到此处谈判,自己还不出场?这样的谈判,说句对不起先生的话,我是不会与任何人对话的,你们送我回去!"

王亚樵依然不动气,笑吟吟地说:"宋小姐既然不愿谈,现在又在气头上,那就在这儿休息一晚再说吧。请放心,我们绝不会伤您一根毫毛。这儿的房间还清静,请您休息吧!"说完,他站起来向宋美龄点头为礼,躬身告退出房去了。

宋美龄赶到房门口,看到随车来的大汉就在外面徘徊,估计走不出去。她转身在房内拿起电话叫外线,可是话筒里一点声音都没有。显而易见,他们把电话线也切断了。宋美龄第一次尝到被软禁的滋味,她想哭,但觉得哭也没有用。不知过了多少辰光,她倦极了,在沙发上睡去。朦胧中听到房间里有人走动,睁眼一看是侍者送进来丰盛的晚餐,她没好气地挥了挥手要求拿走。她怎么吃得下去呢?

## 宋家心急如焚

宋美龄一夜未回家,娘姨说是被一部汽车接走的,她只听到那车是参议会虞会长派来的。宋老太太忙叫人打电话去问。虞会长听了一惊,详细地在电话中询问此事的经过。虞会长立刻连声在电话中说:"糟了,宋小姐被人绑架了,我这儿并没召开什么会。我马上来府上商量办法。不过,我们目前一定不能把这事传出去!"

宋老太太听说小女儿被人绑了票,而且不知下落,急得眼泪鼻涕直流。

虞会长来到宋府,听娘姨详尽描述了那个自称乔珊的人。良久,他顿足惊呼:"是他,肯定是王亚樵,这人是被蒋总司令通缉的,他绑架宋小姐就不好办了。要是其他路道的,凭我的老脸找认识的人,总可以尽快解决;可这人和蒋总司令作对,他来插一手肯定是冲蒋总司令来的。"

宋老太太一听,急得要昏厥过去,她向虞会长连连拱手恳求:"虞会长,我们宋家树大招风,美龄又和这位总司令攀亲,更惹眼了。我愿破财消灾,只要把美龄赎回来,这几个晦气钱只好花。要让虞会长费心了。"

这时宋子文来了。他听说绑架者可能是王亚樵,插嘴说:"这人是上海有名的'斧头帮'帮主,他手下的人惯用利斧砍人。这班人只要钱,翻脸无情,即使报告租界工部局,肯定也弄不掉他们,反而会打草惊蛇。我想还是由虞老出面,通过黄金荣、杜月笙两位疏通。"

虞会长想想也只好这么办了,答应去找两位大亨。可是,他在归途中觉得很奇怪:这绑票一是文"请",没有动武;二是备有这样崭新的豪华汽车,决非王亚樵力所能及,肯定后面还有人;三是被绑架以后,两天之内杳无音讯,既未送恐吓信又没有电话打来,这不像一般绑人索巨款的行为。他边想边摇头,感到事情不那么简单。

虞会长和黄金荣、杜月笙碰了头,两人都表示:他们手下的人绝不会干,他们和蒋总司令是朋友;不过,如果是王亚樵插手,他们也无能为力,他们说话根本不顶用。

当蒋介石接到上海的长途电话后,知道宋美龄被绑架了,顿时气急败坏,连夜乘专车赶到。他听了这事的经过,毕竟老谋深算,说:"岳母和大家都不要着急,王亚樵虽然跟我有点过不去,但这只是政治见解不同,并无不解之仇。当然,问题出在我身上,而不在美龄方面,他们一定是想逼迫美龄接受条件,借此来要挟我。我们急着要找美龄,正中这些人的下怀,那条件反而更加苛刻。我的意思是等他们找我们,那样反而能让指使王亚樵的人露面!"

宋老太太毕竟不放心,她担心宋美龄年轻经不住这个阵势。蒋介石胸有成竹地说:"岳母放心,美龄是个柔能克刚的有个性的女子,绝不会有什么意外的。"

这晚,蒋介石就在宋家下榻,等候宋美龄的消息。他记起王亚樵曾推荐戴笠参加黄埔军校学习，两人过去在湖州有过交往，就想通过这关系打听王亚樵在上海的下落，万一谈不成，也可以设法把宋美龄救出来。

第三天一早，戴笠被叫到宋家。他向蒋介石报告，最近王亚樵出手阔绰，有人看到他出入西藏路一品香大饭店，包下房间，但未见与何人联络。蒋介石听了，挥手要戴笠回去再打听，随时汇报。

此刻，蒋介石完全可以断定，王亚樵是有后台出钱的，这后台是谁呢？他想不出。就在这时，娘姨来找他："总司令，三小姐来电话了。我们说您在，她要您听电话。"

蒋介石一跃而起，走向电话间去接电话，电话那边传出宋美龄的声音："Darling（亲爱的），您来上海了，很好！我下午就可以回家，他们说……"

## 谈判取得成功

那是宋美龄被绑架的第二天，她觉得这事不能僵持：刘纪文托王亚樵把自己弄到沧州饭店又不见面，绝非想重叙旧好，肯定是对自己和蒋介石结合有所畏惧；如果那样，自己完全可以对他讲清楚。宋美龄打开房门，招手要那大汉过来，说："你请王先生来，我可以和他谈判。"没多久，王亚樵依然西装笔挺地来了，态度仍旧十分轻松而谦和，叩一下房门，等宋美龄说"请"，才推开门。他问宋美龄用过中饭否，接着就说："宋小姐愿意和我谈别人委托之事，足见小姐宽宏大量，以大局为重。请您示下怎么谈法吧！"宋美龄轻轻一笑："擎宇先生，既然刘纪文委托阁下来和我谈判，自然他有条件，因为这儿被软禁的是我，不是他！"

王亚樵觉得这年轻女人确是厉害。于是，他也哈哈一笑说："好，宋小姐讲得有理，我就把刘先生的条件直说了吧。不过声明在先，这纯粹是传话，如果宋小姐不同意，我就退出，请刘先生来此和您面谈。那时就是你们双方的事，与我无涉，我保证平安送宋小姐回府。"

见宋美龄点点头，王亚樵喝了一口茶，润润喉咙后开口了："刘先生说，他对于宋小姐和蒋总司令百年偕老并无任何不满。但考虑后，有两点放心不下，一是刘家也是沪上数一数二的名门，刘先生本人是留学得过学位的高级人士，特别是小姐过去还和他有过交往，因此希望将来你们两位能给他面子，他也会负责澄清不利于宋小姐的传闻；二是他有点畏惧，眼下总司令已定都南京，手握重兵，操生杀予夺之权，如果将来为了和宋小姐情好永固，觉得留着他不方便，会行灭口之计，他难以安枕。这两点，宋小姐听了有何见教？"

宋美龄沉吟好一会才说："擎宇先生，刘纪文提出的两点，第一点我可以答复，我知道他想做官，但又怕因我的关系在南京政府里做不成；这我可以保证，刘纪文是学政治的，而且市政管理是他的专长，如果他肯屈就，我个人向介石推荐他出任南京市长。至于什么澄清谣言根本不值一谈。西方文明注重社交公开、恋爱自由，这没有什么了不起，别人爱说什么让他说去。第二点我想介石还不至于这样干，我既然推荐他做市长，当然不会同意谁去杀他，这点请他放心。"

王亚樵边听边做笔录，等宋美龄说完，他抬起头对她笑道：

"宋小姐,您的答复,我听了十分满意。我有言在先,只能转达,但口说无凭,刘先生不可能把我转述作为依据。我做了笔录,请您过目。此笺不留上、下款称呼,作为一个备忘的便条吧。您看如何?"说着,他把一张字条递给宋美龄。她接过一看,字迹潦草,写得龙飞凤舞:"君如有意仕途,我当极力推荐,使君满意。一入仕途,好自为之,绝无险风恶浪,飞灾横祸。"她对王亚樵说:"擎宇先生,想不到您不仅是能舞刀弄枪的健将,文才也不差,写得很好。我签个名,您交给刘先生吧!"说着,她在那字条上写下"蒋宋美龄"四字。

王亚樵觉得,这签名一来表达了宋、蒋的夫妇关系名分已定,使刘纪文不能再存非分之想;二来表示出于夫妇两人的保证,可使对方放心。他郑重地收了字条,站起来说:"宋小姐,也可称您蒋夫人,您的做派我佩服。这两三天使您受了委屈,我告罪。等我安排一下,送您回府。"

很快,那大汉走进来说:"王先生吩咐,您可以打电话到家里,请您府上派车到永安公司(今南京东路华联商厦)后门迎接,时间是下午四点钟。您走出后门,府上的车就等在那儿,我们保证您的安全。"

## 巧妙送回名媛

果然,宋美龄仍然坐上一辆雪佛兰轿车驶出沧州饭店,直向南京路东头驶去。她注意了一下车上的人,发现那大汉不见了,连司机也换了一个人。她心中暗暗赞叹,王亚樵确是厉害,连人都调换了。由于路相当近，不过十分钟光景，车子已停在永安公司大门口，司机打开车门说："小姐，请下车，车资饭店那位叫车的先生已经付了！"宋美龄不禁一愕，她向前车窗一望，看见一张"Taxi（出租汽车）"的纸条贴在玻璃上。她简直服帖到家了，出租汽车可以随便载客，一点把柄也抓不到。她顺手从皮包中取出一张钞票，递到司机手中说："辛苦了，买杯茶喝吧！"司机喜出望外，鞠躬致谢，抬起头来已经不见这位贵小姐的影子了。

蒋介石、宋美龄见面悲喜交加，互致安慰。

十天后，南京政府颁布了一道任命："经中央政治会议讨论通过，特任命刘纪文为南京市长，此令。"上面的签名是"国民政府主席蒋中正"。

与此同时，王亚樵收到了刘纪文的信，打开一看，其中说："擎宇先生，承鼎力相助，身家性命，富贵荣辱，皆出先生所赐。先生门客众多，恐孟尝客有弹铗之叹，谨奉微数，聊作杯水车薪，敬希勿却。"

随函还附有一张五万银元的汇丰银行支票。王亚樵对朱雁秋说："这事是天下奇闻，向来绑票的要被绑的赎票，这次倒是谋主出钱了。好吧，收下，我们弟兄可以过几天舒服日子了！"

# 虹口公园爆炸案揭秘

## ——日本上海派遣军司令官命丧"祝捷"会

八十余年前,日本上海派遣军司令官、大将白川义则等命丧"祝捷"会,曾使侵略者惊恐万状。这个扑朔迷离的事件已过去了大半个世纪,随着不少珍贵资料和知情者回忆录的陆续亮相,它的一些细节也逐渐变得清晰。

### 一再受挫厚颜求 "调停"

1932年"一·二八"事变前,侵沪日军有海军陆战队数千人、飞机四十余架、装甲车数十辆(分布于虹口、杨浦),另有舰艇三十余艘(游弋于长江口外和黄浦江);在沪宁地区承担卫戍任务的十九路军三个师共三万余人,其中第六十、六十一师分驻苏州、南京一带,第七十八师两个旅驻扎上海。

1月28日午夜,日本海军第一遣外舰队司令官盐泽幸一让陆战队分三路突袭闸北,攻占天通庵车站和北站。十九路军总指挥蒋光鼐、军长蔡廷锴迅速步行到指挥部指挥反击,驻扎上海市区的第一五六旅在前来接防的宪兵第十六团配合下,于1月29日夺回天通庵车站和北站。侵沪日军败退至上海租界后,马上请求英、美等国驻沪领事出面"调停",使出了缓兵之计。

2月2日,侵沪日军从国内调来航空母舰两艘、各型舰艇十二艘、陆战队七千人;蒋光鼐得到消息,命令第六十、六十一师赶往上海准备投入战斗。第二天，侵沪日军撕毁停火协议，又向闸北进攻，但被守军击退。日本内阁遂派第三舰队和陆军久留米混成旅团来沪，并由第三舰队司令官野村吉三郎接替盐泽幸一负责指挥。从2月7日开始，野村吉三郎改变攻击点，让久留米混成旅团进攻吴淞、陆战队进攻江湾，妄图从右翼突破；十九路军依托吴淞要塞和蕴藻浜水网地形与之激战，第六十一师将进攻纪家桥、曹家桥和偷渡蕴藻浜的敌兵分别歼灭。侵沪日军不得不龟缩于上海租界，又要求英、美等国驻沪领事出面"调停"，以待援军。

眼看战况糟糕，日本内阁于2月14日加派陆军第九师团到申城，并由师团长植田谦吉接替野村吉三郎负责指挥。同日，第五军军长张治中率所部第八十七、八十八师和陆军军官学校教导总队增援上海，归十九路军统一指挥；第五军坚守左翼防线即江湾北端、庙行、吴淞西端，十九路军坚守右翼防线即江湾、大场以南和上海市区。2月20日，植田谦吉采取"中央突破、两翼卷击"的战法，指挥日军发起总攻。十九路军和第五军互相配合，顽强抵抗，并组织战斗力较强的部队夹击突入江湾、庙行结合部的敌兵。经过几昼夜的争夺战，侵沪日军再次遭受重创，只好一边喘息，一边要求继续增援。

### 张扬"祝捷" 疯狂搞挑衅

日本内阁很快决定组建上海派遣军，由前陆军大臣白川义则担任司令官；接着，又让陆军第十一师团、第十四师团增援，侵沪日军总兵力达到九万人，还有舰艇八十艘、飞机三百架。而守军总兵力则不足五万人，装备也比较差，况且经过月余苦战疲惫不堪，左侧浏河一带江防薄弱。

3月1日，白川义则在指挥第九师团等部正面进攻的同时，让第三舰队护送第十一师团驶入长江口，从浏河口、杨林口、七丫口突然登陆，迅速进行包抄。因国民党政府妥协退让、拒派援兵，守军寡不敌众、腹背受敌，被迫于3月2日晚撤退至南翔、昆山第二道防线，淞沪地区被日军占领。

不久，在英、美、法、意等国"调停"下，日本凭借军事上的优势，欲逼迫国民党政府签订丧权辱国的《淞沪停战协定》。双方的谈判还在进行着，侵沪日军却已按捺不住，趾高气扬地公开宣布：将于4月29日即"天长节"（日本天皇生日），在虹口公园（今鲁迅公园）召开"祝捷"会，届时日本驻沪军政要员皆赴会"演说"，并进行"阅兵"。

蒋光鼐和蔡廷锴闻讯感到无比愤慨，找到时任国民党政府行政院代理院长兼京（南京）沪卫戍司令的陈铭枢，要求对这种疯狂挑衅进行干预。陈铭枢向他们表示，在目前的情况下通过外交手段根本难以奏效，只能派人去会场采用有效手段加以阻止。然而，日军早已对虹口公园实行戒严，不准华人入内。所以，陈铭枢便设法联系"民国第一杀手"王亚樵，希望他出点力；王亚樵认为，这可请在沪的朝鲜志士帮忙。

### 同仇敌忾立即伸援手

1919年3月，朝鲜"三·一"运动遭到日本殖民当局残酷镇压,许多朝鲜志士纷纷流亡海外,争取民族独立的斗争中心移往上海。4月10日,朝鲜人代表会议在上海金神父路(今瑞金二路)22号举行,决定成立临时议政院作为最高民意机关。4月11日,临时议政院第一届会议在沪召开,制定《大韩民国临时宪章》,通过《施政纲领》,选举了国务总理(后改称大统领、国务领)和各部总长。4月17日,大韩民国临时政府在上海霞飞路(今淮海中路)321号挂牌办公。10月17日,上海法租界巡捕房封闭该房屋,限令两天内搬出,韩国临时政府转入秘密状态。

1926年12月,韩国临时政府迁入上海马浪路普庆里(今马当路306弄)4号,并在此坚持了数年。据《韩国国父金九之子——金信回忆录》叙述:"1931年,是在沪韩国临时政府最艰难时期,只有父亲等少数中坚分子仍在顽强地支撑。敌特追捕,鹰犬遍地,父亲已经十二年没能迈出法租界一步;政府财政极度困难,父亲当时任政府警务局长,穷得吃了上顿没下顿,身上穿的是破衣烂裳,状极悲惨。处在绝境中的父亲却在考虑干成几件大事,以摆脱困难的政治局面。"

再说王亚樵对陈铭枢作了承诺后,仔细考虑一下,决定去找自己熟识的韩国临时政府内务总长安昌浩。安昌浩很乐意伸援手,表示"对付日本即使付出任何代价都在所不惜",并马上帮助约见具有传奇色彩的金九。金九早年立志献身独立运动,屡次被捕,来到上海历任韩国临时政府警务局长、内务总长、代国务总理、国务领,发起创建韩人爱国团;此前,韩人爱国团成员李奉昌曾受他指派赴东京,在樱田门外狙击日本天皇,第一枚手榴弹偏离目标,第二枚手榴弹虽命中却是哑弹,计划未成功。金九这次接受艰巨任务后，计划采用形似水壶和饭盒的烈性炸药，并经过反复试验才安装；与此同时，他选中了尹奉吉，这位义士懂日文，从家乡投奔远在上海的韩国临时政府时，曾给年轻的妻子留下"丈夫离家生不还"之语，充分表达了为国捐躯的坚强决心。

4月26日，尹奉吉在上海霞飞路宝康里（后为淮海中路315弄，已拆除）27号加入韩人爱国团，他左手握一枚手榴弹，右手持一支手枪，胸前挂着宣誓文，于太极旗前宣誓："余谨宣誓，为韩人爱国团团员，诛戮刻正侵犯中国之仇人军事领袖，以期还我祖国之独立与自由。"金九举起照相机，"咔嚓"一声拍下这个镜头。

翌日，尹奉吉去虹口公园仔细察看地形，只见草坪上已搭好高大的"检阅台"，四周都有日本兵巡逻。他混在游人中绕台兜了两圈，以目测、步量确定了下手的最佳位置。走出园门，他在日商开的书店里买到白川义则画像，又买好一面太阳旗。然后，他回到住处给父母、妻子分别写遗言，在给两个儿子的信中说："如果你们有血有肉，一定要成为为国而战的勇士，让太极旗高高飘扬。来到我孤单坟前，洒一杯醇酒，不要因为没有父亲而悲伤。"

## 震天巨响吓破敌酋胆

4月29日清晨，金九、尹奉吉一起来到在沪朝鲜侨民金海山家里。按金九事前的嘱咐，金海山为尹奉吉做了一碗香气四溢的牛肉面。尹奉吉吃面时有滋有味，神情泰然。

上午七时四十五分，尹奉吉打扮成日本阔少，肩挎"军用水壶"，左手提"便当饭盒"，右手拿太阳旗，顺利潜入岗哨林立的虹口公园。八时起，日军第九师团及驻沪海军万余人开进虹口公园。上午九时左右，按通知参加"观礼"的日本侨民、朝鲜侨民进场，受邀的各国驻沪领事也陆续抵达。上午十时，"祝捷"会正式开始，"检阅台"上站满日本驻沪军政要员。在"阅兵"之后，敌酋相继大放厥词。

突然，天空变得阴沉沉，继而下起了小雨。各国驻沪领事原本就想回避参与"祝捷"，便纷纷借故告辞。尹奉吉镇定地坐在"检阅台"前草坪上，他为了避免误伤西人一直未下手，此刻找准机会悄悄取出炸弹，拉开保险栓，不偏不倚地扔上检阅台。随着震耳欲聋的巨响，检阅台马上倒塌，敌酋被炸得鬼哭狼嚎……

在爆炸中，日本驻沪留民团行政委员长河端贞次当即丧命，日本上海派遣军司令官、大将白川义则重伤致死，日本驻华公使重光葵右腿致残，第九师团师团长、中将植田谦吉左腿致残，日军第三舰队司令官、中将野村吉三郎右眼瞎掉，日本驻沪领事村井仓松受伤。

尹奉吉在扔出炸弹后，趁乱飞快脱下笔挺的西装，随人群涌向大门。不料，一名日侨指着他喊道："这个人就是杀手，快抓住他！"在大批日本兵拥过来之际，他高举拳头放声大呼："成功啦！大韩民国独立万岁！"

## 受尽酷刑依然不屈服

为了防止侵沪日军对申城朝鲜侨民进行疯狂报复，王亚樵与金九密商后，以金九的名义写了一封公开信并译成英文，从外埠寄到上海各报馆，申明此次事件"系金九一人所为，与他人无关"。不久，《申报》在头版醒目位置登载《虹口公园炸弹案之真相》，同时附尹奉吉出征前照片一幅，金九在信中指出："概自日本以武力并吞高丽，乃进而攫夺满洲，并无故侵犯上海，已成为远东及全世界和平之威胁者，故余决意向世界和平之仇敌、人道与正义之蟊贼报仇雪恨，首遣李奉昌赴东京，于一月八日谋击日皇，次派尹奉吉于四月二十九日往虹口公园暗杀日军首领。"

尹奉吉受尽酷刑不吐内情，被日本上海派遣军军法会议判处死刑，秘密押往日本，于12月30日慷慨就义。

王亚樵经过同沈钧儒、褚辅成等商量，从抗日慰劳金中拨出四万银元赠与朝鲜志士，又买下上海的"公道印书社"交给他们经营以维持生计。金九因被日军悬赏六十万银元追捕，在褚辅成等帮助下离沪隐居浙江嘉兴，后又辗转中国内地继续担任流亡政府领导人。抗战胜利时，金九返回祖国，他曾出版自传《白凡逸志》，并在该书中回忆：当年获悉日军将在虹口公园开会，规定与会者自带午餐饭盒、水壶和太阳旗，"我马上到西门路拜访王雄，要他向上海兵工厂厂长宋式骦联系，制造像日本人携带的水壶和饭盒型的炸弹，并请在三天内送来"；第三天，经过了二十多次试验后，"他们用兵工厂汽车载水壶与饭盒型的炸弹送到西门路王雄家……真是令人感激不已"。

尹奉吉的义举，既引起国际社会对日本侵吞朝鲜的关注，也使一度处于低潮的朝鲜独立运动重振。1936年1月29日，中国共产党在巴黎出版的《救国时报》将尹奉吉列为"沪战殉国烈士"，介绍了他的生平事迹。3月5日，《救国时报》又登载韩人爱国团纪念尹奉吉的《泣告中国同志书》，其中说"烈士之精神从此可以激发吾党同志勇往直前矣"，"并祈吾热情之中国同志，处处予以指导，时时予以匡助"；该报的编者按则指出，"我们正应扩大抗日救国统一战线，联合韩国等敌忾同仇的兄弟民族，作最诚恳、最亲密的携手，联合一致，向共同敌人之日寇进攻。"

尹奉吉号梅轩，牺牲时年仅二十五岁。如今，鲁迅公园有一幢体现朝鲜民族建筑风格的"梅亭"，还有"尹奉吉义举现场"刻石。在朝鲜半岛，尹奉吉受到人们的尊敬；每年4月29日，他的故乡韩国忠清南道礼山郡要举行规模宏大的梅轩文化节，颁发梅轩农民奖、体育奖。

# 《闲话皇帝》的余波
## ——"《新生》事件"来龙去脉

1935年6月,日本驻沪总领事石射指责上海出版的《新生》周刊的一篇文章对天皇"大不敬",向国民党政府提出"严重抗议",以及多种无理要求;国民党政府竟全部接受,下令封闭刊社,惩办杂志发行人、主编杜重远,几名新闻检查官也被革职,这成为一个轰动全国的政治事件。

### 杜重远来沪办刊

杜重远是著名爱国民主人士和实业家。他出生于吉林省怀德县的农民家庭,早年留学日本,回国时在沈阳创建肇新窑业公司,曾任奉天省(今辽宁省)总商会副会长。"九·一八"事变后,他在北平(今北京)参加东北民众抗日救国会,被选为执行委员兼任宣传部副部长,他为开展宣传跑遍了华北各地和大江南北。在上海,他结识邹韬奋、夏衍、胡愈之等,成为邹韬奋主编的《生活周刊》的撰稿人;还主持中华国货产销合作协会,提倡"国货工业,作经济上的实际抗日"。

1931年11月底,杜重远通过夏衍的联系,在申城见到周恩来。周恩来亲切地说:"我们见面就是朋友了!知道你在'九·一八'日本侵占东北后,到处讲演,鼓动抗日救国,你这种精神是值得钦佩的。"杜重远汇报了东北民众抗日救国会的筹备经过,以及该会救济东北难民、支援抗日义勇军的情况。这次会面使他对共产党领导人留下深刻的印象。

1933年7月,邹韬奋被迫流亡海外,《生活周刊》实际由胡愈之主持,到年底遭国民党政府查禁。杜重远不畏强暴,决定要使《生活周刊》得到"重生",并曾在自己的上海寓所(今淮海中路1897号)与相关人士一起积极进行筹划。他凭借自己的社会关系,克服各种困难,迅速在沪办起了《新生》周刊。

《新生》周刊于1934年2月10日创刊,社址设于上海圆明园路,其发行人、主编为杜重远,实际由艾寒松负责编辑、徐伯昕负责发行。杜重远在《新生》周刊的《发刊词》中写道:"在现在必须使大多数民众,对于中国民族的地位,帝国主义的侵略,有深刻的了解;对于民族自身的任务与前途,有切实的认识,方能鼓起民族的勇气和决心。这样便是记者和友人创办本刊的动机。"

《新生》周刊系十六开本,每期均以时事图片做封面。作为综合性政治时事刊物,它的立场极为鲜明,积极呼吁抗日救亡,反对国民党对外妥协、对内专制的政策,谴责腐败,要求民主;编排形式十分活泼,开辟有"专论"、"时事问题讲话"、"国际问题讲话"、"国内通信"、"国外通信"、"人物传记"、"青年园地"、"街头讲话"、"读者信箱"等二十多个栏目。在此发表文章的有邹韬奋、胡愈之、毕云程、柳湜、李平心、章乃器、曹聚仁、陶行知、萧乾、周建人等。

《新生》周刊保持了《生活》周刊的战斗性,如《生活》周刊有个"小言论"栏目,笔触犀利,被视作该刊的"灵魂",由邹韬奋亲自撰写；而《新生》周刊也有个"老实话"栏目，切中肯綮，被视作该刊的"脊椎"，由杜重远亲自撰写，所推出的时评一脉相承，都为民众的疾苦鼓与呼，维护正义，抨击黑暗。而且，编辑部的主要成员基本上是《生活》周刊的原班人马，如主持编辑工作的艾寒松就是邹韬奋于1929年从复旦大学聘来的高材生，为提高杂志的社会影响发挥了很大作用。因而，邹韬奋曾赞叹"《新生》确为《生活》后身"，并在他的遗著《患难余生记》中进一步指出："这好像我手上撑着的火炬被迫放下，同时即有一位好友不畏环境艰苦而抢前一步，重新把这火炬撑着，继续在黑暗中燃烧着向前迈进。"

正因如此，《新生》周刊受到各阶层读者的欢迎，每期销量最高时达到了十万余册。

## 《闲话皇帝》起风波

《新生》周刊的许多文章都强调国难意识，鼓动团结抗敌。杜重远撰写的"老实话"更是击中要害，如他在《辟邪说》中一针见血地指出："日本侵略中国，是从明治维新以来预定的国策。六十年来有时送出甜蜜的糖果，有时拿出苦辣的毒药，或柔，或刚，或急，或缓，虽运用方法不同，而节节进攻，时时压迫，其侵略之主旨始终不变。"

有些朋友曾劝杜重远："'老实话'不要说得太老实罢！当心得罪了洋奴，触犯了权贵！要不然，刊物要遭当局扣禁查封……"杜重远却坚定地表示："他们的忠告，记者却苦于无法领受，而且也不愿领受。因为办刊物而遭祸惹非，在现在的时候，虽然是司空见惯的，但是记者却毫不畏惧。"所以，日本侵略者对杜重远和《新生》周刊火冒三丈，一直视之为眼中钉。

1935年5月4日，《新生》周刊第二卷第十五期登载了易水（艾寒松）的《闲话皇帝》一文，泛论中外君主制度，其中提到日本天皇时说："日本的天皇，是个生物学家，对于做皇帝，因为世袭的关系他不得不做，一切的事情虽也奉天皇之名义而行，其实早就作不得主……日本的军部、资产阶级，是日本的真正统治者。上面已经说过：现在日本的天皇，是一位喜欢研究生物学的，假如他不是做皇帝，常有许多不相干的事来寻着他，他的生物学上的成就，也许比现在还要多些，据说他已经在生物学上发明了很多的东西，在学术上，这是一个很大的损失。"这些真实的叙述发表后，日本驻沪领事馆马上藉此进行挑衅，掀起了一场风波。

5月5日，上海的日文报刊故意耸人听闻，以头条新闻发布消息，声称《新生》周刊"侮辱天皇"。随即，日本浪人结伙在申城街头闹事，北四川路（今四川北路）上许多商店的玻璃橱窗都被捣碎。

6月7日，日本驻沪总领事石射约见上海市长吴铁城，递交了一份照会，内附《新生》周刊第二卷第十五期，声称《闲话皇帝》"妨碍邦交，侮辱元首"，必须为此"向日谢罪"，并"派亲日作家检查图书"、"处《新生》作者、编者徒刑"等。同时，在上海调兵遣将，进行武力威胁。国民党政府忙于"剿共"，对此不敢拒绝，很快发布《敦睦友邦令》规定："对于友邦，务敦睦谊，不得有排斥及挑拨恶感之言论行为，尤不得以此为目的，组织任何团体，以妨国交"，"凡以文字图画或演说为反日宣传者，处以妨害邦交罪"；

慑于"友邦惊诧",又训令上海市政府出面道歉,撤换公安局长,查封《新生》周刊社。

紧接着,就是"严惩编者"。正在江西筹建瓷厂的杜重远迅速返沪,劝艾寒松转移,自己出面应对。法院传讯时,《闲话皇帝》作者因"地址不详"(实是杜重远有意保护)没到场;杜重远申明《新生》周刊是经正式登记的杂志,且每期必须经过国民党中央宣传委员会"图书杂志审查委员会"审批,所以编者不应承担责任。于是,《新生》周刊社散发《告别读者诸君》传单,要大家"记住这一屈辱,坚信最后胜利不是属于帝国主义,而是属于被压迫人民的"。

7月9日,江苏高等法院第二分院(设于上海)开庭,庭内座无虚席,庭外数百人围观。杜重远的辩护律师义正词严地指出,《闲话皇帝》纯是从学术角度研究各国政治的小品,作者对日本天皇亦无个人恩怨可言,根本没有诽谤之意,也不存在任何"损害友邦元首名誉"的问题。法官只问了几句话,便匆忙退入内室"集议量刑",而日本驻沪总领事特派员居然蛮横地闯入监视;在日方的压力下,法官仅隔片刻便出来,以"散布文字共同诽谤"的罪名判处杜重远有期徒刑一年两个月,并不得上诉,立即送监执行。

这时,杜重远怒火满腔,大声喊道:"法律被日本人征服了!我不相信中国还有什么法律!"法官看到群情激愤,慌忙夹着皮包溜之大吉。

几乎在"《新生》事件"发生的同时,上海英文报纸《字林西报》发表了一篇文章,谈到新近美国《摩登社会》杂志曾刊登画家格罗泊的讽刺画,画面是日本天皇拉着一辆炮车,车上载着"诺贝尔和平奖"证书,意为日本高喊和平友善,实则穷兵黩武;日本外务省认定这幅漫画侮辱了天皇,就出面进行"严正交涉",美国政府宣称对于出版物不负任何责任,画家则说此画本为谴责军国主义势力而作,日方因无奈而只好不了了之。这件事与《新生》周刊一案相似,结局却大相径庭。

所以,鲁迅在《且介亭杂文二集》"后记"中说:"《新生》事件"发生后,国民党政府"大约是受了日本领事的警告罢,那雷厉风行的办法,比对于'反动文字'还要严:立刻该报禁售、该社封门、编辑者杜重远……判处徒刑,不准上诉了"。这深刻揭露了国民党政府的卑躬屈膝。

## 把牢房作为新战场

杜重远被判入狱的消息传出,舆论哗然。各界人士义愤填膺,成立了"《新生》事件后援会"。一时间,出现"《新生》周刊话皇帝,满街争说杜重远"的情形,全国民众抗日救亡怒潮进一步掀起。

当时,上海华商纱布交易所理事长穆藕初致函市商会,认为《新生》周刊一案的判决"违法"和"不合人情",希望主持公道并"明示纠正办法";上海律师公会呈文谴责法院"曲解法律"、"蔑视人权";一些进步团体则散发《告全国民众书》,强烈要求"立即释放抗日爱国人士杜重远";上海的《申报》《大公报》《立报》等都利用自身影响,对"《新生》事件"进行广泛报道,国内各报刊竞相转载。而且,新加坡、印度尼西亚、泰国、菲律宾等地的华侨也纷纷向国民党政府表示抗议。

还值得一提，在 7 月 26 日，上海日文报纸《每日新闻》曾发表日本评论家室伏高信在沪的谈话，其中认为日方对《闲话皇帝》的反应是小题大做，"若以此类琐事一一压迫中国，则中日关系的调整永无希望。欲调整中日关系，应将驻华日本武官撤出中国全境，同时减少关东军兵力十分之一。"这使侵华日军大为不满，于是《每日新闻》受到日本驻沪领事馆的处分，被停刊三天。

杜重远被监禁在江苏第二监狱（设于上海，俗称漕河泾监狱，在今习勤路东、康健路北），正好主管监狱的蔡劲军是他的旧友，所以他在这里可随时会见来访者。杜重远把牢房作为新战场，当东北军人士前来探视时，他努力劝导其积极抗日，并通过高崇民向张学良呈《建议书》，呼吁"应该对内联合各抗日力量，举起抗日的旗帜打回老家去"。不久，张学良赴南京开会，抽空到上海与身陷囹圄的杜重远见面，双方共同分析了形势。

中共地下党组织为营救杜重远，发动群众进行了声势浩大的游行示威；相关律师则借助国内外的声势，与法庭反复争辩，终于使杜重远在次年春得以交保就医，被移至虹桥疗养院（今伊犁路 2 号）软禁。隔了数月，张学良因事来申城，他独自驾车到虹桥疗养院把杜重远接到偏僻处，两人密谈了促蒋抗日等问题。此后，杨虎城也借治牙病的机会来沪，专门到虹桥疗养院与杜重远促膝畅谈，共商抗日救国大计。

1936 年 9 月，杜重远获释，他摆脱特务的监视，毅然前往西安与张学良、杨虎城晤谈，积极推动"西安事变"的发生，为促成国共第二次合作做出了重要贡献。

# "民国第一杀手"的失算
## ——王亚樵脱险记

王亚樵是名声颇著的"斧头帮"帮主，门徒遍布全国。他希望通过暗杀震动社会，策划了一系列惊天大案。沈醉曾说："世人都怕魔鬼，但魔鬼怕王亚樵。"然而，他虽足智多谋，却也有失算的时候。

## 国联调查团捣浆糊

1932年9月，淞沪抗战结束已有半年，那虹口公园爆炸案余波也趋于平息。可是，闸北、南市还是一片焦土。按照协定，中国军队已满腔悲愤从上海撤出，防务由保安警察接替，出现了中国土地上不许中国军队驻扎的怪事。

这时，南京政府给上海市长吴铁城一道命令："国联调查团即将来沪，调查中日两国在上海军事冲突的真相，以便进行国际仲裁。调查团由英国李顿爵士率领，到达上海后，市长除进行接待外，还需特别注意调查团人士安全，因近来沪上奸宄活动频繁，仇视各国友好人士。必须严加防范，不得稍有松懈。"

调查团是南京政府请来的，他们先去东北，调查了溥仪当儿皇帝的"满洲国"。这个调查团的团长李顿，是英国的老官僚，他在"新京"（即长春）、奉天（今沈阳）讲的话都是模棱两可，不痛不痒。此情况已使中国一些有爱国心的人士十分气愤，觉得这个调查团未必能对日本侵略者的暴行有什么遏制作用，弄得不好，反会替东洋人帮腔。在这种气氛下，南京政府深恐有人伤害他们，所以才给上海市长下了那样的命令。

吴铁城不敢怠慢，马上和公共租界工部局联系，包下了华懋饭店（今和平饭店北楼）最豪华的几间房间。这家饭店是上海大地产商"跷脚沙逊"的产业。它位于南京路的尽头，凭楼窗远眺，黄浦江边景色尽收眼底，既显得高贵又较为安全。

吴铁城正在考虑如何迎接调查团到沪，却突然接到戴笠给他的密电："据闻沪上将有名流集会，恐对李顿调查团有责难言论，委座对此极为关注，请吴市长相机设法消除不利影响。"

吴铁城也得到了报告，知道在西藏路（今西藏中路）、四马路（今福州路）口大中华饭店，有些知名人士集会，其中有朱庆澜、沈钧儒、许世英、褚辅成、张君劢等。他研究了一下名单：朱庆澜过去做过省长、督军，现在专心搞慈善事业，并号召国人要用实物援助东北义勇军，倾向抗日，但尚无对政府不满言论；沈钧儒、褚辅成是学者、名人，言论虽然左一点，但秀才造反只是口头厉害；许世英是北洋政府时代的交通总长，最近在活动，颇有重入政界的企图，大概不会有什么过激言论。这样研究了一遍，他微笑说："名流清谈，可能有的语言失之偏颇，但他们艰于行动，只要关照报纸不发表他们过火的言论就是了！"

且不说吴铁城的打算，偏偏这个集会有个不速之客参加，干出一件惊天动地的大事。这个人却是由许世英带到会场的。

许世英当年赴任安徽省长，督军张文生拒绝他到任，王亚樵曾为此去过安庆，因此两人关系极好。

前一个时期的虹口公园炸弹案后，两名朝鲜志士被日军捉住杀害。王亚樵为此感到十分难过，很久未出门。这天他到许世英家中拜访，想倾吐一些心中的不快。

许世英长叹了口气说："弱国无外交。我沉浮宦海多年，过去的办法是'以夷制夷'，希望别的国家仗义执言。甲午战争后的'三国还辽'，不就是把辽东半岛从日本人手中拿回来，送给了俄国吗？这种亏还没有吃够？现在东北沦亡，却又等国联调查团来公断，执迷不悟，可怜可叹。哦，对了，明天下午上海名流假座大中华饭店聚会，议论一下对调查团的看法，我看无非是呼吁国联主持正义，谴责日本侵略行径而已。"

王亚樵气愤地说："我看这希望要落空。这个调查团为'九·一八'事变，去东北调查来调查去，没说过一句公道话。调查淞沪会战，又会说什么好话吗？"

许世英看到愤慨形于色的王亚樵，不由心中一动。他知道王亚樵手下有一帮动真家伙的弟兄，曾干出好几件惊天动地的事。不如邀王亚樵一起去，可能这个清谈会能开得带点火药味。于是他就说："擎宇，你明天和我一起去开会吧。你是个实干家，也许会有我们这些老朽想不到的点子。就这么定了，明天你吃过饭就来，坐我的车子一起去。"

第二天，王亚樵随许世英到大中华饭店，他一进门，向会场里的人扫视一遍，几乎大半都不认识。只有朱庆澜，王亚樵打过交道，因为淞沪抗战时他的决死队的给养服装，很多是此人为他募集而来，并设法送到他的队伍驻地。王亚樵对他感激不尽，于是他走到朱庆澜跟前躬身行礼说："子桥老兄，您来了，晚辈要倾听高论了!"朱庆澜苦笑了一下,说:"擎宇老弟,靠国联调查团的外国人来为我们做主,真正是'筑室道谋,三年无成'啊!中华积弱至此,夫复何言!"

不一会,参加会议的人陆续来齐,不过就十几位。这时,褚辅成拿了一张当天的《申报》给大家看,口中说:"各位,这个李顿讲的是什么混账话,他竟然说:'中日两国事端,第三国难以干预,国联是各国协商的组织,只能进行劝说。'这些家伙,从东京吃到长春、沈阳,现在又吃到上海,讲过一句像人话吗!可是,政府还在痴等他们仗义谴责日军罪行,恐怕到头来是一场空!"

大家听了颇有同感,不免嗟叹一番。有人主张一起去面见李顿,抗议日本在淞沪战争中的暴行。有人主张在报纸上发表一份上海知名人士的联合宣言,但又怕政府不敢开罪国联调查团,宣言在报纸上登不出,即便登了也一定会被改得面目俱非,那还不如不登好一些。

唯有许世英一言不发,却不时用眼睛瞟一下王亚樵,看他作何反应。王亚樵早已忍耐不住,他霍地站起来说:"各位先生,亚樵是一介武夫。日寇先侵东三省,今年又在上海挑起战端,使闸北、南市华界精华化为灰烬,我同胞死伤无数,战争暴行有目共睹。这个李顿调查团却不咸不淡说轻飘话,分明是有意袒护日本。看来,当前世界有强权而无公理。对这种为虎作伥的人,亚樵要给一点教训,让他们知道中国人是不可侮的!"

许世英欣然说:"擎宇,真是快人快语,你打算怎么办呢?"

王亚樵昂首伫立,向四周一望,然后说:"各位先生对亚樵在上海所作所为,可能有所耳闻。对于不讲道理的恶人,我是主张锄恶务尽的,所以打算对这劳什子调查团下手。这事由我独自承担,与在座各位无关,各位权当不知。小子告退以后,大家听到什么,心中有数就是了。"

全场顿时像凝固的冰块一样,冷寂无声,沉默了良久。最后,许世英站起来,走到王亚樵面前,拍了拍他的肩膀说:"擎宇,这事你要考虑周密,不能有半点失误。我们都是支持你的,虽不能说祸福与共,但需要我们出点力,我们决不推诿。各位以为如何?"

大家回过味来,齐声说:"壮举,壮举!擎宇先生,大家都对这调查团十分气愤,你的行动,我们全力支持!"

### 枪手潜伏华懋饭店

王亚樵来到蒲柏路(今太仓路)大华公寓,他的得力助手龚春浦就住在这儿。王亚樵在淞沪抗战时,曾拉起一支人马组织决死队。然而不可讳言,这些人成分极其复杂,当时大敌当前,只要肯上战场杀敌,他都兼收并纳,无暇追究小节。现在战争过去,不少人无事可干,难免干些偷鸡摸狗的勾当,他也对这件事感到为难。他曾和龚春浦商量办法,但觉得这些人只会舞枪弄刀,做不来别的营生,只好暂时养着再说。这次他想对李顿调查团动手,就召集了龚春浦和他手下的龙林、唐明等商议办法。

王亚樵想让他们设法混进华懋饭店李顿调查团住处,绑架一个随员,交给他一封信,要他转交李顿。警告李顿,如果再偏袒日本人,就要不客气。但一讨论,大家都不赞成,春浦说:"管他什么马顿、驴顿,这批外国人没有一个好东西,干掉他算了,看看以后谁还敢帮东洋人欺侮我们!"

王亚樵一想也对,绑架一个人和干掉李顿,一样是闯祸,而后者更能震惊世界,对抗日也有好处。于是他同意下手,不过叮嘱龚春浦不能掉以轻心,因为华懋饭店并非一般人可以自由进出的地方,这事必须计划周密。龚春浦点头答应,说:"大哥,你放心,这事我会妥善安排,让李顿死了也不知怎么回事,还以为上帝要他提前到天堂去享福呢!"众人一听都哈哈大笑起来。王亚樵决定由龚春浦和龙林、唐明三人设法执行,其余的人潜伏在附近的几座建筑物里面监视、接应。

龚春浦曾在报关行干过事。报关行是个什么性质的商号呢?原来,上世纪三十年代前后,海关是由洋人管理的,来往的单据全用英文,没有一个中国字,一般商家经营进出口,弄不清海关的报关手续,因而产生这种代客商向海关办理交税的商号,视货物多少、货值大小向客户收取佣金。所以,干这行当的人都精通英文,龚春浦当然也不例外。他凭此优势,就带着龙林、唐明两人去华懋饭店相机行事。

华懋饭店十楼顶层有个非常宽敞的大厅,是常用来开舞会或举行宴会的地方。李顿调查团因为要举行一些记者招待会,因此他们的房间就在九楼。龙林和唐明弄清情况后,就考虑如何才能进入九楼去刺杀李顿。他们知道,为了保护调查团,公共租界工部局和市政府肯定有便衣警卫,贸然闯进去拔枪射击,是难以成功的。三人商量了一阵,决定由龚春浦出面,诡称是从天津来沪的某贸易洋行经理,住入华懋饭店;龙林和唐明则作为秘书和保镖,一道跟随。这样就可以争取主动,伺机下手。

## 神秘的"孙先生"

不想龚春浦等三人住入华懋饭店后，却被戴笠手下人跟踪。戴笠听了汇报，研究了一下，觉得这三人与王亚樵有关。于是，他立即去见吴铁城："吴市长，能把调查团在上海活动日程安排给我看一下吗？"吴铁城连声说"可以"，并立刻吩咐秘书取来接待日程表。戴笠仔细研究了一下，发现在 11 月 10 日那天，调查团代表及随员分别参加泛美和平会议、公共租界工部局英籍董事茶话会等活动，只有李顿一人在华懋饭店休息。戴笠看到此处，失口叫道："吴市长，这事十分紧急！根据我掌握的情况，王亚樵的人已进入华懋饭店。八楼面向黄浦江那一排房子，其中有一套住的据称是天津贸易洋行的经理、秘书、保镖，这三人十分可疑，我估计是王亚樵的刺客。他们很可能在 11 月 10 日那天，趁李顿一人在饭店时动手。我们又不能派人进饭店搜查，如果开枪搏斗起来，反而会陷入被动，后果不堪设想。这如何是好？"

吴铁城到底是多年的官场老手，他略微沉吟片刻，就微笑着说："这好办，市政府还未宴请李顿爵士，就在那天我约李顿爵士便宴，由保安处长杨虎陪同。他们发现李顿不在，必然出外等候，那时我派便衣会同公共租界工部局的人把这三个家伙拖进巡捕房，按上一个在闹市参与抢劫的罪名关押起来。他们绝不肯承认自己是匪徒，会说出真情，这样我们就可以将王亚樵和那些杀手一网打尽。雨农老弟，你以为如何？"

戴笠不胜倾倒，连说："吴市长老谋深算，不惊贵宾，消弭大祸于无形之中，佩服，佩服！这样吧，把那三个家伙弄到巡捕房，我吩咐手下的人执行。我的人在租界是普通老百姓，即便动起手来也不引人注目。王亚樵如果漏了网，问题也不大。"

戴笠匆匆别了吴铁城，回饭店做第二步准备去了。

却说11月10日这天，唐明和龙林赶到亚洲饭店找王亚樵取枪支。王亚樵精细过人，他和龚春浦约定，不到动手前几小时，不准带武器进入华懋饭店。因为，他估计公共租界工部局肯定会对周围来往的客人和住宿的华籍人士进行监视，防止发生意外。如果带枪住在饭店里，容易被察觉，所以要他们到今天一早才来亚洲饭店取枪。这事计划十分周密，王亚樵觉得万无一失。

然而，"谋事在人，成事在天"，又道"智者千虑，必有一失"。王亚樵毕竟是带浓厚江湖义气的人物，他收罗部下时只要有人推荐，觉得可用就留下；再跟他干过几次，就深信不疑了。他对于参与秘密行动的人没有多方考察，特别在生活方面观察不多，这次唐明就在这上面出了问题。

唐明原是上海青帮的一个小兄弟，当过兵，也做过公共租界工部局巡捕，但因生性好色爱嫖妓，总是弄得十分狼狈。他是淞沪抗战时王亚樵的决死队队员，此人不怕死、枪法好。王亚樵十分赏识，把他作为基本骨干，因此这次刺杀李顿用上了他。

唐明在四马路（今福州路）逛妓院时，结识了一个名叫花见羞的妓女。这妓女年纪不过二十，长得楚楚动人，因为久落风尘，学得十分乖巧。花见羞和唐明相好，倒也并非完全是为了钱。因为她知道唐明是个吃白相饭的朋友，手头不会"一掷千金"，可是他人头熟，兜得转。妓女常会遇到一些莫名其妙的人来纠缠，有这样一个相好，必要时可以排难解忧；再者，唐明生得高大，有男子汉风度，可以给花见羞某种满足。所以，花见羞也常来找他。

可是，还有一个缠着花见羞的人，此人人家都叫他"孙先生"。他举止十分斯文，戴着金丝边眼镜，穿着高档呢料长衫，皮鞋擦得锃光黑亮，出手也十分阔绰。他对花见羞可以用句上海切口来形容，就是"吃得死脱"。他对花见羞百般逢迎，她看在银元面上，就热情应酬。

唐明住入华懋饭店准备伺机刺杀李顿时，他因扮成贸易洋行的高级秘书，不免衣着打扮要讲究一些，而且出门也用轿车代步往来。唐明大概出于炫耀的心理，居然坐着汽车、西装笔挺到会乐里去看花见羞，花见羞见他突然阔绰起来，开始不免有些惊异，但她接着一想，上海滩这种人的骤贫骤富也不足为奇，照样和他热络温存一番。分手时，他对花见羞说："这两天我住在华懋饭店。"花见羞笑着说："这真是十年风水轮流转，想不到阿唐成了大老板，住高级饭店了！"这句话却被刚刚跨进花见羞房间的"孙先生"听见。他微微一怔，等唐明走后，就问花见羞："这个阿唐近日怎么阔起来，进出都屁股冒烟了？"花见羞随口应道："真不知他发了什么财，坐汽车，住华懋饭店，派头大起来了！"说者无心，听者有意，"孙先生"听见"华懋饭店"四个字，似乎屁股上刺进一根针，立刻从椅子上跳起来，看看手表说："不好，我还约了一个人在大中华饭店谈生意，竟然忘了，让别人傻等在那儿。我去一下就来！"说完，他头也不回地匆匆下楼去了。花见羞十分诧异："这人是不是神经有点搭错，这样的毛毛躁躁！"

## 行动计划落空

原来,"孙先生"是军统上海站专员,他并不是戴笠派来搞这件案子的。但他知道,最近戴笠亲临上海处理此事,在侦查住入华懋饭店的那几位"贵客"举动。今天,他却无意中得知"贵客"的行踪,大喜过望。他为了捞到头功,立刻直奔戴笠那儿,报告了发现华懋饭店刺客踪迹的事。戴笠听了一乐,问:"你打算怎么办?"

"孙先生"迷恋花见羞,嫉恨唐明对那婊子的纠缠,现在判断他是想行刺李顿的杀手之一,欲借机除掉他。他就向戴笠献计说:"听那人离开会乐里时说:'我明天抽空来看你。'明天是市长和保安处长宴请李顿爵士,这家伙肯定会跟出来。我们设法把他诱到闹市,说他持枪企图抢劫,弄到巡捕房,上了酷刑,不怕他不招。然后顺藤摸瓜,抓住王亚樵,除掉这个祸患。"戴笠一听认为可行,就把这个任务交给了"孙先生"。

却说唐明和龙林一早从王亚樵处领到勃朗宁手枪和数十发子弹,赶回华懋饭店,这时正是上午十时左右。他们走到八楼房间才知,李顿已被市长吴铁城请去吃午饭了。这使唐明和龙林有点意外。因为他们早已得知今天李顿没有活动,整日在饭店休息,计划在饭店人员去吃午饭时,冲进室内,一人动手,一人望风,把李顿干掉。龙林觉得今天市长请吃午饭并没有排入日程,事情有点蹊跷,主张赶回去和龚春浦商量一下。唐明却不同意,认为李顿午饭后总会回来的,既然已领到了手枪,最好抓紧动手。两人争执了一番，最后商定：到南京路、四马路之间去看看周围情况再作打算。

唐明和龙林坐进一辆出租汽车，由山东路驶向四马路。汽车转了一个弯，刚想往西边开，却见两个巡捕伸手拦住汽车。两人以为是巡捕敲出租汽车的竹杠，并不在意，只向司机说了声："老兄，不要跟他啰嗦，出点血（指钱财），包在我们身上。我们有急事，辰光耽搁不起！"哪知巡捕走到车前不找司机，竟向他俩说："请你们下车吧，要抄靶子（指进行人身搜查）！"这时两人方觉不妙，但事已至此，逃不掉了，只好硬着头皮走下车来，嘴里说："我们是有身份的人，真是岂有此理。朋友，给点面子！"一个巡捕笑嘻嘻，不答话；另一个巡捕把手一招，只见后面一部崭新的雪佛兰轿车驶过来，车门一开，下来四个彪形大汉，一拥而上把唐明和龙林两人横拖竖拉地塞进汽车，不容他们分辩，一溜烟就奔巡捕房而去。唐明挣扎着看了一下，只见司机座旁还有一个戴眼镜的人，仔细一瞧就是在花见羞那儿看到过的"孙先生"。他长叹一声："完了，我对不起龚大哥和王大哥！"

却说王亚樵那天等到下午三点多钟，还不见龚春浦来报信，知道事情有变。他叫手下一个会说英文的人冒充市政府的翻译，向饭店打听李顿下午是否有事，称吴市长准备来拜访。对方十分诧异，说："今天不是你们市长宴请李顿爵士吗？怎么又要来拜访？"那人连忙挂掉电话，告诉王亚樵。王亚樵知道已经坏了事，公共租界、市政府还有特务都插手了。他略一思忖，觉得万一唐明、龙林招出实情，对方会立刻来抓自己，于是迅速走出亚洲饭店扬长而去。

## 戴笠下令搜捕

事情不出王亚樵所料，唐明和龙林被抓进捕房后，身上搜出了枪支。"孙先生"和巡捕房的巡官共同对两人进行审讯，说他们是绑票惯匪，意图抢劫银行，准备引渡到龙华警备司令部处决。唐明虽已觉得难逃一死，但一想如果因绑票被枪毙，这名声实在难听，死也要做个好汉，于是他怒吼道："姓孙的，老子从不干偷鸡摸狗的勾当。我参加了决死队，不想让中国人处处受外国人欺侮。这李顿狗娘养的跑到上海，还帮着小日本说话，我气不过，才要干掉他！"

"孙先生"见不费吹灰之力，唐明就供出了自己是谋杀李顿的主犯之一，觉得大功告成，虽心中狂喜，面上却不露声色。他和颜悦色地说："唐先生，你是条汉子，不过我还不大相信，这不是看不起两位。调查团的活动日程安排都十分秘密，你们是打听不到的。兄弟也是中国人，很想知道是谁把这消息告诉两位的。"

唐明毕竟是粗人，脱口说："我们决死队从司令到小兵谁不恨这些东洋、西洋赤佬，只要司令一个……"龙林比较精明，知道唐明说走了嘴，忙抢过话头说："什么司令不司令，我们是出于一个中国人的良心自己干的，你别想让我们去牵连别人！"

"孙先生"不再问下去，他已知道这是王亚樵主使的，无须多费唇舌，要尽快采取行动。他和审讯的外籍巡官商议一下，先将两人扣押，并立即打电话给戴笠。戴笠一听很高兴："我知道王亚樵住在亚洲饭店，这家伙还在等好消息呢！你和工部局商量一下，以逮捕抢劫银行主犯名义，会同他们火速去亚洲饭店把王亚樵逮捕归案。我这就电话报告校长，你立了大功，一定重赏！"

片刻之后，警车笛声凄厉，一队特务和巡捕直奔亚洲饭店，可是楼上楼下搜遍，也没有见到王亚樵的影子。"孙先生"气急败坏，找来一个职员查问，却一问三不知。他火了，没头没脑地狠狠打了那人几个耳光，那人受不住了，跪在地上求饶说："王先生刚才还在，不知什么时候出去了，他没有告诉我们去哪里。"

王亚樵没有捉到，使蒋介石大发雷霆。调查团是由英、美、法、德、意五个国家组成的，虽然行刺李顿没有成功，可这事肯定要传出去，只除掉两个杀手是不会得到洋人谅解的。他立刻让戴笠出重金悬赏，务必要生擒王亚樵；凡通风报信，带领警探去捉拿的，也给可观奖励。但这赏格只在军警宪特内部通知，因为张扬出去，蒋介石也觉得不大光彩。

这次的赏格可说是有史以来最高的。消息传出去，颇令一批想发横财的人眼红不已。不过，王亚樵实在不易找寻。有一次，安徽同乡会的柏藏香发现了他的住处，立即向上海警察局局长卢英告密，待卢英带人去捉拿时，却扑了个空。

## 暂避风头

这时已是年边岁尾，天降大雪，气候骤寒。一天，住在上海辣斐德路（今复兴中路）的张树候，未提防王亚樵大清早持枪闯进家门。他先是吓了一跳，但立刻镇静下来："擎宇，你怎么搞的？外面风声如此紧，你还这副狼狈样朝马路上跑！"

王亚樵有点尴尬，收起枪勉强一笑说："树候，我是昨晚从一条弄堂脱险，在棺材里睡了一夜，才跑到这儿来。这些蒋家走狗不知怎么得到消息这样快，幸亏法租界巡捕房程子卿打了电话通知，我才冒险翻墙逃出。看来，暂时不能回到老地方去了。你看现在怎么办？"

张树候沉吟一下说："这事麻烦，我看上海哪一处都不安全。说句不客气的话，你手下那班人真是鱼龙混杂。蒋介石出这样大的价钱买你的脑袋，见大利而忘义的还是大有人在啊！"

王亚樵说："树候，你这儿屋小，弄堂里人又多，我只是歇歇脚就走。可是这茫茫天地之间，难道就没有我容身之处了吗？"

张树候想了一下："你还是暂时离开上海，到香港去避避风头。香港是他们手伸不到的地方。"

王亚樵打断他的话："到香港不是自投罗网？我是行刺李顿的主犯，英国人恨得牙痒痒，到那里去吃外国官司，还不如在上海等死！"

张树候发现王亚樵说话的声音发抖，猛然省悟，他连夜逃出来衣单腹饥，忙说："我忘了，你等一下，我去叫他们弄点东西，边吃边谈。"他说着起身去招呼娘姨烧早饭，并到楼上取了一件旧羊皮深灰锦缎长袍递给王亚樵，说："快穿上，不要冻坏了身子！"王亚樵并不谦让，立即穿上；娘姨端来早饭，他一口气吃了两大碗，身上有点暖气，才不好意思地对张树候笑了笑。

张树候轻声说："香港这地方是个自由港，四面八方的人都可以去，连在英国本土犯案的人到了那儿也没事。李顿在英国也不是什么了不起的人物，只有蒋介石怕洋大人。英国的爵士花钱都可以买，好像当年清朝捐官一样，多如过江之鲫。所以，你到香港十分保险，谁也不会来过问。"

王亚樵有点动心，接着问："就算香港保险，可是像我这样的人，肯定连轮船码头都没法上去，怎么走得掉？"

张树候说："这你不必发愁，我和陈中孚关系不错，几个外国轮船公司他都熟。至于上船我自然有办法，不过你现在暂时要离开这儿。你还有什么可靠的地方能住上两天吗？"

王亚樵想了半天说："那只有洪耀斗兄弟那儿了，他那儿比较隐蔽。不过怎样和他联系呢？我又不方便这样出去，'包打听'、军统特务那批狗崽子肯定都有我的照片，白天走在路上太不安全。"

张树候诡秘一笑说："那你就别管了，我有办法。耀斗那里，我会通知他。你洗个脸休息休息，等一会耀斗来接你，保你神不知鬼不觉平安出去。"

王亚樵就在会客室后面的小房间打个盹。因为昨夜折腾得厉害，他疲倦已极，不觉睡去。朦胧中听得外面似有乐队的吹打声，他醒了，正在发怔时，洪耀斗闯了进来："大哥，快醒醒，走吧！"他说着递过来一身乐队穿的制服，说："树候要我来接你。我寻思半天，正好有人结婚雇乐队吹打，要从我家门口走过，于是向那个熟识的头儿借了件衣裳，你就混进队里，拿个小喇叭做样子；等走到我家附近，你装作要小便溜出来，我就在附近接应，让你披上一件长衫悄悄走进石库门。以后的事，树候和我会安排，你放心休息几天。"

## 蒋介石大为恼火

卢英抓王亚樵扑了一个空，虽然杀了告密的柏藏香当替罪羊，可事情并未了结。戴笠知道王亚樵不易对付，因此早已密令军统上海站严密搜寻，至于如何擒拿则必须呈报他，由他决定方案。前次就因柏藏香找不到军统的人，去卢英那儿报信，而卢英求功升官心切，瞒着军统自己出动导致打草惊蛇，这使戴笠十分恼火。他不得不打电话将此事报告蒋介石。蒋介石叫他立刻到南京孝陵卫官邸去。戴笠知道老头子又要狠狠地斥责他了，只好赶回南京乘汽车到孝陵卫官邸。

果然，蒋介石把戴笠一顿臭骂以后，限他一个月内务必把王亚樵及企图行刺李顿的参与者全部捉拿归案，否则到时就借他的头来向英国人表示歉意。

戴笠出了一身冷汗，连忙立正称"是"，但想了一下又说："这次本来可以抓到的，是那个卢英插手，弄糟了！"

蒋介石哼了一声："卢英我是不会再用他了，现在还不忙处置这个蠢货。我会通知吴铁城，以后缉拿王亚樵由军统负责，警方不得过问。你快到上海去，亲自主持这事。"

戴笠拿到这样一支令箭，心中闷闷不乐。到了上海，住进公寓，他立刻就把那"孙先生"找来询问。

其实，这个"孙先生"并不姓孙，那是他在妓院寻花问柳用的假姓名。他真名叫程公树，生得一表人才，风度翩翩，谈吐文雅，只是身体极差，这是由于专门喜欢在长三堂子（旧上海高级妓院）鬼混，弄得靠吃春药纵欲。可是，他肚子里坏水极多，发现行刺李顿蛛丝马迹的就是他，因此戴笠一到上海便先找他。

程公树和戴笠商量了一下后，诡秘地一笑说："局座，王亚樵并不在烟花柳巷鬼混，因此从这些地方是难以找到他的。我听说，他常住在一个新娶的女人家里。可是,他肯定不会在那儿等我们去捉,何况我们还不知这个'家'在什么地方,需要秘密去寻找一下。"

戴笠点了点头说:"公树,此事我交给你一手办理,但一定要悄悄地干,不动声色,布置就绪便立刻下手,给他个迅雷不及掩耳,一举擒获。千万不能像上次卢英这蠢货那样打草惊蛇。此系件国际大案,你要知道分量不轻啊!"

程公树听戴笠讲话的口气虽然平和,但言语中却露出肃杀味道,他明白如果捉不到王亚樵,恐怕戴笠和蒋介石要借他的人头向洋人交账。想到这里,他不禁打了一个寒噤,觉得刚才兴冲冲在路上梦想的玫瑰前程,并不那样灿烂,似乎有点灰色,但也只好干下去了。他走出戴笠的房间,路上考虑一下,萌生出了一个毒辣的主意。

## 想起了花见羞

却说程公树寻访了两三天,一直未发现王亚樵的影踪,他有点踌躇。这案子确实难办,王亚樵手下的人和他熟悉的青红帮中的兄弟们向不来往,从那儿找不出什么道道。可是,这事已拖了好几天,如果王亚樵跑出了上海,不就要大海捞针了吗?自己岂止是升官发财无望,恐怕还要被开刀结案。他想着想着,不觉全身发冷,连额头也沁出几滴冷汗来。不过,天无绝人之路,程公树猛然间想起了花见羞,不觉露出笑容。他立刻吩咐手下的两个人,把花见羞"请"过来。

旧社会妓院里，妓女出门照例都有老鸨派人跟着，她出去会嫖客，要嫖客付车钱和一切开销。程公树虽然好色，但十分吝啬，他想：这是办案，又不是弄她来过夜泄欲，凭什么出这份钱。于是，他就施展绑架手段，弄辆汽车停在四马路、云南路口，设法把花见羞骗出来，两个特务在她的嘴里塞一块布，使她叫不出声，然后紧紧揪住不让动弹，装进汽车运回军统上海站那幢小洋房里。

花见羞吓得抖作一团，不知为什么把她绑到此地。她转念一想，自己又不像名妓那样身价百倍，能逼老鸨赎票。何况，她又是"自家身体"，妓院肯定只当她不想干，不会睬她。她正坐在楼下一间小房子里胡思乱想，忽听楼梯响，接着有声音从屋外传来："花小姐，受惊了。因为有点事，方叫手下人请你来，望恕罪！"

花见羞抬头一看，却是那"孙先生"，她不禁生气了：有事好好来找我，为什么要绑架，难道他是绑票的头目？她没好气地说："我是个卖身的妓女，绑来没有人肯花钱赎的，你打错算盘了！"

程公树放声大笑说："你这小美人儿，怎么这样糊涂？实话告诉你吧，我是军统上海站专员，这样把你请来是念咱们有一段相好之情，想请你帮帮忙！"

花见羞一听不觉浑身颤抖，她虽然是烟花巷中卖笑人物，可军统在上海搞暗杀的手段之残酷早听说了，那比绑票还可怕。她低声问道："孙先生，你们从我这个妓女身上能知道什么？"

程公树皮笑肉不笑地说："花小姐不必客气，你知道的太多了。你大概还记得那个相好唐明吧！他是刺客，卷进一件大案子里去了。你和他如胶似漆，无话不谈，希望你能讲点知道的事。查出唐明后台的情况，我大大的有赏！"

花见羞这时看到的这个嫖客，一扫过去那种涎脸作呕的丑态，仿佛变成了一尊恶煞神。她感到恐怖，知道落在军统特务的手里，不死也要脱层皮。可是，她和唐明只是男女相好，除了两人之间的私情，从未向他打听过别的事，现在能讲出什么呢？于是，她带着乞求的目光对程公树说："孙先生，我和唐明除了相好没有什么事，能说出什么呢？求求您放我回去吧！"

程公树狞笑着："我不管那些风流事，只要说出唐明和你谈过些什么！"

花见羞虽是个烟花女子，却有点正义感。她有点气恼，态度不那么软弱了，用目光斜看程公树一眼："我没有听唐明谈过什么，就是打死我，也讲不出什么事！"

程公树顿时脸色铁青，哼了一声，说："给你尝尝特别的滋味，看你这个婊子嘴巴是不是还这样紧！"说着，他按了一下门旁的一个电铃撤钮，一会儿进来一个大汉问："程专员，有什么吩咐？"花见羞一听，又吃了一惊，这家伙原来不姓孙！但不容她考虑，只听程公树吼道："拿电棒匣子来，给这位小姐按摩一下，让她舒服舒服，她大概就会记起许多事来。"大汉应声出去，不久拿来一个像收音机似的铁匣子，从匣子里伸出两股电线，线的尽头却连着两根裹着绝缘物的长针，针头上是个发亮的小圆珠状的东西。大汉把铁匣接通电源，刚要走到花见羞前面，程公树摆了摆手，对她说："现在再给你点时间。你好好想想，不管唐明这小子说过些什么话，都讲出来，我仍然送你回去做你的生意。如果你还自作多情，维护唐明，就休要说我翻脸无情了！"

沉默了一会，花见羞仍不开口，程公树发火了，说："给这贱货加点热,看她张不张嘴!"

大汉上前一把拉开花见羞的上衣,把内衣和胸罩扯掉,让两个乳房露在外面。大汉一拨开关,那铁匣发出刺耳的蜂鸣声。大汉把那通上电正在颤动的长针的圆珠,对准花见羞的乳房戳去,电流像利刃刺向她的胸部,犹如万根钢针刺入肉中,痛彻心肺,嘴里想叫也叫不出声。不到一分钟,花见羞已昏死过去。程公树吩咐停一下,命大汉燃烧草纸在她鼻子下一熏,使她打了一个喷嚏,又悠悠苏醒过来。她看着程公树狰狞的面孔,在痛苦中战栗,神情恍惚地说:"唐明说他要去赫德……""路"字没说出又昏了过去。

程公树觉得有线索了,便对大汉狞笑了一声:"明天把她蒙上眼睛运到一个僻静角落里扔掉,这个婊子的死活我们管不着了!"

接着,他就派便衣到赫德路(今常德路)逐户探视,很快找到了赫德里王亚樵寓所。

### 装成娘姨脱身

张树候派人到洪耀斗处告诉王亚樵,轮船票已弄好了。这是陈中孚花了很大气力,买通了一艘英国轮船的买办,对方才答应把王亚樵接应上船。不过如何从码头上船,人家没有办法帮忙,仍要王亚樵自己设法。张树候要洪耀斗想个万全之策,让王亚樵混上船去。洪耀斗说自己想好了一条妙计,保险可以平安登上轮船。王亚樵问洪耀斗有什么办法,他笑而不答,却岔开话题说:"要不要通知一下亚瑛嫂子,见个面?"

王亚樵想了一想,这两天外面风平浪静,而且赫德里那小房子知道的人不多，自己出门总要带些钱和随身衣服，便说："那我回去一次，拿点东西准备上路。"

他们哪里知道，程公树早在赫德里弄堂口埋伏下了暗哨。那个假装的小皮匠，一副担子放在亚瑛住处的后门不远，并带着一张翻拍的王亚樵照片。程公树下令，不看到王亚樵进入家中，不准惊动任何人，更不许闯进亚瑛的房间打草惊蛇，这个特务想一锅端，把行刺李顿案中的人一网打尽。

却说王亚樵趁着一个大早，直奔赫德里，他走进弄堂，十分机警地看了看周围，并没有什么可疑的人，就一闪身进后门上了楼。

亚瑛看见王亚樵突然回来，惊喜交加，眼眶里含着泪水，奔过去一把抱住，不住地亲他的面孔，然后用发抖的声音说："你把我想死了，你不走了吧？"

王亚樵抚摸她的面颊，用手帕给她拭去眼泪，说："蒋介石逼得我有家难住，这就要去香港暂避，快帮我收拾一下东西。我拿点钱一会儿就走，因为你这里并不安全，他们迟早会知道的。我走后，你也赶快避开！"

亚瑛强忍着伤感，点点头说："出去自己小心！我给你烧点早饭，就收拾东西。"

王亚樵点点头坐在窗边。这是一间十几个平方的后楼，凭窗可以俯瞰弄堂中来来往往的人。王亚樵突然看见斜对面有一副皮匠担，那小皮匠贼头贼脑朝亚瑛房间里看，一会儿离开皮匠担匆匆向弄堂外跑去。王亚樵知道不好，立刻走下楼去对亚瑛说："不好，特务已经盯住这房子了。那小皮匠是个暗钉子，他已发现我，去报信了。我马上要走！"

亚瑛惊慌失措,用泪眼看着王亚樵说:"怎么办?"王亚樵一想,特务马上就会来,我要是走入弄堂,肯定会被截住。他看见亚瑛身旁的菜篮子,顿时心生一计:"你快把身上的衣服脱下来,给我一块包头巾。我扮成一个娘姨去买菜,这样就没事了。你放心,他们捉不住我,一上船我就远走高飞。我不能直接给你来信,你有事去找耀斗兄弟吧!"

果然,王亚樵走出房门还未到弄堂口,一部汽车已疾驶而至。车一停下,有几个人跑进来。王亚樵从容地和几个上菜场的娘姨走出弄堂口,偷偷回头一看,只见小皮匠已经冲进了亚瑛住处的后门。他强忍住悲痛,咬了咬牙,趁人不注意扔掉菜篮,登上电车,又逃过了一劫。

王亚樵装成一个娘姨,回到洪耀斗家里。洪耀斗刚刚起身,看见一个娘姨冒冒失失地冲进卧房,不禁发火喝问:"你是哪里来的,内外规矩都不懂!"语声未绝,王亚樵除了包头布,脱下上衣,说:"我装得真像,连你都瞒过了!"洪耀斗定睛一看,原来是王亚樵。洪耀斗先觉得好笑,但一见他脸上带着忧伤,知道他是化装逃出,连忙给他找衣服换上。王亚樵讲赫德里的家已被特务监视,幸亏及时逃脱,不然让他们堵住窝抓,插翅也难飞了。接着,他不无忧虑地说:"耀斗,他们捉不到我,必然守住各个口岸,我恐怕很难逃出去。"

洪耀斗说:"这点我早料到了,国民党特务和租界巡捕肯定在码头上加紧搜查,你即便装成苦力、小贩、水手,都难以逃过层层关卡。但他们对外国女人却从不检查,因为洋人讲究尊重女士。你不妨打扮成外国贵妇,我让买办借洋行的轿车,再找个霞飞路的罗宋妓女装成你的女佣；这些人都会说两句英语，到时你不必张嘴，只需做手势让那两个妓女应付，大摇大摆走进头等舱坐定，开船以后再换装。"

王亚樵想了一想，也只好这样办，他苦笑一声："我一世英雄，可是现在却成了洋种母鸡了，可叹，可叹！"

这边，王亚樵和洪耀斗正商量脱身之计。而另一边，戴笠却把程公树叫去痛骂一顿："王亚樵在你们眼皮底下都捉不住，我简直怀疑是你们得了好处放生。蒋委员长已经说过：'这人活的捉不到，死的也要。'我得到日本方面的情报，王亚樵曾想乘船去香港。东洋人记着虹口公园那次会上的一颗炸弹的仇，说：'如果王亚樵上我们的船，我们立刻抓住他，解到东京处决。'因此，他不敢上日本船，当然也不会坐招商局的轮船。你们必须严密盘查开往香港的英美轮船的客人。我已要上海市政府照会公共租界工部局，仔细检查每次航班上下的客人，特别是中年男人，宁可错抓不能错放。如果让他逃出上海，麻烦就大了！"

程公树被骂得垂头丧气，回到军统上海站，他只好亲自率领两个机灵的特务一同行动。他翻开报纸仔细看了船期，知道最近英国轮船"伊丽莎白女王"号将直航香港，于后日下午三时在太古码头起锚开船。程公树觉得王亚樵要逃出上海，大概会乘这班船，因为时间越长，王亚樵在上海就越难以藏身。于是，他在这天率领两个特务扮成客人模样，吃过午饭就奔向太古码头。

### 安然登上豪华外轮

"伊丽莎白女王"号是条有豪华头等舱的客轮，当时可算是比较高级的航行于香港、上海之间的近海轮船,乘坐者大都是外国洋行的职员和取道香港去欧洲的外国人。一般平民百姓嫌票价高,问津的不多。上船时,客人几乎都用轿车代步,坐黄包车的人也很少。程公树走下汽车,装着等同伴一齐上船的样子,四下张望。那两个特务手里各拿着一个皮箱,似乎是送主人上船,站在程公树身后。

程公树焦急地看着陆续而来的乘客,特别专注地打量每个三十多岁的中年男子。但一个小时过去,他有点失望了。刚想换个位置观察,忽然听到汽车急刹车的声音。那车已停在码头上,跟车的打开车门,从里面走出两个外国女人。只见一个年轻的外国女人很殷勤,用手扶着打扮得仪态万分的外国贵妇,缓缓地向栈桥走去。程公树侧身躲过,那两个女人连看也不看他一眼就慢步走上舷梯。

忽然,程公树脑中一闪:那个搀扶外国贵妇的年轻女人似乎十分面熟,像在哪儿见过。他怔在那儿苦苦思索,好半天才一拍大腿说:"差一点被瞒过。"于是,他连忙对在码头上的巡捕房"包打听"说:"王亚樵已经上了船,快陪我一起上船搜查、拘捕。"

程公树为什么认出了那个年轻的外国女人呢?前面说过,这家伙是个专在上海妓院鬼混的角色,四马路的会乐里常去;而且,他还在金神父路(今瑞金二路)逛外国堂子,在那里卖淫的都是一些白俄女人。这时,他想起:那不是金神父路的波波娃吗?他省悟,那贵妇肯定是王亚樵化装的,再花钱雇一个白俄妓女扮作女佣,竟然从自己的眼皮底下滑过去了。

他和巡捕房"包打听"登上轮船,找到管事的买办说:"这条船上有一个中国要犯化装登轮,我们要进行搜查。"

那买办冷冷地回答道:"这是大英帝国的轮船,你虽然由租界的侦探先生陪来,但我无权让你们搜查。你知道登上甲板就是英国的土地,就像租界不准中国军警通过一样;因为你穿便装才放你上船,要搜查得船长批准,而且必须持有正式公文。"

程公树听出那买办是有意刁难,他心里在暗暗骂着:你也是中国人,却仗着英国人的声势不买账,哼,要是在马路上,不把你弄个半死才怪哩!可是人在矮檐下,怎能不低头!于是,他赔笑说:"买办先生,说搜查可能有点过分了,我们只是想挨着舱室看看。如果发现那个要犯的踪迹,我们再向船长言明,请巡捕房把他带下去。"

那买办仍然摇头:"你又不是找人,而是抓人,我怎么能让你在船上乱跑?办不到!"

程公树被弄得毫无办法,只好请那买办带他去见船长。那买办欺程公树怕洋人,看样子也不见得懂外文,就把他带到船长室里,用英语向船长讲了一通。程公树一句也听不懂。只见那满脸胡子、身材高大的船长不耐烦地皱了皱眉头,伸出左手看了一下腕上的手表,挥挥手讲了几句英语。那买办告诉程公树,船长说:"不管什么要犯不要犯,除非中国上海市政府行文通过外交途径办理,经总公司批准,才可以在船上查验。你们这样自说自话要搜查是违法的,现在就要开船了,请你们赶快下去。否则,开船后作为无票偷乘者关起来,等到了香港交给警方处理。"

程公树还想讲什么,船长又挥挥手,外面进来一个英国乘警驱赶程公树和"包打听",嘴里用英语喊着:"快点滚下去!"连推带拉,把他们逼到舷梯口。程公树立脚不稳,差点倒栽下去。

程公树狠狠地站在太古码头栈桥上,眼看轮船起锚鸣笛,离开码头,掉头向黄浦江外驶去。他狠狠地顿了顿脚:"英国佬真不是玩意儿,我们帮他们抓行刺英国要员的凶犯,他们反而不帮我们。这事我没办法,只有报告戴老板,让他自己想办法吧!"

王亚樵等轮船驶出吴淞口,便脱去外国贵妇装束,拿下贴在脸上的假鼻子,换上西装。这位"民国第一杀手"默默走上甲板,望着逐渐向后退去的两岸景色。此时暮色苍茫,江边灯火时明时灭,他长叹了一口气,忽然忆起儿时读过的一首唐诗来,随口吟道:"故国三千里,深宫二十年。一声何满子,双泪落君前。"

# 民国前总理倒在客厅内
## ——唐绍仪遇害真相

### 一、杏花楼的贵客

1937年3月,光怪陆离的上海滩春寒料峭。但四马路(今福州路)上,已是人来车往,熙熙攘攘。这不仅仅因为娼妓集中地会乐里坐落于此,还由于有名的杏花楼也在这条街上。当时,隐居沪上的社会名流,经常乘着包车到杏花楼吃茶聊天,探听与时局有关的各种消息,这里几乎成了他们的汇聚场所。

这天清早,一辆黑色奥斯汀轿车在杏花楼前"唰"地停下,有个保镖拉开车门后,里面走下一个西装革履、手持文明棍的瘦削老人。他用手轻轻推了推鼻梁上的金丝边眼镜,迈着稳健的步子走向店堂。

候在店堂门口的伙计,早就熟悉了这辆每天必定出现的轿车,对从车里出来的老人似乎有点诚惶诚恐,马上回头大声对店堂里喝了一声:"唐总理驾到——"接着,里面的其他伙计也马上闻声出来齐立两厢,表示欢迎。当他落座时,经理便亲自沏了上等名茶端过来,恭敬地说:"唐总理光临,不胜荣幸!"

这位"唐总理"就是民初要人唐绍仪。他以在野之身隐居上海后,门庭自然冷落了许多。而每当他光顾杏花楼受到这种尊敬时,不免会回想起昔日的好光景。唐绍仪号少川,在民初一二十年间,可算是一个声名显赫的重要人物。在他风云际会、纵横驰骋之时，蒋介石尚未出道，还在陈其美手下做团长呢。辛亥革命后，民国的首位国务总理就是唐绍仪。他精通外文与外交礼仪，口才雄辩，风度不俗，确是相才。后来因政坛多变，军阀操纵，他也随之几经沉浮，对政治逐渐冷淡下来，肩上扛个"党国元老"的招牌，挂着国民党中央监察委员、国民政府委员的虚职，在上海法租界赁房而住，当起了寓公。

唐绍仪过上隐居生活后，依然保持着收藏古玩的嗜好，尤其对青铜器更有兴趣。他在杏花楼喝茶，除了闲谈之外，也时常留心有关古玩的信息。这天他品茗正出味，有个小报记者匆匆找来了："唐伯伯，我帮你觅到了一件珍宝！"

"哦，"唐绍仪抬头一看，"是志盘，见到什么稀世之物了？"

来者名叫谢志盘，三十多岁年纪，虽然皮肤白净，但生得尖嘴猴腮，让人看了感到不太舒服。他虽叫唐绍仪"伯伯"，但并不是亲戚，只不过在他年轻时曾得罪一个军阀的舅子，被捉进了营房眼看就要没命，经唐绍仪出面打招呼才幸免于难。之后他经常去看望唐绍仪，彼此间就比较熟悉了。他知道唐绍仪酷爱收藏青铜器，今天特地赶来提供一条线索："我的一位朋友在喝酒时告诉我，其父亲处有一个祖传的商朝古鼎，愿以十根金条出让。"

唐绍仪一听，立刻来了劲头，他马上叫谢志盘一同乘轿车前往藏宝人家。轿车七拐八弯，来到南市半淞园附近一条弄堂，他们走进弄底一户人家，主人似乎早有准备，在端茶的同时，把传家宝也拿了出来。

唐绍仪虽然喜欢收藏古玩，但在鉴定方面并不十分在行。当他看到放在八仙桌上的那只商朝古鼎时，发现它锈迹斑斑，鼎边的铭文模糊不清，以为一定是真货，就当场同意买下，让贴身保镖迅速回府取来了十根金条。

谢志盘将唐绍仪送入轿车，临关车门时讨好地说："唐伯伯，我牵线给您觅了件宝，过几天您可要请客哟！"唐绍仪和蔼地答道："可以，完全可以。"

看着奥斯汀轿车开远了，谢志盘欣喜若狂地返回弄底人家。他对正在数金条的老头说："这里面有五根是我的呀！"老头这时也乐得眼睛眯成了一条缝："当然，我把成色最好的五根条子给你，怎么样？我与唐绍仪无亲无故，他可是你的救命恩人，你倒也真忍心用假货坑他！""哼，管他呢，"谢志盘若无其事道，"他反正有些积蓄，用掉点也无妨……"

当然，唐绍仪做梦都不会想到，口口声声说要报答救命之恩的谢志盘，居然会与人合伙用赝品算计自己；他更不会料到，以后性命也丢在这王八羔子手里。

## 二、日本特务施毒计

1937年上海"八·一三"事变后，环境变得险恶起来。唐绍仪由大西路（今延安西路）寓所搬到福开森路18号（今武康路40弄1号）居住，并以养病为名闭门谢客，很少在外露面。

这天，唐绍仪正在家里看报，堂弟唐兆狮突然来访。唐兆狮坐下后欲言又止，现出忧心忡忡的神态。唐绍仪感到很奇怪，便问："兄弟，有何心事，这么焦虑？"唐兆狮叹了口气，道出原委。

原来，日军侵沪后就想拉拢唐绍仪，但苦于没有接触机会。当时日本在上海的派遣司令官松井，经打听得悉唐绍仪的堂弟唐兆狮在江海关（上海海关）监督公署当职员，因而通过该署日籍职员池田同他联系，要他为松井会晤唐绍仪牵线搭桥。唐兆狮对此很不情愿，他当即回绝池田："家兄有病，久不见客，这件事恐难做到。"池田马上凶相毕露："你难道不知松井长官的厉害吗，饭碗还要不要？"为此，唐兆狮只好苦着脸来见堂兄。

唐绍仪闻讯，很是生气，毫不犹豫地说："你如失业，我给你另找差事。假使他们再来询问，你就说家兄这样回答，'中国四万万人可以见松井，唯独我不见他！'"

松井碰了钉子后，虽然很恼火，但一时又奈何唐绍仪不得。以后，随着日军在中国的侵略战火不断扩大，日本政府悄悄制订一个"南唐北吴计划"。其内容是"起用唐绍仪及吴佩孚等一流人物"，建立"和平政权"，取代蒋介石政权。日本侵略者深知，像唐绍仪这样的"党国元老"一旦被拉下水当汉奸，会对蒋介石政权产生何等压力。为此，日本驻中国特务机关长土肥原亲自到上海，与松井进行了密谋，决定让唐绍仪昔日好友、现已当了维新政府汉奸傀儡的温宗尧再去游说。

唐绍仪对汉奸深恶痛绝，虽然温宗尧过去与他交情很深，但从其当了日军走狗后，他便与其绝交了。由此可知，温宗尧来到唐宅自然不会看到好面孔。就在唐绍仪对温宗尧余怒未消时，他的大儿子唐榴从香港来到上海。唐绍仪对儿子在这动荡时刻来沪很不满："榴儿，你何苦这时远道来这危险之地？"

"唉，有啥办法！"唐榴叹道，"我这是奉了当局的旨意呀！"他说着递过一封信。

唐绍仪接过一看,这是"国民政府"的信封,上面老大的一个"密"字,心里不禁一怔。再拆开一看,竟是蒋介石的亲笔信:"少川先生:多时不见,别来无恙?今政局动荡,国事维艰,余深为担忧。日方一面扩大侵华战火,一面声称愿与国府言和。未知后者是否真意?先生明察乎?"信的结尾写着"知名不具"。唐绍仪很清楚,蒋介石是想请他在上海向日方打听讲和条件。

唐绍仪经过反复考虑,觉得难以推辞蒋介石的重托。恰好数日后,温宗尧又厚着脸皮来"规劝",唐绍仪遂顺水推舟,答应了其要求。土肥原得到唐绍仪同意会晤的消息后,高兴得不得了:看来有希望拉拢这位政界名流,如他肯到傀儡政府当首脑,我岂不要受到天皇陛下的嘉奖了吗?

1938年9月初的一天傍晚,正淅淅沥沥下着小雨。一辆黄色包车在唐宅门口悄然停下,一个穿长衫的矮胖子钻出油布篷,溜进了门楼。与此同时,唐宅周围出现了一些奇怪的鞋匠、烟贩。

这个胖子就是土肥原,他为了保险起见化装前来,并在门外安置了保镖。唐绍仪与土肥原稍稍寒暄后,便问道:"日本政府是否有意与国民政府和谈?"

"不。"土肥原说,"蒋介石是难以和帝国全面合作的。"

"你们不是散布过愿与中国方面谈判的空气吗?"

"是的,不过我们是想与新的政府携手。我们希望中国出现一个与帝国友好的新政府,这个新政府最合适的首脑就是您唐先生了。"

当唐绍仪听说日本方面希望他出山时,马上婉言拒绝了。土肥原见目的不能达到，就沉下原先堆满笑容的脸，威胁了几句后，悻悻离去。

几天后，社会上盛传"唐绍仪即将出任新政府的主席"，一时间弄得人们议论纷纷。唐绍仪知道这是土肥原施的毒计，所以当亲友们劝他登报申明时，他断然道："谁不知我的为人，用不着辟谣！"唐绍仪自以为身正影不斜，但不多久厄运还是降临了。

## 三、血溅客厅

唐绍仪隐居的福开森路18号，位于上海西区冷僻马路的交会处，它是一幢荷兰式的精致洋房；房前有一个大草坪，背后是花园，四周有围墙。

自从拒绝了土肥原的拉拢后，唐绍仪行动更加小心，不再出门。当时，上海除租界之外的地方均沦陷，日军气焰嚣张。法租界当局鉴于唐绍仪的名望，为保护他的安全，在唐宅派驻了十多个安南巡捕。

1938年9月21日，西装笔挺的谢志盘带着个中年人，乘着一辆"福特"敞篷车来到唐宅。谢志盘向门卫递上名片，说明与自己同来的几个古董商想脱手几样文物，特找唐先生面洽。几个安南巡捕对他们进行严格搜查，见他们身上除了几样古董外，无可疑之物，便放了进去。管家把其领到客厅落座后，唐绍仪缓缓从楼上下来。谢志盘忙站起来鞠躬，并说："唐伯伯，法租界难民中不少人带有值钱的古董，愿意廉价出让。"接着，他又指指同来的几个人说："他们知道您爱收藏，特选几样送来请您过目。"

唐绍仪从他们手中接过几个锦绣盒子，然后取出放大镜，一一过目，不禁叹道："好东西，好东西！统统留下吧！"和谢志盘同来的几个人见他如此欢喜，便报了个不高的价，当即成交带着银票回去了。

唐绍仪哪里知道，这几位古董商人实际都是国民党军统特务，今天特来侦探一番，算作预习。以后几天，他们又如法表演了几次，终于对唐绍仪的起居和生活习惯全部掌握。于是，制定了一个周密的暗杀计划。

9月30日上午九点多钟，秋风细雨，沉沉阴霾。一辆崭新的蓝色轿车驶入唐宅铁门，车上走下谢志盘与另外三个穿长衫的人。安南巡捕见为首的是熟客，不搜身便放行。谢志盘此时已被军统上海站收买，前来协助进行暗杀。但他毕竟不够老练，平时言语颇多，今日却只顾走路，管家来迎接时，脸上的笑容也不大自然。他后面跟着商人打扮的老牌军统特务赵理君，以及伙计装束的军统杀手王兴国、李阿大，两人合提着一个装有古董的大皮箱。

宾主在客厅坐定后，赵理君先从皮箱里取出一个南宋御制花瓶，唐绍仪大加赞赏。接着，赵理君又抽出一把宝剑，声称："此剑系戚继光抗倭时所用，价值连城，请唐总理过目。"唐绍仪接过宝剑，略一把玩，眉头微皱，摆出一副鉴赏家的口气说："恐非真物也。明朝军人已多佩刀而不佩剑，当时倭寇与戚将军对阵厮杀的，用的也是有名的倭刀。"他们讨价还价一番，相持不下。赵理君从袋中拿出香烟，挑出一根，装作点火找不到火柴，一直侍候在旁的佣人忙去取火柴。赵理君见时机已到，用眼色示意李阿大下手，自己又从箱中拿出其他古玩。待唐绍仪低头凝视时，李阿大迅速从大花瓶内取出一把小钢斧,对着其头颅猛然砍下。只听见"嚓"的一声,唐绍仪不及吭声,便颓然倒下,头上鲜血喷涌。

赵理君见大功告成,就按事先安排好的计划,开始撤退。他们临出门时,谢志盘同赵理君口中振振有词,连声高喊:"唐总理不必送了,留步,留步。"轻轻带上门出来后,四人又齐向门内一鞠躬,恭敬异常,候在门外走道上的保镖,见这般光景也无疑心。他们紧一步慢一步地出得门来,坐上那辆一直没有熄火的蓝色轿车风驰电掣般驶去。等那个去取火柴的仆人回到房内,见主人早已倒在血泊中,一声惊叫,吓得跌在地上。门外的保镖此时如梦方醒,拔枪去追,早已车去人无了。几个仆人隐约记得车牌是"6132",于是马上向法租界巡捕房报案。

唐绍仪被刺杀后,并未马上死亡,被急送附近的广慈医院(今瑞金医院)抢救。医生给他打了强心针,又输血两千毫升,仍不见效,神志一直处于昏迷状态。当天下午四时,这位英才伤重身死。法租界巡捕房验尸后,尸体由唐氏子女领去,在上海胶州路万国殡仪馆入殓。

却说法租界捕房接到唐绍仪被刺报告时,迅速出动大批巡捕赴现场,另派一辆装甲车镇守要道路口。同时电话通知各处巡捕房,注意缉捕"6132"号蓝色轿车。下午,在赵主教路(今五原路)、麦琪路(今乌鲁木齐中路)口的荒地里发现了这辆车。经查,该车系出租汽车公司所有,数天前被一身份不明的人租去。这条线索就此断了。后来,法租界当局估计此案是军统"除奸队"所为,便不再刻意追查了。

那几个刺客一得手,径直投到重庆戴笠门下,卖功捞赏,赵理君、王兴国、李阿大三人各有所用；后来，赵理君还做过上海忠义救国军司令。唯有那个谢志盘由于受刺激过深，逃到重庆后便有点精神失常，常自言自语："我真对不起唐伯伯！"戴笠怕他误事，将他秘密处决了。

唐绍仪遇刺身亡后，蒋介石发给其家属一份唁电："惊闻少川先生在沪遇变逝世，痛悼何极，老成遽殒，顿失瞻依。世兄遭此惨痛，定必哀慊逾恒……"

原来，蒋介石听说唐绍仪要出任伪职，气得要命：这老家伙不按我的旨意办，却想组织伪政府与我分庭抗礼，简直昏头了！遂命戴笠派人干掉他。现在蒋介石已搞清这是一场误会，但人死不能复生，所以他一面安抚逝者家属，一面勒令戴笠不得走漏半点风声。正因如此，刺杀唐绍仪事件的真相一直未被披露。无怪乎有人称它是"民国史上最扑朔迷离的政治性案件"。

# 福煦路的黄昏
## ——中统女杀手除奸

### 暗筑销魂窟

上海福煦路（今延安中路）是法租界一条主要马路，它的西段则是一幢幢小型花园洋房比邻而立。这些建筑多为各式各样的两层楼房，庭前有一个幽静整洁的小花园，过去在这里居住的多为一些洋行的高级职员。因此大都雇用一个碧眼黄发的白俄保镖在大门口守卫，使行人不敢在此停留。

邻近福煦路哈同花园对面有一幢漆成白色的小洋房，原先住的是位法租界公董局高级职员，最近要退职回国，想把房子卖掉。这消息传到汪伪特工组织头子李士群那儿，他心中一动，立刻叫手下人以祥泰商行的名义，用十根金条买了下来；然后，他叫手下人于一周内动工进行内部改装，楼下辟为跳舞厅、酒吧间和休息室，楼上则隔成三四间小巧精致的卧室。督工的特务对这种改建有点莫名其妙，不知李士群派什么用场。李士群却十分郑重其事，不仅要求尽快修好，而且严令绝对保密，不许任何外人知道有这样一个地方。督工的特务不敢多问，领命以后催促工匠日夜加工整修，只有六天便全部改造就绪，并立即向李士群报告。李士群听了微笑赞许，立刻要那特务陪同乘车前去视察。

李士群对舞厅和休息室只匆匆看了一下，就登楼仔细察看那几间小卧室。临走时，李士群吩咐那特务不必跟着一同回去，又下达另外一个任务，就是要他立刻去大百货商店采办妇女睡衣和高档进口化妆品，每个房间一套；买来后，就放进每个房间备用。李士群吩咐完毕，就出门上车，直奔愚园路1136弄。

这条弄堂既是汪精卫、周佛海等居住的地方，也是他们的"办公"场所。此时汪记伪政府还未开张，他们只好在李士群网罗的特务严密保护下，蜷缩在房间里。周佛海是玩女人、跑跳舞场的老手，一下子困在这里，犹如关在笼中的野兽，浑身感到不自在。这天，他对李士群说："能不能找个地方散散心呢？弄几个靠得住的小姑娘，有空就找她们来一起玩玩，但要严守秘密，知道的人越少越好！"

李士群也是个色中饿鬼，一听正中下怀，连连应声说："这点小事包您一周后样样俱全，定让佛公左拥右抱，心情舒畅！"说罢，两人相视而笑。周佛海接着小心说："这事不能让日本人知道。当然，也不能让汪先生知道，传到那位醋罐子'太后'耳朵里，可就麻烦了！"

"万事俱备，只欠东风。"现在，只要去弄几个高档一些的女人在此盘桓就行了。李士群在车中默默想着如何安排这个秘密俱乐部，既要玩得尽兴，又不能拖泥带水。

汽车驶进弄堂，在一座楼前缓缓停下，李士群猛然惊醒，整衣下车，面带微笑向楼上跑去。他想，周佛海这下该满意了吧！

### 有志儿女商大计

这是上海南区一条不为人注意的老式里弄，看上去恐怕像是刚刚开辟租界时剩下来的极少数石库门房子之一。那房子高大，光线却不佳，因它在弄堂底，前面又被新造的大楼遮住了阳光；后厢房到下午三四点钟，已经暗得看不清楚东西了。只听到几个青年人在后厢房昏暗的电灯光下低声谈着什么，有争执时，声音就提高了一些。

这批青年人有男有女，带头讲话的是个看上去最多十八九岁的小姑娘。她长得丰满秀丽，圆圆的脸儿，乌黑的长辫甩在右肩上，讲话又快又清脆。到后来，别人都不响了，只听她一人在说话。

长辫姑娘说："我的消息十分可靠。那几个不要脸的卖国贼，在福煦路上搞了一个秘密俱乐部。它由李士群手下的特务控制，但却挂着"周富"的门牌，对外称是洋行一个大买办的私人俱乐部。而且，门禁十分森严，除了那几个大汉奸外，谁也进不去，更不必谈接近他们了。"

一个比较文静的姑娘说："上次苹如姐诱杀丁默邨不成，自己反而遇害，这批人更加注意了。我们怎么办呢？"

长辫姑娘带着一种满不在乎的神气说："怎么没有办法？我知道他们要找几个青年姑娘去伴舞，想办法派人去伴舞，不就能进到里面见机行事了？"

一个年纪稍大的姑娘冷笑道："那么容易？他们是傻瓜？他们挑选舞伴，难道只是年轻漂亮的女人就要？第一，他们一定要弄清楚挑选去的女人情况；第二，即使你被选中了也只是孤身一个女人，里面那些全副武装的特务会注意一切，总不能带一支枪进去。如果进去给他们伴舞，遇非礼咋办？不要赔了夫人又折兵呀！"

长辫姑娘受不了这样的嘲弄，满脸涨得通红，气愤地站起来说："你这是什么话？不要看轻人，我一定要进去，拼一个够本，拼两个赚一个！"

两个姑娘面红耳赤地争执着，谁也说服不了谁。这时，一个大约二十多岁、穿着长衫的男青年摇着手劝解道："海伦，你脾气急了一点，这事要从长计议；毅敏，你偏要逗她发火，这样吵一点也解决不了问题。"

现在，知道长辫姑娘叫海伦，年长一点的姑娘叫毅敏。毅敏有点不服气，撅着嘴对那男青年说："操明，你不要说什么从长计议，眼前根本没有办法进入那个地方。"

那叫操明的青年被毅敏抢白以后一点不激动，似乎胸有成竹，他慢吞吞地说："你急什么，进入福煦路那幢房子，不是什么难事，这我有办法。我的表哥就和那个选美女的特务认识。表哥是个爱吃喝玩乐的公子哥儿，朋友涉及三教九流，无论帮会流氓、巡捕房"包打听"，还是李士群手下的特务，他都有交往。表哥听那特务说，李士群要找几个年轻漂亮、知道根底的女孩子去秘密俱乐部伴舞。表哥知道到了那个地方，他们这些人就不会单要你伴舞，恐怕还要伴寝了，因此很难找人，哪个女孩肯送进去让那帮汉奸去糟蹋？我想通过表哥进去不成问题，自然可以接近周佛海、李士群这批汉奸。不过那儿是魔窟，谁进去就要有'我不入地狱，谁入地狱'的牺牲精神，而且要随机应变，才能对付这帮人。这点你想过没有？"

毅敏有点脸红了，她知道操明这话意味着女孩子到那儿有多大危险。这点她确实没有过多考虑，现在一想，混进去接近了这些巨奸，并不等于完成任务。怎样干掉他们？就凭我们这些女孩子的一腔热血吗？她踌躇了。

海伦却对操明撇一撇嘴说："我没有这么笨，带一支手枪进去充女英雄。我想自己能达到目的，而且还会从容退出，使他们不敢动我一根汗毛！"

操明和毅敏一听，都望着海伦，看她面部表情严肃，不像是在开玩笑。毅敏知道她有些小聪明，也许想出什么好主意，于是问："海伦，你不要吹牛。这些汉奸难道是木头人？你动手，他们会老老实实伸头等着割吗？那些全副武装的特务，会让你从容走出去吗？"

海伦微微一笑："这我不能说得十分具体，但我能随机应变。叫我拿出一整套计划，一时还讲不清楚！"

操明仍然觉得这个姑娘有点任性，不过他相信她能够随机应变。不能小看她，也许进入福煦路魔窟真的会有办法。但她毕竟是个女孩子，再聪明能斗得过那些诡计多端的汉奸吗？万一失手，她一条小命送掉，还会连累别人。想到这些，操明注视她良久，才缓缓地说："海伦，你的胆量和聪明我是相信的，不过这是生命攸关的搏斗呀！"

海伦撅着嘴，用不服气的口吻说："操明，你是大男子主义，总是认为女孩子办不了大事。放心，我有办法。退一步说，就是失手，我也不会连累你们。"

操明见海伦发急，他笑着劝慰她："海伦，你不要误会。行刺汉奸这是大事，何况对手十分狡诈，必须使他们不起疑，接近后才会相信你，让你找到可乘之机，从容下手，飘然离去。这些环节难度都很大,越考虑周全越好!"

海伦还未答话,毅敏抢过话头说:"操明,这事单靠海伦是不行的,应该咱俩一起去。从个性来说,她活泼,我沉静;有时她兴奋激动,我会设法弥缝,何况……"说到这儿,她脸忽然红了起来,有点娇羞说:"我们可以分别找到一个人设法迷住他,分散他们的注意力,就容易下手了!"

操明沉思了一会,说:"这个设想不错,我们再研究一下……"

## 初与魔鬼周旋

周佛海由李士群陪着,在傍晚华灯初上之际,悄悄乘车来到福煦路秘密俱乐部。

在车上,周佛海问:"士群,你在俱乐部里准备了什么东西,让我们快活地度良宵?"

李士群当然明白这个老色鬼的意思,含而不露地回答:"我知道佛公是舞场健将,特别物色了几个年轻漂亮的伴舞女郎。佛公可以跳个够,玩累了,楼上有精致的小房间,可以带舞伴在里面随意休息。怎么样?"

周佛海面现微笑,但随即表情又严肃起来:"士群,现在有些姑娘并不保险,前段时间那个小妞儿郑苹如不是很漂亮吗?默邨差点送了命。你对这几个姑娘审查过没有?"

李士群哈哈一笑:"佛公,我不是默邨,只顾吃河豚不要性命。这些人我选进来时,一是通过熟人介绍,二是调查过她们的家庭成员都和重庆没有关系。再说,进入俱乐部的每个姑娘,要严密搜查，连她们的手提包也翻个遍，除了衣服，连把小刀也带不进。佛公放心吧！"

周佛海这才拍拍李士群的肩膀，说："我们细心一点好。不然，弄出点事来名声不好，反对我们的人会说闲话，那样对'和平运动'有负面影响，你说是吗？"

李士群嘴里连声答应："佛公所虑甚是。"心里却暗暗骂道："这个老狐狸，要玩女人却又怕死，还要装出一副一本正经的样子。真是既当婊子又要立牌坊。"

转瞬到了福煦路那幢洋房，周佛海一看十分满意，两人在楼上一个房间休息片刻。周佛海已经有点急不可待，催促李士群下楼去舞厅跳舞，嘴里却说："我们还要回愚园路去，玩一会儿就走吧，反正日子长着呢！"

两人走进舞厅，看见有几个姑娘坐在一张台子旁，有说有笑地吃着点心和咖啡。周佛海和李士群走过去，向几个姑娘点头示意，算是打招呼。那个年轻一点的，看去不过十八九岁，最多二十岁，她生得面孔圆圆的，大大的眼睛，白白的脸，一束乌发缚住披在右肩上；她身体轻盈，前胸丰满。周佛海看得有点心神不定，为了不失身份，他勉强压住欲火，矜持地问："小妹妹，贵姓？"

那女孩子似乎有点自来熟，笑笑说："叫我海伦好了，是表哥介绍我到这儿来玩的。他说这儿是个高档俱乐部，来的都是有名望的绅士、名人。我还不完全相信呢，可是今天看到周先生也来了，才知所言不虚！"

周佛海一惊，这姑娘怎么知道我姓周？但他毕竟老练，微笑说:"海伦小姐,你怎么知道我姓周?"

海伦带着天真憨态,顽皮地说:"你想知道这个秘密?我能推断出你是大人物。李先生我认识,他可算是大人物。可是他见了你却那么恭敬,当然你比他还大,我想除了周先生还有谁?"

周佛海不禁赞了一句:"好个可爱姑娘,心细如发,聪明漂亮。"

海伦为一下子就把周佛海这条大鱼钓上而高兴,恨不得立刻用枪打死他。但是,她清楚地感觉出这人是十分狡猾的,何况自己现在手无寸铁,就是有枪也未必对付得了。自己一暴露,死不算什么,但是以后就难混进人来了。

海伦正在胡思乱想,却听得留声机播放起舞曲。周佛海趁灯光转暗,欠身伸手搂着海伦的腰,她不敢怠慢,随着音乐走进舞池翩翩起舞。海伦发现周佛海舞跳得并不太好,常踩不准拍子,踏了她的脚,使她痛得蹙眉。周佛海并无歉意,反而把海伦用力搂在怀里,他的前胸几乎紧紧压住她的乳房,弄得她无法透气。她明白这家伙是个老色鬼,跳舞不过是他借以玩弄女性的手段。她有点疑惑,这个风月场中老手,舞怎么会跳得这样蹩脚?他分明有意借此来满足"一亲芳泽"的邪念。她不由怒火中烧,故意不按音乐节奏,舞步凌乱,也重重地踏了他一脚。周佛海猝不及防,痛得咬牙皱眉,手松了松,恰好音乐停了。两人回到座位上,海伦故作力气不济的样子说:"周先生,我的舞跳得不好,让你也跟着吃力。我跳不动了,休息一会吧!"

借着灯光,周佛海望着粉面微红、眼中含着一种醉人魅力的海伦,真可说是娇羞万状,他几乎无法按捺自己的冲动,真想一把抱起她,走向二楼房间,放到床上享受个够。周佛海竭力抑制下来,他清楚这种女孩子并非妓女、舞女,如要逞蛮施暴,即使占有了她,她万一不愿,传出去以后自己要受到上海人的唾骂,恐怕日本主子也会不满:汉奸加上强奸,这难免不使"和平运动"遭受一些挫折。他做出有点惶恐的样子,抱歉地说:"海伦小姐,我舞跳得不好,希望你常来玩,教教我怎么样?"

海伦当然知道这个家伙的意图,她正想着以后怎样才能常来这儿呢。她明白这些处在民众包围中的汉奸心虚多疑,特别在郑苹如案以后,他们对女人也加紧防备,于是就撒娇说:"周先生,这儿不容易来。我是个普通女孩子,来玩一个晚上还是由于认得这儿一位先生,常来不就更麻烦了吗?"

周佛海微微一笑:"海伦小姐,这不成问题,让李士群先生给你发张出入证,你愿意什么时候来都行。来,我给你介绍一下,李士群先生也是爱玩的朋友,我不在你找他。"

周佛海很快让长得白白胖胖、身材中等的李士群来到海伦面前,向她介绍说:"海伦小姐,李士群先生马上发给你一张特别出入证,还告诉你一个电话号码。你要来玩,只要打个电话,报出证上号码,接电话的人就会告诉你在什么地方等着,开轿车去接。不过要请你原谅,我们不希望你不打招呼就带人来,为了参加娱乐的各位人身安全,只好这样做!"

海伦再次望着眼前这个中年人,看上去好像挺斯文,难以明白他怎么会是杀人不眨眼的特务头子。如果在路上遇到,还以为他是个中学教师呢!她微微感到身体在战栗,竭力使自己镇定下来。李士群递给她一张出入证时,与她轻轻握手:"海伦小姐,欢迎你随时来，我们一齐痛痛快快地玩一个晚上，千万不要见外！"

海伦觉得李士群握住她手时，另一只手却在轻轻抚摸她的玉臂。她蓦地想到这是一个刽子手，恍惚之间就像有一只血淋淋的魔爪抓住她，她觉得有点眩晕，甚至想呕吐。李士群觉得海伦的脸色不大好看，关心地问："海伦小姐，你大概身体有点不舒服，要不要到楼上房间去休息一会儿？"

海伦知道，楼上房间是这些家伙把女人弄去供他们泄欲的地方，上去休息岂不是羊入虎口！她强忍怒火，蹙着双眉说："李先生，谢谢你。我只是有点头晕，出去透透风就好了。我告辞先走了，这里玩得真有趣，下次一定会再来的！"

李士群看她那愁眉和倦容，觉得另有一种妩媚感。他几乎快按捺不住，恨不得一把将她拉上二楼，尽情享受一番。可是他还是抑制住自己，微笑地对她说："这样吧，我派汽车送你回去，租界晚上不太平！"

海伦本想推辞，但一转念：这样他会起疑，而且夜晚马路上的坏人很多，就同意送我到"大世界"后面八仙桥，自己穿弄堂回家。于是，她装作难为情的样子说："真是对不起，麻烦了李先生。不过我家住的弄堂很狭小，你叫车送我到八仙桥就可以了！"

李士群陪海伦到门口，叫来他的汽车司机说："你送海伦小姐回去，听她指点停车，知道吗？"海伦看到李士群飞快地向司机使了一个眼色。司机会意点头请海伦上车，由福煦路转入爱多亚路（今延安东路）疾驶。海伦明白这司机也是特务，自然会盯住她的住处。她心里想：这下你可白费心思了，我穿过一户人家后门从前面走出，你能知道我住在什么地方？

## 汉奸顿生心病

这天操明来找海伦，说："我介绍你认识一位朋友，她可是一位女诗人。她很想见你，说有事要和你谈。"

海伦有点诧异："女诗人找我做什么？我连作文都没得过七十以上的分数，可高攀不上什么女诗人。我一看到酸溜溜咬文嚼字的人，就有气！"

操明摇摇头说："你这小丫头，我还没有讲清楚，你就夹枪带棒打过来，让人没法张嘴。你等我说完行不行？"

海伦觉得自己刚才说话有些冒失，脸上微微羞红，娇嗔地说："你这人说话像温吞水一样，我是个急性子，这你总知道。你快说吧！"

操明看着海伦的脸，才继续说："她叫曹露，不过这也不一定是她的真名，她想通过你设法见一下李士群……"

海伦不等操明说完，就打断话头："你清楚，我到福煦路秘密俱乐部去是干什么的！如果她要认识李士群，让她直接去找，不然将来她要受我的连累。"

操明觉得对这位急脾气小姐话太简单难说清楚，于是他改换了话头说："你知道李士群过去是干什么的？"

海伦撇了撇嘴："这很简单，他过去是中统特务，现在是大汉奸汪精卫手下的特务头子！"

操明一笑，摇摇头说："我告诉你吧。李士群曾被送到苏联莫斯科中山大学去学习，做过共产党的地下工作者，你知道吗？"

海伦大吃一惊,但看操明一本正经的样子,知道不假,她怔怔地讲不出一句话来,好半天才平静地说:"一个人会变,并不稀奇。就说大汉奸汪精卫吧,辛亥革命前是谋刺摄政王的英雄,曾慷慨高歌:'引刀成一快,不负少年头。'现在呢,不说了。不过,她为何要通过我去见李士群呢?"

操明说:"这点我解释一下。李士群当年被逮捕叛变以后,中统对他审查后认为:他虽是留苏学生,但与之来往者中未发现有重要共产党人。于是,由徐恩曾下令,让他担任留苏学生招待所副主任和留苏同学会干事,然而规定他未经允许不能离开南京,把他变相圈禁起来。直到抗战爆发时,他和一个女佣(实际是日本女特务)打得火热,逃到香港,投靠了日本特务机关。所以,他对中统、军统的人恨得要命,捉住不降就杀掉。然而,他对共产党却十分惧怕。曹露想找李士群,就是利用她当年曾与之认识并在党的外围一起工作过的关系,要他和党的地下工作人员达到默契,尽可能提供情报。这事不能到特务机关去谈,只有通过你进入福煦路秘密俱乐部单独会面才能谈。不过你放心,曹露有办法不露出是通过你的关系,免得李士群起疑,因为我们的目标是周佛海。"

海伦听操明讲了原委,好半天不作声。她带点怀疑的神情问:"操明,李士群这老特务鬼得很,我领曹小姐去福煦路秘密俱乐部和他见面,他怎能不怀疑我呢?"

操明微笑着说:"你放心,周佛海和李士群不是说要请几位高层次的小姐去福煦路秘密俱乐部玩吗?我们打听到,周佛海和李士群又要在福煦路秘密俱乐部与汪精卫的后台、日本梅机关的犬养健面谈。犬养不会讲中国话,周佛海虽日语流利,但他觉得自己现在是汪精卫的"和平运动"第二号人物，李士群比他地位低，他不会为之充当翻译。曹露精通日文，能说能写，对日本文化也有研究，现正在一个日资印刷公司当职员，她谈吐文雅、举止大方，肯定会受欢迎。你在介绍时，就说是小姊妹的邻居，他们得知曹露是日本企业的职员就会放心，再看她雍容华贵，人又漂亮，保证不找茬!"

海伦不放心，她追问操明:"既然李士群和她早就认识，她为什么不去直接找上门，偏要兜个圈子通过我到福煦路秘密俱乐部去找他呢?"

操明不禁皱起眉头说:"你这人看上去很聪明，其实很笨。李士群与中统、军统的情况，我不是告诉你了? 他恨之入骨，必欲去之而后快。但对于自己和共产党的那点瓜葛讳莫如深，而了解这事的人不多，他不愿意让日本人知道，也最怕与过去在地下工作中曾联系或认识的人见面。曹露此时直接找李士群是不易见到的，但她必须和李士群接头，他越怕就越要触动这根神经!"

海伦似乎被说服了，但还不太情愿，撅着嘴说:"好吧，那我怎样告诉李士群呢?"

操明说:"这个星期六，你不是要到福煦路秘密俱乐部去吗? 听说那个犬养健也要去，你就对李士群说日资印刷公司曹小姐想来玩。对她的介绍不要说得太多，就按照我刚才那样介绍。不过，不能说她要去见李士群，只提是去跳舞!"

犬养健是个神秘人物。汪精卫的"和平运动"和筹建伪政府，都是他和日本军部影佐祯昭两人阴谋策划的。他是日本前首相犬养毅的儿子，而犬养毅被日本极右翼分子在暴动中刺死，所以他对军部的右翼有刻骨仇恨。他靠着与执政的首相近卫文麿的世交关系，能参加商议机密大事。因此,汪精卫以下的周佛海、丁默邨、李士群都想法与他接近,以便取得日本政界的支持。周佛海因为日语十分流利,能和犬养健直接交谈,所以两人的关系密切一些,并多次一起在福煦路秘密俱乐部寻欢作乐。犬养健也风流成性,常出入花街柳巷,还和仙乐斯舞厅的一个红舞星关系暧昧。周佛海邀犬养健到此处,他十分高兴,几乎有空必去。因此周佛海、李士群和犬养健的勾搭更加方便,到了无话不谈的地步。

这天晚上,李士群接到海伦打给他的电话,说有个漂亮善舞又通日语的曹小姐想来。他正中下怀,只问了问曹小姐的年龄、职业,觉得在日本企业干事的中国女人总比较可靠,就一口答应,要海伦晚上带她到秘密俱乐部来。

当操明把曹露介绍给海伦时,她很快就觉得这个女人容易接近,虽不打扮却素雅动人,举止也极有分寸,看得出是个大家闺秀。曹露和海伦按照李士群指定的地点,等候汽车来接,此刻她用轻松却带点严肃的语气对海伦说:"海伦小姐,你只说我不喜欢到舞厅与那些妖里妖气的舞女为伍,但高级的派对都想参加。这样,他们就不会疑心你和我有关系了。"

李士群看到曹露,微微一怔:这个女人似乎以前见到过。他一闪念,想起当年做地下工作的时候,一个区委的交通员小胡和她长得相似,但他又立刻否定:小胡怎么会到日本人开的公司去工作,大概是容貌相似而已。曹露并不紧张,只是很安详地坐在小台子边上啜着咖啡,听着海伦和李士群谈话,一句也不插嘴。李士群和那些妖冶的舞女混惯了,见了女人,总是有"这女的长得不错,跳好舞弄去玩玩"的肮脏念头。然而,他邀曹露起舞时,却觉得似面对冰霜，并没有感到女人在自己怀抱里的温柔。曹露面上带着一种矜持的微笑，随着舞乐的高低和节奏慢慢转身，李士群一下记起……

那是在李士群被中统逮捕以后，关在国民党上海市党部秘密看守所里的事。他挨了一顿吊打，浑身是伤，躺在一间用汽车棚改成的临时牢房中，忽然看守悄悄说："姓李的，你的表妹来了。告诉你，关在这儿的犯人是不准探望的，看来你表妹路道蛮粗，居然破例让她进来。不过只准谈五分钟，有什么话快讲，但不准泄漏这里的事，否则小命就要报销啦！"

当时，李士群有点糊涂了，自己在上海无亲无故，从哪儿冒出来个表妹？但他立刻醒悟，这是地下党派来的人，顿时手足无措。刚才，他曾在老虎凳上狂喊："放下来，我说，我把知道的全告诉你！"他叹了口气，对看守说："谢谢你，我知道规矩，让我们表兄妹见一面吧。我忘不了你的好心！"他心里却想：你们早点派人来，我就不会招供了。罢了，我不会出卖在难中来探望的人。"

"表妹"是个二十来岁的年轻姑娘，她一见李士群就抓住他的手，带点呜咽的声音说："表哥，你受苦了。不要着急，舅舅在想念你，会设法保释你，千万别胡思乱想，安心等待！"

李士群见"表妹"虽然伤心，却显出十分镇定的样子，知道这是组织派人来送信，他不禁悔恨交加，心想：你来迟了！于是，他也装出伤心的样子，紧紧抓住"表妹"的手臂说："我对不起舅舅，让他老人家伤心。你回去告诉舅舅，把我忘了吧！我不值得舅舅关心！"

"表妹"身体微微一抖，脸色顿变，但很快就镇定下来，她极力用关心的口吻说:"不要自暴自弃,舅舅对自己的小辈总是不会忘记的。不然,舅舅会恨你的!"

李士群感到"表妹"眼中闪着威严的光芒,他明白这是暗示自己如果叛变将带来严重后果。他心里揪紧了,但事已至此,也无法回答,因为自己的命运掌握在别人手里,只好装糊涂,佯作不解低下了头。

"表妹"临走时说:"恐怕没空再来看你,将来你出去后,可以通过吴媚小姐来找我。"

李士群等"表妹"走后,才想起她说的吴媚是谁、住在哪儿,自己都忘了问。但转念一想:算了,将来自己落在何方,"中"字号的朋友怎样处置我,一切都是未知数,以后不会再遇到"表妹"了!

此刻,李士群暗暗自问:这不是到监狱里探望过我的"表妹"吗?他神经立刻紧张起来,把手伸到裤袋去摸手枪。这些曹露都看在眼里,她毫不惊慌,微笑地望着李士群说:"李先生,有位小姐打听过你,她还记得你!"

"谁?"

"我的一位小姊妹,她叫吴媚,你还有印象吗?"

李士群这时镇定下来:你居然敢钻到我的秘密俱乐部来,真是飞蛾投火,自取灭亡。他哈哈一笑说:"这大概是'表妹'给我介绍的女朋友,怎么不记得!曹小姐和她很熟吧,她如今在哪儿?"

曹露面不改色:"吴媚小姐不愿讲出她的住处,因为她在做生意,这生意有点冒险,就是从大后方运点物资到上海,然后从上海弄点洋货回去。不过,现在上海东洋货很多,弄点东洋货也好!"

李士群这时已明白,"吴媚"是曹露另一个名字。突然,他看见犬养健走过来,就摇手向曹露示意,然后冷冷地说:"好吧,下次你要来不必找海伦小姐,我告诉你一个电话号码。你打电话给我只说是曹小姐就可以,我会派车去接。顺便问一句,你和海伦小姐怎么认识的?"

曹露看到李士群眼中露出一种阴森的冷光,知道这个叛徒和特务头子想对她和海伦下毒手。她愤恨极了,但觉得不能让这个姑娘和自己一同遭殃,正踌躇间,看见犬养健逐渐走近,就悄悄在李士群的耳边低声说:"告诉你,我能和日本人直接对话。日本人还不知道你这些事,我现在就向犬养先生介绍一下如何?何况我还是你请来的!"

李士群一下子气馁,他乖乖地说:"好吧,下个星期五晚上我派车来接,你准时在'大世界'后面一条马路口等候。开车的问是不是曹小姐,你不必回答,只需点点头,他就会打开车门。"

曹露点点头:"好吧,不过犬养健这人鬼得很,见我们在这儿私语,我马上离开必然起疑。你很清楚,犬养健在你们的活动中起什么作用。你还是介绍我和他聊几句吧!"

李士群想,犬养健走过来,自己却匆忙和曹露分手,万一她不走,找个机会与之跳舞,那就更加麻烦。他回想自己的安排,不怕曹露玩什么花样,于是爽快地说:"好吧,彼此君子协定,互不侵犯。我约你和犬养健在那边谈。只要不坏我事,就保证你和海伦小姐的安全。你以后愿意来此玩也行,小忙我一定帮,大忙我帮不了!"说到此,他向犬养健招手:"犬养先生,这边来坐坐,这是我的表妹曹小姐,在日本企业做事,她的日语讲得蛮好,你们可以谈谈。"

犬养健是在日本特务机关工作一二十年的"外交情报官",自然对汪精卫手下的干将有所了解。他知道李士群在上海的亲戚大半都是帮会中人,很少外出工作,有些则是白相人,怎么会有这样一个举止斯文、相貌端庄的表妹?他心里动了一下,和曹露握手时用日语说:"曹小姐,没听李先生讲过有你这样一位漂亮的表妹,今日一见,三生有幸!"

曹露见李士群有点紧张地注视她,装作没看见,微笑地回答:"我一向在南京中央大学念书,事变后才到上海来。我曾在外文系学习,会说几句蹩脚的日语,见笑了!"

犬养健并不放松试探李士群介绍的这个女人路数,他用赞美的口吻说:"曹小姐,您的日语讲得流利极了,而且是一口标准的东京音。您到敝国留过学吗?"

曹露知道犬养健在摸她的底,佯作不理解,回答说:"我没有机会到贵国留学,不过我在日资印刷公司供职,帮助中村美子女士编杂志。中村女士您知道,她可是贵国早年第一流的女作家。这份刊物是办给妇女看的,叫《东亚妇女》,它的中文版就由中村美子女士主编,我具体负责编辑工作。因而我和军中报道部、领事馆的几位先生都熟。你也在领事馆工作吗?我以前没遇到你,恕我眼拙!"

犬养健微露窘态,他知道梅机关的人和领事馆情报部门的人不大合得来,但又不便说出自己的实际工作,只得支吾其词:"我刚从本土来上海不久,中村美子女士是我们日本前辈女作家,应该是我的尊长了。您和她同事,一定文采斐然,将来要向您请教的。"

曹露故作热忱的样子说："犬养先生，我久仰大名，你出自名门，宰相世家，将来要麻烦您的事一定有。我和表哥在过去读书时是很接近的，所以才来这儿玩。以后你如果要找我，除了去那个杂志社，告诉我表哥也可以，他会很快通知我的。"

李士群的怒气顿时升腾，脸涨得通红，暗暗骂道："好个女共党，这手真毒辣。要老子死心塌地为你们效劳，没门！"然而，他又不能发作出来，只好点头微笑说："是的，表妹精通日文，又写得一手好文章，我将来少不了要请她帮忙！"

犬养健和曹露谈了一会，未发现这女人有什么问题，然而他总不太放心：这样一位女士和那几个舞伴相比，无论气质、举止都不同，既不像一般爱凑热闹的小家碧玉，也不同于那种显得矜持的大家闺秀，她老练而不故作豁达。这是个什么样的人呢？李士群怎么会有这样的表妹呢？这在犬养健心里形成一个疑问，但他并未有任何异样神色，反而热烈地握着曹露的手说："认识您很高兴。我想，您会帮李先生更好地完成工作。希望您常来这儿，我好随时请教。我还有点事，先告辞了！"

犬养健走后不久，海伦过来找曹露，说："曹小姐，我要走了，你走不走？我有点不舒服，好像例假来了，最好你陪着我。"

曹露会意，挽起海伦向李士群告辞。李士群在这一瞬间打好主意，他先向海伦看了看，说："海伦小姐，你脸色不大好，身体不舒服吧？那就请曹小姐陪你回去。你先走一步，车子就在庭院门口。我和曹小姐有点小事谈，请你在车内稍坐等一等她。"

李士群看海伦有点怏怏不乐地走出去，他并不介意，转过身来对曹露说："下星期三傍晚，我用车接你到家里去谈。记住，车停在老地方，不过不要把这个女孩子带来！"

## 有了行动方案

操明、海伦和毅敏在那幢石库门的后厢房里，商量以后如何在福煦路秘密俱乐部动手。海伦有点犹豫不决，她说："我觉得你介绍的曹小姐和李士群谈过以后，似乎再也不去那里了。但我觉察出，李士群好像有点畏惧她，而且他们之间还有往来。这到底是怎么一回事？"

操明并不回答海伦的问题，却问她："最近，李士群对你态度怎样？"

海伦立刻现出一种焦急的神情说："李士群从和曹小姐见面后，似乎对我有点疏远，不像从前那样一再要我伴舞，只是对我偶尔敷衍一下；他也没有以前那样喜欢讲话，更不把我搂得很紧，除了寒暄两句，并无太多交流。而且，我发觉送我回家的汽车后面，还有摩托车跟踪，这些说明李士群对我有怀疑。我看，这与我带曹露去福煦路秘密俱乐部有关，要快点想出对策！"

操明沉思了一会说："曹露和我碰过头，她对我说李士群答应不会为难你。不过，这种特务头子的许诺，我们不能完全相信。我想，我们的目标是周佛海，暂且不要顾及李士群。你要争取尽量接近周佛海，铲除这个大汉奸就可以了。现在研究下来，你不太会用枪，这种场合如不一颗子弹致他死命，就完全脱不了身！"

海伦却微微一笑："我怕死就不会去闯虎穴，而且我也不打算用枪狙击。上次苹如姐用了两个好枪手，也没有打死丁默邨，这批家伙鬼得很。我不能用这种方法,要让周佛海不知不觉去天国。"

操明愕然,不知这小妮子葫芦里卖的什么药,就问:"小丫头,你有什么点子,快点讲。我们一起研究一下。"

海伦微笑不语。毅敏催促她:"小丫头,你卖什么关子,快说!"

海伦这才慢吞吞地说:"这事要毅敏姐与我配合,她去了一次就偃旗息鼓了。我干这事,难以一个人对付两个男人,何况他们又是诡计多端的老特务。但毅敏出于对这些家伙的厌恶,无论如何不肯再去秘密俱乐部。我如果专注于周佛海,李士群在旁边冷眼旁观,就难以做什么手脚了!"

毅敏满脸通红,抢着说:"海伦,你说得不对。这批人都不是好东西,我们毕竟是弱女子,如果目的没达到,反而让他们先占了便宜,被这批禽兽玷污,怎么办?"

海伦哈哈一笑:"毅敏,你真是洁身自好。如果你闭门不出做个好闺女,当然没风险。不过,现在要和虎狼交锋,却不让虎狼近身,怎么能成?苹如姐是大家闺秀,她为什么会和丁默邨去借小房子,难道她下贱、放荡吗?佛经上说:如来曾以身上的肉饲虎,代众生受苦。对于舍身除奸,我是看得透的;但这事不能相强,大不了我舍身去魔窟,总是为国牺牲吧!"

毅敏被激怒了,她说话有点舌头不听使唤:"海伦,你看不起人!我想做高贵的小姐,就不会参加这次行动了。你说吧,我能干什么?"

海伦见毅敏有点发急,忙笑着安慰她:"毅敏,你不要急。我的想法是两人分工,找个机会你缠住李士群,我就可以设法对付周佛海了。你能办到吗？"

毅敏听了"缠住"二字，想到李士群会对她干出难以启齿的事，她脸更红了，娇羞万状。操明知道她在思想斗争，于是说："毅敏，你考虑一下，这次不仅要忍耐一些，还不能显得你是有意缠住他，而是要让他缠住你不放。这就要你用一些女性魅力使他无法分神再管别的，而专注于你。当然这样做，可能会受到一些难以接受的羞辱，甚至会丢掉性命。"

毅敏脸上的潮红逐渐消散，她的嘴唇在抖动，半响才决然地说："我懂了，你们不用再说。不过，我还想问问海伦，你怎样对付周佛海这个老色鬼呢？"

海伦抿嘴一笑："毅敏，我的武器很简单，喏！"这个姑娘边说边从口袋中掏出一方手帕，那是平常妇女用的带点香水味道的小花绢头，她抓住其一角向毅敏和操明一抖："我让他在香风习习中进入地狱！"

毅敏和操明不再问，他们觉得海伦胆大心细，临危不惧，总是很有把握。于是，商量了一下分别从福煦路秘密俱乐部撤出的办法。

操明和她们分手时说："曹露和李士群谈判是件大事。李士群也感到十分棘手，他不会再有精力对付海伦。那跟踪我想只是察看海伦与曹露有没有来往，如果发现你们并没有什么联系，也许就停止盯梢了！"

## 特别的正面交锋

正当海伦她们在密商大计的时候，曹露也和李士群开始了正面交锋。

在沪西的一条弄堂里，都是三层楼的洋房，它们都有围墙和十来平方米的庭院；而且，还有前、后房之分，可以说是中西合璧式建筑。这儿原是中国银行为高级职员建造的房子，但盖成不久抗战爆发，因为李士群控制的特务机关（不久成为汪伪特工总部）就在附近极司菲尔路76号（今万航渡路435号），许多住户怕与被简称"七十六号"的魔窟为邻，纷纷迁出。这弄堂就为"七十六号"所占据，他们封死另一头出口，在第一幢房子埋伏枪手作为暗哨；弄底一幢装修较为漂亮的洋房就是李士群住处，楼下庭院盖了一间小瓦房，里面又安置了一个枪手，他兼做司阍，所住房间有电铃连线楼上李士群卧室。因而有人进入此处，李士群会立即戒备。

曹露被李士群请到家中进行第一次谈话。

两人似乎并无什么客套，李士群用平静的语调开了头："我也是过来人，干你们这行的姓什么没有一定，我就称你曹女士吧。假如我没有记错，您就是当年到看守所来探望我的'表妹'，真是久违了。别人说我李士群杀人成性，翻脸无情。反正到今天，汉奸、特务我全包了。你今天来见我，总不是叙故旧之情，我们开门见山谈吧！"

曹露微笑了一下："李先生，你既然这样说，我也不兜圈子。我们对你的所作所为作了研究，今天并不是来和你算旧账。我们发现你对共产党的仇视，似乎不如对军统、中统的怨恨。因而，觉得还可以和你接触一下。"

李士群心里有点紧张：这女人真厉害，一下看出自己的心事。但他表面上还装作不在意："你们早把我列入叛徒名单了。说共产党不想干掉我，怎么能相信？我手上也有共产党人的血。其实，我不管什么国民党、共产党，我是靠东洋势力撑场面的，谁和我作对，就送他到西方极乐世界去！"

听了李士群如此无耻的自白，曹露的愤恨达到极点，但她清楚现在不是和这个汉奸、特务、叛徒算账的时候，而且应该利用他和日本特务的密切关系搞到情报。想到此，她极力按下怒火，摇摇头笑了一笑："李先生，我真的不是来和你算账，过去的事今天不谈，那已是历史。但我想说明一点，共产党对人是宽厚的，就在你受到中统猜疑被监管时，我们并未趁机除掉你。逼你走上这条路的还是国民党，还是你参加过的中统。举个例子，丁默邨对你如何，他背后做了什么手脚，你很清楚。他搞你的一张王牌，就是对周佛海说你是'余情未绝，容共而灭（国民）党'！"

李士群哈哈大笑说："周佛海能对我怎样？说是共产党，他的牌子比我老。不错，我是'余情未绝'，共产党没有要我的命，可我活下来并不打算窝窝囊囊过一辈子。中统这批狗娘养的，太贪得无厌，什么都要！我老婆去送钱送东西，那个徐恩曾竟无耻地要和她睡觉。结果呢，我还是被圈禁在南京。我知道投靠日本人会被千万人指着脊梁骂，但顾不得这么多了。周佛海逃到上海手无寸铁，不是我李士群保护，他早就成了重庆刺客的刀下鬼。丁默邨这小子我迟早要收拾他。唉，我说这些干啥？曹小姐，我对你说过，可以帮点小忙，但有话在先，要拉着共同抗日可不干。那样我会整个完蛋，恐怕你们也不会有多大好处！"

曹露看出，李士群虽与中统、军统有深仇，但要说服他抗日是不可能的，然而，通过他了解一些汪伪的情报和日本侵华军队的情况，还是办得到的。她想起来此谈判前，"小开"（即潘汉年）给她的指示："你要抓住这个家伙虚怯彷徨的心理。他叛离中统，而且又杀了军统在上海的许多人，蒋介石和戴笠是不会饶过他的。他也清楚投靠日本人并非长久之计，曾说过'搞它几十万就洗手不干'。但日本人决不允许他打这如意算盘。怎么逃？逃到哪里去？他现在心中十分茫然。我们要针对他的心事，提出不咎以往，也不要求有所行动，只要在物资方面帮我们一下，有些军事行动先通风报信，就算他有立功表现，将来可以在必要的情况下保全他身家性命。"曹露思忖一下，就不慌不忙对李士群说："李先生，我们当然希望你帮忙，但也会为你将来的退路设想。否则天下虽大，你也难有容身之处。只要你够朋友，共产党是念情的，这点我可以保证。如果你不信，我还可以约我们的负责人面谈。将来我们不会忘记你的立功表现，这点你自己考虑一下。"

这几句话触动李士群的心事，不过正如曹露猜中的那样，他觉得单凭曹露的承诺，心里还不踏实。因此，他直白地说："曹小姐，你既然如此为我将来考虑，感激不尽。不过，关于我和贵方合作，说句让你动气的话，你一人作不了主。我希望和贵方负责人见一次面。"他看曹露脸上掠过一丝怀疑神情，马上悟出她不相信自己，又说："这样吧，如果贵方同意会面，由你们决定地点，届时通知接头的地点，我保证'单刀赴会'，如何？"

曹露觉得李士群这样迁就，其实是为自己将来的退路打算，于是也就爽快地回答："好吧，就这样定。我通知时电话就打到你家中，请告知你家中的电话号码吧！"

曹露正准备离开，李士群忽然想起一件事，忙对她说："请等一下，我想问，你和那位海伦小姐交情深不深？"

曹露见他脸上表情严肃，猜想是海伦出了什么事，不禁为她担心。海伦并非地下组织的成员，只是自己的表弟操明说她想刺杀大汉奸。操明似乎是一个锄奸团的成员，他属谁领导暂时还未搞清楚。那两个女孩子凭着一股爱国热情深入虎穴，勇气是可嘉的。但曹露请示过，组织上不赞成这种暗杀行动，因为杀掉一个大汉奸，并不能阻止敌伪的行动，反而会招来疯狂的报复，连累许多平民，曹露通过他们进入福煦路秘密俱乐部后，不能参与行动。所以，曹露和李士群在俱乐部碰头以后，掌握了这个特务头子行踪，就不再和海伦来往，以免暗杀行动发生后，影响完成组织交给她的任务，陷入被动。现在，李士群向她探问海伦，使她立刻意识到：是不是其暗杀行动已被察觉？这事发生得有点突然，她思想上没有准备，略作沉吟后，说："我和她不太熟，是经过别人介绍认识的，她说能带我到俱乐部参加你们的舞会。我正想找个机会和李先生碰头，才请她带我到俱乐部。最近我已不去俱乐部，有一段时间没见到她了。你问这个干什么？"

李士群看了曹露一眼说："我们已查明，海伦和上次谋杀丁默邨的郑苹如都是中统指挥的暗杀小组成员，而且觉察这个姑娘选择的目标是周佛海。周佛海是条老狐狸，他嗅出这种味道，要我把她弄到特务机关玩弄后干掉。这事我没答应，动手杀人要我做，他却装作十分清高。我说这个姑娘既然找周先生，还是您自己解决吧，不必弄到极司菲尔路76号去了。我估计周佛海只好自己动手了。我劝你，如果她那边的人找你，千万不要管闲事！"

曹露感到心中一阵酸楚，这姑娘除奸，其志可嘉，但她还不了解中统这个特务组织的过去。这伙人在抗战前残害民众，多少忠贞志士死在他们手里；现在，又要一些妙龄少女用色相来诱惑汉奸，她们不但受到摧残，而且还送掉性命。她们不知道，那些摧残并断送自己性命的人，过去也是中统或军统成员，不过现在投入了日本人的怀抱。汪精卫不也曾是国民党第二号人物吗！他们还梦想像二十年前一样，再来一次蒋、汪合作，携手重温旧梦呢。只可惜了不少美艳如花的姑娘，平白无故地血染黄沙……曹露想到此，极力按捺悲愤的心情说："那姑娘年幼单纯，何必一定要斩尽杀绝呢？"

李士群却冷冷地说："曹小姐，这事既然牵涉不到你，就算了！干我们这行的，没有什么怜悯可言！"

曹露觉得事已至此，再多说也是与虎谋皮，但她还存一点希望："李先生，能不能叫她这几天不去俱乐部，放她一条生路！"

李士群哈哈一笑说："曹小姐，你是搞政治的，怎么会有这样的妇人之仁呢！老实告诉你，我们谈话之时，那位可爱的海伦小姐也许已不在人间，成为仙女了！"

### 未除奸反被奸贼害

其实侦查海伦底细的，并不是周佛海。周佛海这个老色鬼也是老特务，他的嗅觉很灵敏。从海伦进入福煦路秘密俱乐部，他和她接触交谈后，发现这个姑娘并不简单，虽然举止大方，但和她对舞或在台子边啜咖啡谈天，总觉得有那么一种若即若离的神情，似乎带着敷衍勉强的味道。周佛海认为，一般中上人家的女儿是不会应邀到这种俱乐部当伴舞女郎的，而只贪图玩乐、趋炎附势的交际花则无论如何做作总有一种淫荡风骚之气。海伦与这两种人都不同。在上海市民将他们这些"和运新贵"视为异类的时候，除了那些出卖肉体和灵魂的女人，良家妇女对其可说是避之唯恐不及，哪会兴致勃勃应邀到秘密俱乐部来跳舞呢？于是，他吩咐李士群查清海伦的底细。李士群派车接送，海伦下车都钻了弄堂，跟踪的人七拐八拐就看不见她的踪影。李士群自然十分犯疑，命令手下特务在海伦下车处附近放上暗哨，看这个女孩子从哪儿出来，在什么地方居住，和她一同住在房子里或常往来的还有谁，但不要惊动她，更不能让她发觉。

海伦毕竟是个年轻的女孩子，只知道摆脱送她的人的跟踪，却不知道连续盯梢的方法。那天晚上，她下了汽车从一个弄堂穿过去，看着车子掉头离开，就认为已经甩掉了可能长的尾巴。殊不料，这次那特务一下车就把信号传给弄堂口的一个修理旧鞋的人，这人是个暗哨，马上再把信号传给在弄堂里收破烂的一个小贩；那小贩自然也是特务，就边吆喝边尾随海伦，直至看见她进入弄底的石库门。然后，特务迅速在这条弄堂设了一个卖小孩玩具的摊子，进行监视。这一切，在一个小时内就布置完毕，她的行踪已暴露在特务眼中，而且马上被发现他们有好几个人。

很快，李士群就知道他们在这石库门中密谋，便请示周佛海如何处理。周佛海觉得海伦和另外一个女的不过是普通队员，而那个青年男子恐怕是主使者，他要李士群找个机会秘密绑架操明，押送到特务机关。特务机关里有很多人是投汪伪的中统成员，立刻认出操明，尽管他在酷刑之下不吐一字，但这事也已昭然若揭。周佛海听到李士群的报告后，狡猾地笑了一笑："那个女孩子也除掉算了，交给你们怎么样?"

李士群却不愿周佛海把这事交给他,凭良心说,这个漂亮妞儿一直找周佛海跳舞坐台子,他曾有点嫉妒。李士群想,抓到特务机关以后,想要玩弄,她明知事败,决不肯老老实实受辱,那终究没有多大味道;最后,账却要算到他头上,有点得不偿失。他念头一转,笑着对周佛海说:"佛公,对这样漂亮的妞儿,实在不忍下手。我看这样,念她陪佛公过了几个快乐良宵,给她一个无疾而终吧!我这儿有点日本军医给的慢性药,放在啤酒或饮料里无色无味,吃下去也无异常表现,要在二十四小时以后才发作,那时她可以安然寿终正寝。您不费一点事,我们也省得负杀害少女的骂名!"

周佛海从李士群手中接过一个小瓶,打开一看,里面都是像面粉一样的白色粉末。他不由浑身发冷,没有想到李士群手里还有这种杀人不见血的毒药,心中暗忖:这个人太可怕了,如果哪天权欲膨胀,认为我是挡道者,是不是也会神不知鬼不觉使我无疾而终呢?对这个人要谨防。周佛海甚至在想,还是先要他无疾而终吧!这个念头并不是在周佛海头脑中一闪即逝。以后,据说李士群也是被类似的毒药送上了西天,这是后话了。

周佛海的想法非常复杂,他觉得李士群并不那么容易调动,似乎有时不太听话。今天想除掉个女孩子,让他弄去玩一阵子再结果性命,他却偏要我自己动手,还悲天悯人地发一些可笑的论调,屠夫觉得杀猪罪过,岂非天下奇闻?周佛海隐隐觉得李士群滑得很,不单是投靠汪精卫及其日本主子,另外似乎还在敷衍重庆那边的人。周佛海知道他是从中统叛变投日的,还知道他曾留苏和共产党有点关系,这个人目前会和共产党通声气吗?周佛海有点吃不准。

现在，除掉美女杀手只好自己动手了。于是，周佛海用开玩笑的口吻说："好吧，你都悲天悯人封刀了，我就按你的意见办吧。不过我想这个俱乐部并不保险，它在租界里，万一出点事，有点鞭长莫及。我想差不多时间就收掉吧，房子派别的用场！"

李士群想到俱乐部既然有中统杀手渗入，的确不安全，这里又不能用重兵防守，搞得警卫森严，那就关掉吧。他点点头说："佛公所言极是，我看过了这几天就打烊。这房子既然那伙人都已熟悉地理位置，我想也派不上什么用场，顶出去算了吧！"

海伦那天到石库门没有见到操明，本来她想在当晚对周佛海下手的，她想这次装得稍微放荡一点，跟他到二楼房间，再在倒茶水时下药毒死他，然后设法脱身。她准备把这想法和操明再仔细研究一下，然而找了两次都没有遇到，甚至毅敏也看不到。她想这事不会有什么问题，只需要考虑自己在事成后如何脱身得不露痕迹而已。于是，到晚上她仍等在约定的地方，汽车把她送到福煦路秘密俱乐部。

海伦在舞厅跳了几次舞，还不见周佛海到来，不禁心中有点焦急。但面上却不能显露出来，她只好装得若无其事，坐在台子边啜着咖啡。忽然传来一阵脚步声，只见周佛海一边面含微笑跟舞场里的人打招呼，一边向海伦坐的台子走来。海伦这时反而觉得心在剧烈地跳，面色泛红，因为今天要执行计划。她勉强撑住，故意向周佛海飞去一个媚眼，说："周先生，你怎么才来？我觉得你不来跳，这舞场就寂寞无聊了！"

周佛海见海伦向他频送秋波，心里也一动，不禁生了一点怜香惜玉之情，这样一个千娇百媚的少女却是杀手，不得不除掉她，似乎感到有点不忍。但他毕竟是老特务，心肠一硬，决定今天和她好好跳最后一个舞，然后送她去见上帝。他微笑着坐下说："海伦小姐，这话使我不胜荣幸，我舞跳得不好，只是逢场作戏，消遣长夜而已。来，先喝一杯咖啡，这是真正的进口货，并非上海市场上供应的代用品，有一股焦麦皮味道。"

海伦也防备周佛海，从不吃他手中端过的咖啡，这倒不是怕下毒，而是因为知道这些淫棍惯会在饮料里放麻醉剂，使女孩子昏昏沉沉，然后弄到床上，肆意进行侮辱。于是，她笑着说："周先生，我喝过两杯了，再喝下去会肚子胀得跳不动。我们先跳吧！"她打算在舞毕端饮料时，相机行事。

周佛海毕竟是老手，不再劝饮，就欠身走入舞池，搂着她的纤腰，翩翩起舞。其实在起舞时，他左手指缝里已经将那药制成的小丸夹在手中，那手很自然贴在海伦的腰边，这些她怎么会知道！

舞曲一停，周佛海用手一招，侍者端上两杯柠檬水。周佛海一手端一杯，将放药的手指缝轻轻一抖，那白色小丸落在杯中，顷刻溶化。周佛海双手各举一杯柠檬水，对海伦说："饮一杯柠檬水吧，它消食提神却不刺激神经。来，我们干一杯！"他很自然地将放药的一杯递了过去。

海伦一看是洁白的柠檬水，而且又是从侍者的盘子里同时取来，她想：好吧，先和你干杯柠檬水，等一会要你喝勾魂夺命汤了。"于是，她接过杯笑着说："恭敬不如从命，干杯！"她几口就将这杯柠檬水喝了下去。

周佛海如释重负，顷刻之间完成了杀人之举。于是，他向门口示意。那特务会意，立刻就恭恭敬敬走到他面前说："刚才愚园路那边打来电话，说汪先生有事商议，请您立刻去汪公馆！"

周佛海装出十分不耐烦的神情说："这么晚，找我做什么？唉，今天玩不尽兴了。海伦小姐失陪了，明后天再跳个尽兴。"

海伦觉得失望，今天又下不了手，但不能露出一点痕迹，只好皱眉道："真有点扫兴，我也不想再跳了。让人送我回去吧！"

周佛海不知那药的力道如何，深恐发作太快，在俱乐部中造成慌乱局面，海伦要回去，正中下怀。于是，他做出抱歉的样子，拱拱手说："实在有点简慢，我吩咐俱乐部立刻派车送海伦小姐回去。"他转身对那特务说："你去叫司机开车送海伦小姐回府。这两天租界晚上不太平，最好陪送到家，知道吗？"说完，他又使了一个眼色，那特务会意立刻应声而去。

海伦坐在车中，仍在考虑明后天如何下手，她想最好和操明再仔细商议，并决定次日去找他们。她哪知道，在汽车从福煦路驶向爱多亚路的时候，操明已在"七十六号"魔窟被杀害。

海伦还是吩咐司机在"大世界"后面的一条马路的弄堂口停车，她刚刚挥手向司机和护送的特务告别时，那特务忽然说："我差点忘记，周先生吩咐把这封信交给海伦小姐。不知怎的，在车上竟没交给您。"说着，他从车窗递出一个洁白硬纸信封交给海伦，然后挥手告别，汽车掉头驶去。

海伦感到奇怪，有什么话不好在俱乐部讲，偏偏在下车时递给我一封信？她拿着信匆忙回家打开，却从里面落下一张支票来。她拾起一看是张高额支票，另一张信纸上只写了几个大字："俱乐部即将停止，屡承光临，奉上五千块作为酬谢。这两日如有不适，请加意调摄休养。"

海伦是个聪明女子，知道"不适"两字后头的文章，顿时天旋地转昏了过去。

家人救醒海伦以后，她知道周佛海在柠檬水中下了毒，但当时没有一点感觉，那五千块是自己送命的钱。

海伦叹了一口气，她想：这毒药过了几个小时都不发作，当然是慢性的，就是到医院也查不出来。罢了，未除奸反被奸贼害！她悻然地将支票撕得粉碎，抛在地上。

在上海某医院，一个妙龄女子突然上吐下泻，医治无效，延至黄昏死去。

这件事当时并未在新闻报道中出现。过了四十多年，一个曾去福煦路秘密俱乐部的日本人在回忆录中谈起海伦，但并未讲清她的下落，只是说后来不见她来了。这个日本人以特工的敏锐感觉，说这个美貌女子定是遭了毒手。

当然，周佛海的日记中也不曾记述此事。他对此事讳莫如深，因为差点遭了暗算。

周佛海从毒死海伦这个美人杀手中得到了启发，以后汪伪政府群奸火并时，他也用这种毒药害死过对手。

# 没有硝烟的战场
——"谍海才女"在魔窟

## 接受特殊任务

曹露接到老彭的电话,心里十分不平静。按理说,在组织里老彭是她的上级,一般通过电话向她传达指示,不大和她见面。曹露虽然只见过他几次,却为他那机敏的头脑和潇洒的风度所倾倒,多次暗示了她对他的好感。老彭当然有所觉察,但尽量不使自己的情感外露。可是,一次老彭在电话里听曹露讲话鼻子有点塞,声音发沙,一问知道她怕热,开窗睡觉受寒感冒了,于是关切地说:"你要当心,晚上睡觉不要贪凉。"曹露听着老彭的嘱咐,心中涌起了涟漪,她觉得有一种来自异性的爱抚。以后,她天天盼着有老彭的电话,如果这一天等不到电话,就有一种说不出的失落感,仿佛缺了点什么。

老彭要她立刻到北四川路(今四川北路)底的公兴咖啡馆,这使曹露感到意外。他要和我谈什么?为什么约我到咖啡馆?上世纪四十年代,咖啡馆是青年男女谈情说爱的场所。曹露想,这次老彭约我到虹口这样偏僻所在的咖啡馆,恐怕不是仅仅谈任务吧!

曹露又想,公兴咖啡馆位于虹口日本人聚居之地,附近是什么"兴亚院"、"海军司令部"。那儿日本警探密布,十分不安全,老彭为什么偏偏选了这个地方呢?

曹露匆匆赶到公兴咖啡馆。这里是市区的北面边缘，加上许多日本人聚居在此，一般的中国居民很少过来，所以咖啡馆生意不太好，那个犹太老板伏在门口桌上打盹。但只要有一个顾客进门，他立刻就有了精神，会打开留声机，放声音极其嘈杂的音乐唱片，弄得店堂里说话声也听不清楚。曹露一眼看到老彭坐在最里面的一个火车座里，见她进来就招手。曹露装出和情人幽会的样子，扭着腰肢，含着微笑走了过去。两人并肩坐下，侍者送上咖啡、方糖、蛋糕就走开了。这时，那乱七八糟的唱片的音乐声大得出奇，老彭轻声讲了句什么，曹露一点也听不见。她皱着眉头说："你怎么找了这个地方来谈话！"老彭微微一笑说："此地有三个好处，一是它就在敌人鼻子底下，出乎他们的意料，反而比较安全；二是噪音大，讲话别人听不见；三是这里乃情人幽会之处，低声谈话，别人只当是谈情说爱，不会想到我们是在接头。"

曹露听到"情人幽会"几个字，顿时面颊红了，用眼睛狠狠地瞪着他，娇嗔地说："你真坏，谁和你幽会？"这样的话出自她的口中，说是责怪，毋宁说含情的少女在情人面前撒娇。

老彭不由自主地向她看了看，心中有点激动。多年的地下工作生活，使他不敢和任何一个女人谈情说爱，原因是危险性太大。曹露虽和他见过几面，他也隐隐觉出这个下级有点对自己含情脉脉，然而艰险的革命斗争使他很快定下神来，装作若无其事地说："小曹，我们谈正经事吧。请先考虑一下，这次会面，是要你到一个日本人办的《东亚妇女》杂志当编辑。这份刊物据说是日军报道部资助，由一个日本老年女作家出面负责。"

曹露一听，顿时从柔情蜜意中醒过来，她有点气愤："怎么，要我当文化汉奸，不干!"

老彭点点头说:"从表面上看,你要披上这件不光彩的外衣,而且还要求你做出点名堂来。小曹,这些事组织上研究很久,觉得只有你最合适。你是出名的女诗人,但色彩并不红,不会被人怀疑。你通晓日语,可以和日本人周旋,不过……"说到这里,老彭的表情有点感伤:"我们很可能在当前险恶环境下失去联系,也许我会被捕牺牲,那时你无法辩白清楚自己的身份。为了拯救中华民族,你可能永远蒙受不洁之名,付出的代价是巨大的。所以,我请你多加考虑,作出决定后告诉我。"

曹露说不出自己心里是苦是辣,听到老彭讲到"牺牲"两字,她感到一阵刺痛,仿佛自己即将失去一个可依靠的亲人,而自己就要陷入被诅咒的圈子里没有人同情。这哪是在接受任务,是在和自己所敬所爱的人诀别!她眼圈红了,热泪几乎要夺眶而出。

老彭看着曹露难过的样子,知道她在想这件事,一切超过了她的承受能力。他明白自己的感伤神情,使她心中难过,不免有点懊悔。他何尝不懂得曹露心中对他的恋情,他的内心对这个文静而又坚韧的姑娘也有爱慕之意。这次派她打入日本人办的杂志社,确是十分危险的,也许两个人这次分手后,会遭到不测,从此就永远见不着面。想到这儿,他强作镇静,轻声说:"小曹,这个老太婆是日本早期知名的女作家,一度倾向偏左,同情中国人当前的遭遇。因此在她那儿相对来说比较安全。她交的朋友涉及不同行业,据我们所知既有日本的左派人士,也有日本特务机关的间谍,工作条件是有利的。如果你愿意去,那局面应付起来并不轻松。这些你都要考虑在内。以后我们不见面了,你考虑三天,去与不去都打电话到联络点小潘那儿：告诉她'我要去看姑母'，或'我没有空去看姑母'。如果决定去，我就设法安排你进那个杂志社。"

和老彭分手后，曹露回到家中，一夜都没睡着觉。她的女性自尊心和伤感情绪，在心中交织着持续刺痛自己。她想，万一老彭牺牲，自己再背上一个文化汉奸的恶名，怎么能活下去！这比一个偷情被揭露的坏女人的名声还臭百倍，到杂志社自己能搞出什么名堂？

第二天，曹露的情绪仍然安定不下来，因为老彭提到要她去的原因之一，是她过去出过诗集。那诗集，她一想就脸红，它还是自己在南京读大学时创作的，写的是少女初恋，反映淡淡的粉红色恋情。她那时还不懂什么叫恋爱，只是抒发情怀而已。可老彭为什么提这本诗集呢？一想这点，她的心情又波动，但马上又释然了。这是组织决定，怎么自己把它和对老彭的"灵犀一点通"扯在一起，真是在胡思乱想，忘记了任务。

无聊之中，她拿起一本《古文观止》随意翻翻，看到了司马迁的《报任安书》。这篇古文不知读过多少遍了，过去只觉得司马迁有点窝囊，似乎默认"好死不如赖活着"。可是，她今天却触动了一下神经：两千年前那个封建文人为完成一部《史记》，忍受了宫刑，不男不女地活着，这要用多大毅力！我一个地下工作者，生活在全民抗战的年代，要是怕这怕那，就比司马迁的坚韧性格差得多了。她有点脸红，毅然冲出房间，到隔壁烟杂店打电话给小潘："我要去看姑母，请你帮忙买船票！"

### 进入杂志社

面临外滩的一幢大楼，最高一层即六楼的一处角落，有两个写字间，门上并无任何标识。推门进去，外屋两张写字台上摆满文章校样，还有横七竖八的日文书；里面一间却十分雅致，沙发、茶几和写字台上整整齐齐地放着各种姿态的日本人形（即布制木偶），使人觉出主人是酷爱这些玩具的。

曹露已经来这儿两天了，对社长兼主编中村美子还是有点摸不透。第一次会面，那日本女人穿着一身西装，十分随便地让她坐下，并用日语问："你的日语听和说都可以吧？"她看曹露点点头，接着说："《东亚妇女》杂志是借钱办的，主要谈中日两国妇女的交往；为了出刊方便，同时设立一个印刷公司，两者实为一家。我厌倦政治，只想给东方的女人讲点话，这想法早先去加拿大和第二个丈夫办报时就定了。女人不是搞政治的料！"

曹露怔怔地望着这个看上去神态疲惫的老妇人，答不出话。她从老彭那儿了解到，中村美子曾加入日本妇女社会主义者协会，研究马列主义，思想有点左倾，大整肃时受到警视厅的监管审查，在日本也是个被控制的对象。然而，日本的左派组织被破坏得太厉害，好多人都"转了向"，这个女人现在到底在想些什么呢？她考虑了一下，说："中村女士，我是给您做帮手的，按照您的意志办事！"

中村美子笑了一下，拿起写字台上的一个木偶说："我不欢迎像'人形'一样的人，外表漂亮，心中却无主见，随人摆弄。你完全可以依照自己的意思去组稿、编辑，只要顺理成章，我是照发不误的。我办刊物是讲东方女性的解放，不管他们男人卑鄙龌龊的政治风浪。"

曹露怔了一下，她马上思考这个女人是老天真呢，还是故作姿态？在日伪严密控制的上海，办刊讲妇女解放，岂非痴人说梦？八成是对我的政治倾向进行试探，不能上当。她装作不懂中村的意思，说："中村女士，您是日本明治时期的名作家。我是个年轻的女孩子，只是过去胡乱写过几首诗，从来没办过什么报纸、刊物，连起码的编辑业务也不懂。我怎么敢随便写东西呢？还是要您多多教导。"

中村美子听了这话，默不作声，望了一下曹露，顺手从写字台上拿起一支旭日牌香烟抽了起来，喷出一个个烟圈，然后轻声说："曹小姐，想要使别人能体察自己的内心，那是不容易的！"

曹露逐渐感到对中村美子有点摸不透，来杂志社的人简直是三教九流，无所不有，有穿着将校呢军装的日本高级军官，也有西装笔挺的外交官模样的人，还有大学毕业不久、刚从日本本土来到上海的男女青年。中村美子和这些人周旋似乎很有办法，都谈得兴高采烈。曹露为这些事向老彭请示过，老彭通过小潘打电话告诉她："姑妈好客，你不要任性，免得得罪人！"

曹露对那些日本军人和政客内心本能地十分反感，但他们既是"姑妈"的"客人"就不好得罪，有时也跟着一起出去，在舞厅或饭店玩玩。这些人对曹露的态度表面十分庄重，丝毫没有一点轻蔑戏弄的味道，但她总感到十分别扭，勉强把憎恶压在心里。

这天中午，曹露正在改一篇论妇女择偶心理的稿子。写这稿子的人，曹露一想就觉得恶心。这是个又黑又矮又胖的女人，鼻子又扁又平，却矫揉作态，十分庸俗不堪，不知怎么盯上了中村美子，弄些不太通顺的文章来要求发表。中村美子本想拒绝，但听说她是"宣传部"次长的情人，因此勉强接受下来，交给了曹露，用歉意的口吻说："我实在闻不惯她身上那股刺鼻的香水味，若不用这篇文章她会天天来，你尽量改用吧。不然，咱俩都要被她的香水味熏死了！"

曹露用极大的毅力，耐着性子改稿，几乎全部重写。在修改这篇蹩脚文章时，天气十分酷热，她越改越烦，索性丢下钢笔，坐在台扇前吹风。这时有人轻轻敲门，用日语说："请问，中村美子女士在吗？"

曹露回头一看，门口站着一个西装笔挺、头发光亮、举止潇洒的青年，他身上斜背着带有皮套的照相机。曹露审视一下，似乎像个大学生，就用日语回答："中村女士还没有来，请进来坐吧！"

那青年微微鞠躬，表示谢意，走进房间在一张椅子上坐下，微笑着对曹露说："如果我没有认错，您就是曹露小姐吧？我久仰您的诗名，今日得见十分荣幸。我叫佐藤右卫门，今年从帝大毕业，在上海一家洋行工作。我十分喜爱读您的诗，以后可当面请教了！"

曹露听了这番恭维，有点发窘，脸上泛红，但同时由于从事地下工作的敏感，不由对这个青年有点警惕：他怎么知道自己在大学写过诗？那本诗集只印了一千多本，何况又没有卖掉多少。中国文坛对她而言是十分生疏的，佐藤却知道得这样清楚。她听说日本情报机关收罗、调查中国文人的情况是无孔不入的，佐藤是不是此类人物呢？于是她有了戒备，用不经意的语调说："佐藤先生，您过誉了。那些东西我早忘了，想不到你还记得，惭愧，惭愧。"

佐藤笑了一下，不再回答，他谦逊地说："您正忙着编稿，我不打扰您了，就坐在这儿等一会中村女士。"

好在不久中村美子就来了，把佐藤让进里间，关上门谈了起来，但声音极小。曹露在外间一点也听不见，她索性坐下改稿。稿子改完，她正准备收拾一下东西回家，佐藤恰好告辞出来。他向曹露微笑鞠躬，说声"再见"，然后态度从容地飘然离去。

中村美子转过身，对曹露说："听说这人是个左派人物，似乎和日本地下反战活动组织有关系，在本土受到注意，所以才设法到上海来。啊，时间不早了。曹小姐你回去吧，现在的电车十分不准时，路上要花不少时间。"

曹露在拥挤的有轨电车车厢里，头脑一直在思索那个佐藤，他是个什么样的人呢，到底左、中、右？

## 奇怪的一幕

佐藤成了杂志社的常客，几乎天天都来。曹露发现他十分健谈，而且谈的知识面相当广博，特别是对中国的文人熟悉，一些自己也不知道的简历和作品都记得清清楚楚。曹露虽然也喜欢聊天，但对这位年轻人仍然捉摸不透，因此只是听他讲，不大插话。特别是佐藤发牢骚表示对日本镇压进步人士不满，她更小心谨慎，不表示任何意见，只是一笑了之。

曹露把佐藤的情况向老彭作了汇报。老彭认为现在情况很复杂，特别是日本的情报人员常以左派人士姿态出现，因此他要求曹露从佐藤的谈吐中分析真假，自己切勿表态，装作是对政治局势不懂的女孩子，以听新闻的姿态只"收"不"露"。

曹露觉得这个角色很难扮，生怕露出破绽来，反而被佐藤怀疑，因为她连中村是怎么样的人也把握不准。如果被他们怀疑，那就十分糟糕了。因此她不觉有点矜持，反而没有以前和佐藤聊天那样自然了。这使她十分别扭，谁知一次偶然机会打破了这个不自然的局面。

那天中午，佐藤又背着照相机，穿着短裤和香港衫来杂志社聊天。中村美子午睡醒来，也坐在旁边搭讪。忽然，门被推开，一个女性矫揉造作、嗲声嗲气的声音传了进来："中村老师，我又来麻烦您了！"曹露和中村美子一听就知道，是那个写狗屁不通文章的黑胖女人来了，不由皱眉。然而，当那女人面对佐藤时，佐藤却用十分流利的上海方言和她打招呼："杨黛女士，侬好，好久没见了！"同时他还向那个女人眨眨眼睛，这虽是刹那间的动作，但都未能逃出曹露的眼睛。

中村美子大为惊奇，佐藤不是刚从日本本土读完大学来上海就职吗？怎么会说十分流利的上海话，认识这个又丑又讨厌的女人？她禁不住以惊讶的表情用日语问佐藤："你和杨黛小姐认识吗？"

佐藤稍有点不安，但很快就恢复平静，微笑着回答："中村女士，我是在上海同文书院学华语时认识杨小姐的，我的上海话是杨小姐教的。"他恐怕中村美子盘问下去，急忙转了话题："杨小姐论妇女就业的文章写得好啊！我拜读后不胜倾倒。"接着，杨黛卖弄风骚却又有点得意地假作谦逊，那不大惹人注意的场面被掩饰过去。

曹露晚上回到家中，觉得佐藤实在可疑，能说流利的上海方言，和那个女人似乎有点默契。怎能使人相信他刚从大学毕业，是来上海就业的青年呢？她想，一定要设法摸清这个神秘的佐藤。

## 旁敲侧击探虚实

曹露想摸清佐藤底细的打算,老彭表示同意,但要她同时争取中村美子支持,只能作为约稿对象和他接触,其他方式都不适宜。

曹露想了一个主意,杂志要出一期"男人怎样对待知心女人"的专号,就向中村美子建议约佐藤写一篇日本男青年怎样对待女友的文章。中村美子想了一下,表示同意。但她神秘地笑了一下:"我看他是不会写的。凭我的直觉,这个青年人恐怕不是未婚男子,似乎是个情场老手,很有点手腕呢!"

中村美子这句话使曹露感到有点不安,她和男人交往不多,但知"情场老手"的另一层意思,就是指惯用种种手法诱骗女子上钩的登徒子一类人物。想到这儿,她又有点怕去见佐藤,但转而一想:不入虎穴,焉得虎子!

曹露找到了佐藤住的公寓。那是虹口武昌路一幢叫万岁馆的大楼,属西洋式建筑,房间布置也完全是西洋化的。佐藤租了一套有卧室和客厅的房间。当曹露按响门铃,停了好一会,佐藤才出来开门,她看到他的脸上掠过一丝不安神情,但转瞬即逝。他用一种感到意外的手势,把曹露让进了屋里。

曹露打量了一下房间的布置,发现屋内并没有什么豪华陈设,只是靠窗的一张画桌上卷放着几幅画,迎面墙上挂着一幅宋代《病梅卧雪图》。由于家学渊源,曹露对书画鉴赏颇精,懂得如何辨别真伪。她边和佐藤寒暄,边走近画旁,凝眸注视。佐藤见她注意看这幅画,有点得意地说:"曹小姐,这幅画是我花了重价从上海一个字画商那儿买来的，是我收藏中的唯一真正宋画！"

曹露不答话，仔细地审视画上的印章题记后，转身对佐藤微笑着说："佐藤先生，你的艺术鉴赏水平很高，这幅画是珍品，可惜不是真品。"

"什么？"佐藤脸色顿变，眼中露出从来未见过的凶光。曹露有点吃惊，这是她和佐藤认识以来从未见过的。这种阴冷的目光，她只有从来搜查的宪兵那儿看到过。可今天在这个自称毕业于帝大的学生眼中，怎会流露出来呢？曹露不露声色，用平静的语调说："我听家父说过，此画仿制于清代乾隆年间，而真迹为常熟帝师翁同龢收藏，他在上面盖有印章并题记，此图没有翁的题记，因而是仿品……"

话未说完，佐藤已经怒不可遏，伸手就去抓画，准备撕掉，嘴里骂出粗话："马鹿野郎（混蛋）！"

曹露轻轻用手挡住，还是微笑着说："不要撕掉，这画笔细如发丝，临摹得几可乱真。况且，从乾隆年间到现在已逾百年，也是不可多得的珍品。佐藤先生，你说呢？"

佐藤怔了一下，立刻缩回手，又恢复了平日温文尔雅的态度，点头微笑说："对，对，是珍品，多谢您赐教！"

曹露接着和佐藤谈约稿的事，他怔了一下，哈哈大笑说："曹小姐，我这个粗心大意的男人，至今还打光棍，连个女朋友也没有，怎能写出这种文章来呢，您找错人了！"

曹露接过话头再作试探，微笑道："惟其没有结过婚，写这种文章幻想色彩浓厚，才富有诗意。像你这样潇洒大方的男青年，我不信未有过罗曼史！"

佐藤听了眉头一皱，但很快就恢复笑嘻嘻的脸色："瞧您说的，我成了戏剧舞台上风流倜傥的白面书生了。好吧，既然盛意相约，我就勉为其难，涂一篇交卷，不能用就扔进废纸篓子，反正算交卷了。"

曹露点了点头，准备起身离去，忽然有人敲门。佐藤去开了门，进来一个四十多岁的日本人，剃着光头，上嘴唇留着一撮小胡子。这人举止粗俗，佐藤有点不自然地介绍："曹小姐，劳您大驾来约稿，真不敢当。这位小田君是来和我谈一笔生意的，您走好，过两天一定把拙作送到贵社来请教。"

曹露出门坐上有轨电车。一路上，她越想越觉得佐藤十分可疑，还有那个小田完全是个日本浪人一类的打手。佐藤和他谈什么生意呢？她想，应该请示一下老彭后，对佐藤进一步试探。

## 佐藤露出马脚

老彭告诉曹露，要对佐藤进一步观察，但要注意不被他发觉；同时要争取中村美子，这样可从她口中知道日本军方的一些活动信息。最后，他在电话中关切地说："我真是担心，想起你和这些人打交道，简直没有一天能睡安稳觉。接到你的电话，我才放下心。小曹，你多保重！"

曹露觉得老彭对自己很体贴关心，特别是在自己孤军作战时，听到亲密伙伴的知心话，心头顿时涌起一股暖流。她有点呜咽地说："老彭，你也要当心。我也常惦念你，特别在晚上翻来覆去睡不着的时候……"讲到这里，她忽然觉得脸上热辣辣的，慌忙说声

"再见"，挂上了电话。

曹露好不容易把激动的情绪镇定下来，开始考虑怎样进行对佐藤的观察。她反复想了很久，觉得还是从密切与中村美子的关系着手。她想起中村美子非常喜欢吃红烧对虾，前一个时期市面上买不到，就每次用餐都因为没有对虾而觉得十分遗憾。恰好曹露有个亲戚在水产市场做事，于是她就让那亲戚买了二斤对虾，在家里烧好后，带到杂志社，用午饭时请中村美子一起吃。中村美子看到对虾，欣喜若狂，不客气地大嚼起来，一边吃一边和曹露扯闲话。曹露有意把话题引到佐藤身上，她说："我向佐藤君组稿很不理想，他好像在做生意，恐怕不大保险。"中村美子津津有味地嚼着对虾，同时饮着日本清酒，这时她已微有醉意，听了这话先默不作声，沉吟了一会，却反问曹露："你说佐藤是不是大学毕业生？"曹露听出中村美子话中有话，就问："您说他是干什么的？"中村美子慢慢地说："他并不年轻，早先在军部做事，以后再去读书，不过这我也是听来的。他似乎很有钱，钱从哪儿来的，我弄不清楚，反正他的工资只够他买照相的胶卷。他十分喜欢照相，可是我却从未见他拿出照片给人看过。这是个怪人，真猜不透！"

曹露几乎听得呆住了，这到底是个什么样的人呢？

不久，老彭给了她一个新的任务。

老彭告诉曹露，佐藤最近和一个姓黄的中国人接触颇为频繁。这个姓黄的自称是内地来上海的批发商，和在日本洋行做事的佐藤接头生意，但行动鬼鬼祟祟，举止不像个商人。他们不在洋行里谈事，而是去佐藤的公寓，一谈就是半天。老彭说，据组织上的情报，这人很可能是重庆派来秘密进行投降活动的，但他不和汪精卫的人接触而找佐藤，因此有必要尽快查明佐藤的真实身份。

曹露为这件事绞尽了脑汁，觉得调查佐藤的身份是难事。因为他公开的身份是大学毕业生和洋行职员，又没有使人起疑的行为，自己是个未婚青年女子，怎么能和这个异邦青年亲近并摸他的底呢？她愁死了，忽然一抬头，看见自己在兆丰公园（今中山公园）拍的照片，灵机一动："有了！"

佐藤接到了曹露的电话，说她要拍几张照片，想找个风景区，请他帮忙。佐藤没有多加考虑就答应了，并且主动建议到松江去拍，那儿有个"醉白池"景色颇佳。他还表示，有办法弄一部汽车，不必搭乘慢班火车。

曹露那天一早就到了杂志社，因为佐藤说早晨他开车来接她。曹露已觉得佐藤并非等闲之辈。当时日本败局已定，物资匮乏，特别像汽油这类严加控制的军用物资几乎没有人可以弄到手，能坐汽车的日本人和汉奸寥寥无几。佐藤能搞到汽车，这"熟人"肯定是军方重要人物，所以他绝非一般的日本洋行小职员。曹露想趁松江之行，摸摸他的底。

曹露坐上佐藤的汽车，他熟练地开着车在路上疾驶。曹露更是惊奇，一般大学毕业生怎有这样熟练的技术？她正在寻思时，汽车遭城郊检查哨的日本宪兵阻拦，并喝令他们下车。佐藤全不理睬，掏出一张深绿色的卡递给宪兵，那家伙马上毕恭毕敬，向他敬礼并放行。车驶出郊外，佐藤发现曹露惊讶的神色，他稍有不安，但立刻就镇静下来，微笑道："曹小姐，我想到沿途哨卡多，怕耽搁时间，借车时顺便把特别通行证也带来了，省得走走停停，耽搁时间。"

曹露知道，特别通行证只有日军特务部门执行任务时才能使用，这个有特别通行证的"熟人"身份可想而知。曹露顿时觉得芒刺在背，十分不安。佐藤就算不是特务，但和特务这样热络，绝非普通日本人。为了不使佐藤觉察，她装作无知，用感激的语气说："佐藤先生，可把我吓坏了，不知那位宪兵先生要我下车干什么？吃顿生活么？幸亏你用那张派司解了围。"

佐藤边开车边用眼角斜看了一下曹露，微微一笑，并不答话，那神情似乎暗示她并不那么天真无邪。

不久汽车驶进了松江县城。当然沿途遇哨卡，凭那张派司通行无阻。曹露下了车，看见县城内破败不堪，"醉白池"的风景建筑也东颓西倒。佐藤找了半天，才在一个比较完好的亭子边，给曹露拍了几张照片。他略带歉意说："你看，这儿的风景满目凄凉，简直找不到好的背景了。"

曹露心里充满悲愤之情：哼，不是你们这批狗强盗践踏我大好河山，锦绣如画的风景胜地会被糟蹋成这种样子！但表面只好装出懊丧的表情，她显得有点失望地说："真扫兴，这儿的景色也不怎么样！"

正当两人走出"醉白池"的大门时，忽然有一个穿西装的中年人脱帽点头向佐藤打招呼。佐藤没有防备，略露点惊慌之色，然而很快就平静地向曹露介绍："曹小姐，巧了，在这儿碰到了我的中国朋友黄先生。他生意做得得法，在浙江开了商行，是我们洋行的大主顾。"接着，他又向"黄先生"介绍了曹露，曹露向他点头为礼。她正面打量"黄先生"，此人脸色洁白，文质彬彬，但那双眼睛看上去总有一股狡猾的味道，似在探索什么。曹露猛然记起，这人也许是老彭说的那个"黄先生",但又吃不准,只好和他随意寒暄几句。谁知"黄先生"却冷不防冒出一句:"曹女士,我是久仰了,当代有名的女诗人。我在南京读书时,就知道您的绝代才华,今日一见真是慰平生之愿。"

曹露心中一惊,"黄先生"怎会知道这些事,自己又不是什么著名诗人,在学校写诗出集子,已事隔多年,一般朋友早就淡忘。这家伙却记得那样清楚,一个开商行的生意人怎会注意这些?曹露觉得此人并不简单。于是,她不露声色,谦逊地说:"黄先生,别提那些见不得人的东西了,我简直有点置身无地了。想不到黄先生会对文艺界情况这样熟悉,连我这个名不见经传的后辈小事都了如指掌,佩服,佩服!"

"黄先生"猝不及防,似乎被曹露点出隐私,像暴露了什么,似有点狼狈,然而他立刻哈哈一笑说:"曹小姐,我不过青年时有所爱好,恰巧读过您的诗篇,特别喜爱,所以就记住了。其实,我是个做买卖的生意人,在女诗人面前哪有说诗的余地!"

曹露不想再谈下去。佐藤为了打开僵局,连忙说:"黄先生,你回上海吗?我有车,一起走吧!"

"黄先生"摇摇头说:"佐藤先生别客气,我到这儿接洽点生意,恰巧那家老板不在,才在城里转转。我还要回去和他谈呢。"他边说边向佐藤使了一个眼色。

佐藤会意,就用抱歉的口吻说:"那就失陪了,我们要赶回去,再见吧!"说着,他拉开车门让曹露上车,然后从车窗向"黄先生"告别,把拇指和小指捏住,用三个指头挥了两下,发动引擎将车开走。佐藤这个动作被曹露看在眼里,她心里一怔:伸出三个指头是什么意思？一直到车在杂志社门口停下，她仍未解出佐藤这手势的含意。她不敢怠慢，立刻通过联络点向老彭汇报。

很快，老彭就解答了曹露的疑问。老彭告诉曹露，"黄先生"肯定是重庆派来接头的密使，找佐藤是为了试探"和平"条件；眼下，他不便和汪伪方面任何人接触，因为日渝"和谈"有个棘手问题：对汪精卫的南京政权如何处置？在沦陷区，汪精卫鼓吹的是宁、渝合并，这恰恰是重庆不愿接受的。

曹露听到老彭的叙述，一下子豁然贯通了：这三个指头表示日本人要三方面会谈，那就是日、汪、渝。可是，曹露不知佐藤用什么方法把三方面凑起来，在什么地方谈？

她一定要设法探明这个情况。

## 一个意外发现

曹露决定冒险到佐藤的寓所万岁馆去直接探听情况。她现在可以肯定，佐藤根本不是什么日本洋行职员。从那天松江之行来看，他在日本的特务机关占有相当重要的位置，不然"黄先生"怎么会和他接头呢？如果突然拜访，这个高级特务鬼得很，定会有所怀疑，这对她以后在杂志社以编辑身份为掩护开展工作不利。

于是，曹露用重金买了一部《三希堂法帖》拓本，准备送给佐藤，算是答谢他协助去松江拍照的情谊。这理由似乎并不太充分，但也只好如此，因为想不出别的由头。

曹露上楼后，走近佐藤的房间时，有意把脚步放慢、放轻，想听听周围的动静，却意外地听到佐藤怒斥的声音："你们只知道烧船灭迹，真是笨蛋！这不，现在小报上都登了出来。难道就没有更好的方法？"

曹露吃了一惊，这时欲回头已来不及了。所以，她咳嗽一声，加重脚步走到门口，用力敲门说："佐藤先生在吗？"

屋里声音顿时停止，稍等一会，佐藤打开门，一看是曹露，微微一怔，但立刻笑脸相迎："啊，曹小姐，稀客，稀客！请进来坐！"

曹露踏进房间，见有两个人坐在屋里，一个就是上次见到过的小田，另一个穿长袍马褂的像是商店的账房先生。曹露面对这不伦不类的两个人，不知说什么好。佐藤却从容地介绍："这位小田君，曹小姐上次见到过；这位宗先生是大发商行副经理，近来与敝行做点生意。因为由我接头，所以都到舍下来，生意谈得差不多了。曹小姐坐一下，我们回头谈。"佐藤边说着边向两个人使眼色，小田和姓宗的会意，立起身告辞。佐藤并不挽留，只是再向曹露道歉："曹小姐请坐一下，我送送他们，一会就回来。"佐藤送小田和姓宗的下楼去了。曹露一眼瞥见书桌上两张照片，她只看了一张就大吃一惊，那是在松江遇见的"黄先生"和佐藤、小田和姓宗的合影，背景是贝当路（今衡山路）宪兵队门前的红砖房子钟楼，谁敢在那里拍照呢？

另一张照片更使曹露顿感一阵战栗，那是一条渔船，船头上蹲着佐藤和"黄先生"；后面是一老一少两个渔民，那女孩子正手扶着舵，老者正在撑船。这张照片看去平淡无奇，但曹露马上和前几天报纸上登载的松江那桩焚船毁尸案联系起来，消息说：船被焚烧，一老人和一女孩子均被烧死；经法医鉴定，女孩子背部曾被利刀直刺心脏，当为先受刀伤，并因此而致死。

　　曹露清楚了：刚才佐藤训斥那两个人，不就是为了使谈判保密，责怪其灭口的勾当不"利索"吗？顿时，她的悲愤之情抑制不住，恨不得拿一把刀把佐藤和"黄先生"都杀掉。正在此时，屋外脚步声由远而近，佐藤送客回来了，她赶快调整自己的情绪，仍在椅子上坐好。佐藤推门进来，又连声向曹露道歉："对不起，失礼得很，让您久等！"接着，他扫视了一下桌上的照片，觉得并未动过，才坐下和曹露谈起来。但他心中在思忖，这个女人到底是什么角色，年岁不大，却十分老练，从她的话中也摸不出底。佐藤想，她恐怕是共产党的地下工作者，但在日军报道部资助、日本人办的妇女刊物当编辑，未见有什么其他活动；从文学活动说，她则是个唯美派的诗人，和左派文人很少交往。他有些困惑，于是继续用幽默的语言进行试探："曹小姐，你突然来访，把我吓了一跳，精神十分紧张。"

　　曹露心中一惊，莫非他已知道我的情况？再一想，不会。于是，她也用开玩笑的口吻说："佐藤先生，你会怕我？你猜不到吧，今天我拿了一样东西来送给你，你一定喜欢！"

　　佐藤发现曹露并不显出惊慌，他只好顺坡而下，装出惊喜的神情说："曹小姐赐我东西，肯定是珍品，得赶快一饱眼福。"

　　曹露打开皮包，取出那本《三希堂法帖》拓本："这是舍下藏的一个拓本，里面都是根据乾隆皇帝收集的古今名家法书勒石所拓，现在也算是一件值得重视的东西了！"

　　佐藤连声称谢后，接过来仔细翻阅着，心中却生了疑问：这个女人无缘无故送我这样一件东西干什么？他不禁面现狐疑之色，望着曹露。

曹露这时只想快点离开这儿,去向老彭汇报,但她必须极力保持镇静,脸上不能露出一点惊慌失措的神情。她尽量用平常的语调说:"佐藤先生,承蒙帮忙写稿子,又用车送我去拍照片,想不出送什么来表示感谢,就拿这作为礼物。不值多少钱,做个纪念吧!"

佐藤显然不相信这番话,却找不出任何破绽,只好微微一笑。

曹露看了一下腕上的手表,用抱歉的口吻说:"佐藤先生,我在杂志社还约了两个人谈稿子,不坐了。今后找您帮忙的事还多呢,免不了会来添麻烦!"

曹露匆匆离开万岁馆,径往外白渡桥方向走去,希望尽快把这消息告诉老彭,匆忙中没有觉察到后面有人远远盯着,她长了"尾巴"!

## 东京之行

不久,内地一些进步报纸相继刊出"黄先生"在沪活动的消息,而且要求重庆政府追究这密使是谁派出去的,呼吁严惩隐藏在抗战阵营里的汉奸。这颇使重庆政府感到狼狈,只好坚决否认有此事,并称黄某系政府某部除名职员,在外招摇撞骗,最近潜入沦陷区与敌伪勾结,已行文通缉捉拿。

明眼人一看就知这是一纸空文,其实如要认真捉拿黄某,是不费吹灰之力的,他就在重庆某处一幢小洋房中享福呢!黄某谈和不成,却搞到不少沦陷区的消息,特别是和日本人直接挂上钩,给一些人开了财路，所以安然无恙。

仅隔数天，曹露就发现有更多人盯梢，知道佐藤已开始怀疑她，可能紧接着就会被捕。她为难了，如果再同老彭联系可能就暴露他，然而不汇报又怎么办？千头万绪涌上心头，她想如果自己不幸被捕，那就很难活着出来，在公兴咖啡馆老彭说的那句话，恐怕会先应在自己身上了。不知怎么，她想起了旧小说那句套语："夫妻本是同林鸟，大难来时各自飞。"但立刻就觉得自己想过了头，脸上热辣辣的，其实在她芳心深处，早把老彭当作自己终身的依靠了。紧张的地下工作无法使自己的爱情萌发，现在她决定暂不向老彭汇报，先靠自己的机智摆脱"尾巴"，看一看动静再说。

天近傍晚，隔壁的一个小女孩却匆匆跑上楼来说："曹阿姨，有人要我送一包粽子糖给你！"她说完，丢下糖就走了。曹露连问一下是什么人送的也来不及，她打开纸包一看，那张纸上却是老彭熟悉的字迹。老彭简单地告诉她，已查明佐藤是高级特务，专门负责"桐工作"（日方专门向蒋介石诱降的特务计划代号）。此次，他因泄密将被降调；因此她的"尾巴"不久即会消失，可仍留在杂志社。最后，他又写了一句："我时刻在你身边，保护着你！"曹露看到这里热泪盈眶，她忆起了李义山的两句诗："身无彩凤双飞翼，心有灵犀一点通。"过去不懂"灵犀一点"怎样"通"，现在懂得了这种共鸣是可以跨越时间与空间的。

果然，跟踪曹露的"尾巴"很快不见了。她放下一颗心，仍然若无其事地到杂志社上班。

这天下午，曹露跨进杂志社，看见中村美子正和一个穿着西装、身材魁梧、留着日本式小胡子的人交谈。一见曹露进来，中村美子便介绍说："曹小姐，这是宣传部草野心平先生，特地从南京赶到上海看你，已等了一会儿，你们谈吧！"

曹露知道草野心平是汪伪中央宣传部的日本顾问，也是日本作家，他是操纵该机构为日军搞宣传的幕后牵线人。"他找我干什么？"她怀着不安的心情开始和他谈话。

草野心平能说一口十分流利的中国话，而且是开门见山："曹露小姐，我负责落实五六月间在东京召开的大东亚文学者大会中国方面代表人选，这次准备请你参加。"

曹露没有想到草野心平邀自己去参加这个汉奸文人的会。她明白，如果出席一定要讲话，发言则必须吹捧日本人，为侵略者摇旗呐喊。这是绝对办不到的。于是，她推辞说："草野先生，您大概找错了人。我是写过几首歪诗，那是青少年时代的习作，现在早已和文学绝缘，哪能参加文学者的大会呢？岂不是要贻笑大方！"

草野心平用手撸了撸小胡子，十分含蓄地笑了一下："曹露小姐，你不必过谦，我是经多方察访才登门奉邀。敝友佐藤右卫门就盛赞女士的诗作，不胜倾倒。这位佐藤君，你总认识吧！"

曹露浑身一震，草野心平到底是什么人？她觉得这是日本特务机关在对她的试探，中村美子的刊物无疑是灰色的，而"大东亚文学者大会"却是亚洲各地的文艺界败类集中在一起，吹捧侵略者。邀自己参加，这种手法是很毒辣的。去参加吧，就等于公开承认她是文化汉奸；如果拒绝，就等于说明她是潜伏下来的抗日分子。曹露想：这大概是佐藤暗中指使草野出面的，但眼下还搞不清楚草野和佐藤之间的关系。她决定采取拖的办法，说："承草野先生看得起，让我考虑一下吧。我确是久不搞文学，就是要参加会，也要请教一些前辈，稍微'重理旧业'吧！"

草野心平见曹露已经松了口，料想这事差不多，估计她大概会参加。草野心平是日本"转向"人物（日本在当年对进步文化人实行镇压，使一些左翼人士登报表示不再参加反战活动，故被称为"转向"），他在抗战前与中国左翼文人有过来往，"转向"以后，对过去的同路者还存有一些感情。这次，佐藤用军部特务机关的名义，要他向曹露摸底，具体办法就是要他邀请她参加在东京召开的"大东亚文学者大会"；如果遭拒绝，就有充分理由断定她是个对抗日本的危险分子，可以下毒手了。因为佐藤隐隐觉得那次和"黄先生"谈判的事败露，此前只有曹露见到过"黄先生"，嫌疑最大；不过，却找不出她的幕后主使人。草野心平虽不情愿干这事，但想到自己这种"转向"的人，也是在军部特务机关控制之下，如果稍微表示一点不愿意的情绪，牢狱之灾会接踵而来。他只好违心地来拜访曹露。

草野心平和中村美子也是朋友，而且都曾左倾过一个时期。因此，他和曹露谈完后，就到中村美子的房间里聊天。两人交换看法，中村美子沉吟了很久，才说："我看曹露会去的，但她去了也并不等于和那些寡廉鲜耻的人一样，反而给她增加一点身价。"

草野心平似乎听懂了中村美子的话，他点了点头说："中国的共产主义信徒，要比我们日本的社会主义者实际得多，深沉得多，是不容易探测到他们内心活动的。"

果然如中村美子所料，当曹露请示老彭时，老彭认为她去参加这个会没有什么问题，可以选择一个纯文学的话题发言。但老彭交代了另一个任务：与东京地下反战同盟的同志碰头，把中国国内情况透给他们。老彭关照曹露不必出去找，因为对这个大会，报纸上肯定要刊登消息，那时会有人来拜访她。同时，老彭把接头暗语告诉了曹露。老彭特别嘱咐，草野心平这人还不太坏，要和他搞好关系，必要时可请他帮点忙。

曹露到了东京，住进为大会准备的旅馆。开会、发言、游览，这些都不必说，而中国沦陷区去的代表团副领队就是汪伪中央宣传部的特别顾问草野心平。这对曹露来说，确实带来很多方便。而且，两人交谈之时，草野心平似隐似现地表露了他的处境，并叮嘱曹露要特别当心。

这个闹哄哄的大会开到第五天，已接近尾声，那些代表纷纷到东京市内去逛街。曹露不愿和这些人混在一起，推说身体不舒服，要在旅馆里休息一下。她想来到东京五天了，怎么不见有人来找她？莫非这地下反战同盟被破坏了？而且，老彭没有告诉联络者的地址，偌大的东京何处去寻觅？她闷闷不乐，呆在房间里。

忽然，房门被推开，草野心平走了进来。他好像知道曹露没有出去，径直走到她的面前说："曹小姐，你到我的房间来一下，有个东京的朋友慕名想见你。你们谈谈如何？"

曹露猝不及防，她推辞说："草野先生，我看算了吧。我这样滥竽充数的文学家，怎好对别人乱发议论！"

草野心平微微一笑说："曹小姐，这个客人求见，并非讨教文学问题，而是想问一下，你有没有办法买到一支老山人参？"

曹露精神陡然一振，草野心平难道就是来接头的东京地下反战同盟代表？不对，他一直住在南京，做汪伪政府宣传部的顾问，怎么会是东京地下反战同盟的接头人？可是，他却偏偏说出了接头暗语。这一刹那，曹露想到可能发生事情：莫非反战同盟的组织被破坏，草野心平来冒认，对我进行试探？不行，我只能装糊涂："我又不是参行的伙计，到哪里去买？"

草野心平知道曹露在迟疑，他脸色严肃地说："曹露小姐，请不要猜疑，这是那位来访者怕你不见他，叫我讲这句话。我不知道是什么意思，请放心。我相信，你是准备见他的。十年前，我也曾做过这样的事，今天自己的良心并没有泯灭！"

曹露抬头看看草野心平，他的脸色疲惫而又带着一种愧悔，心中有点怜悯，不禁握住他的手，动情地说："谢谢您，中国人不会忘记来自敌对营垒的朋友！"

草野心平摇摇头，叹口气说："我对于日本可是个欠着债的人，在它濒于溃败之时，没有力量拯救它，反而站在促它垮台者的一边，还说什么呢！请随我来，在我的房间谈话比这儿安全！"

曹露顺利地和日本同志接上了头。第六天大会结束，就要启程回上海了，草野心平似乎觉得非常烦闷，坐在旅馆楼下的沙发里一个劲地吸烟。曹露准备到银座大街买点东西送给中村美子，看到草野心平这个样子，知道他心情十分不好，就走过去对他说："草野先生，陪我到银座去走一下。我想给中村女士买点礼物，您当个参谋吧！"

两人走在银座大街上。因为怕美国飞机空袭，正实行灯火管制，号称"霓虹灯之街"的银座没有一点亮光，连路灯也在黑色防空罩下显得惨淡无光。街上看不到散步的人，大家匆匆地走着，都像去赶火车。曹露买好东西后，就邀草野心平走进一家咖啡店。两人找了个临窗座位坐下来，默默地啜着带一点焦大麦味道的代用咖啡，那滋味既苦且涩。草野心平皱了皱眉头放下杯子，似有所感地说："曹小姐，你的名字是露，那是旭日东升时，花蕊上珍珠似的朝露。我呢，叫草野，即荒原上的野草，将被践踏丢弃，无人理睬了！"

曹露看着他的神态，想了半天，才轻声劝慰说："中国唐代大诗人白居易就有一首诗歌颂荒原上的野草。我祝您坚韧不拔，春风会再吹来的！"

草野心平似乎有点激动，反复吟诵着："野火烧不尽，春风吹又生……"

## 尾 声

1955年的春天，日本的一个作家代表团访问北京。接待他们的是中国作家协会。交谈中，一位头发已然斑白的老作家向中国同行提出一个请求："我叫草野心平，你们能不能设法约中国女作家曹露女士来见面？她是我的老朋友，听说住在北京。"

接待他的作家顿时露出困惑的表情，好半天才说："很抱歉，我不知道她在什么地方。将来打听到她的下落，一定告诉您！"

草野心平见他困惑的脸色，知道曹露肯定出了什么事。他感情十分复杂，强装笑容说："那就不麻烦了，如果将来有机会见到曹女士，请代我向她致以良好的祝愿！"

那位中年作家用十分诚恳、肯定的语气说："草野先生，我不会忘记您的嘱托！"

草野心平回到旅馆，彻夜难眠。第二天一早，他起床推开窗户，楼下的柏树叶子上一滴滴朝露映着日光，犹如晶莹的珍珠；太阳渐渐上升，露珠却慢慢萎缩。他心中一动，叹口气说："这就像是曹露的一劫呀！"

# 练就绝技的女盐贩

## ——"双枪黄八妹"其人

在抗战期间,"双枪黄八妹"曾令敌震惊,名噪一时。后来,海外有的报刊甚至还称之为"国军抗战中的'双枪老太婆'"。然而,她的人生轨迹却极为复杂。

### 从小练就好枪法

黄八妹又名百器,闺名翠云,祖籍浙江平湖,1906年出生于江苏金山(今属上海)扶王埭(这里原先叫做河横埭,王姓宗族为了祈求兴旺而改名)。她长得有点矮胖,身体健壮,因在家里的十余个子女中排行第八,所以起乳名"八妹"。由于家境贫寒,她曾在金山钱家圩(今金山区金山卫镇钱圩)八字桥吴家做童养媳,但不久便解约随父亲贩运私盐。金山卫海滩盐场历史悠久,所产的盐晶莹透亮、色白如玉,而且杂质少、易溶化、味道鲜,所以方圆百里的居民都喜欢食用这儿的"两浦盐"。

1918年秋一天,父亲为了防备凶悍盗匪半途抢劫,就让年仅十二岁的黄八妹练习枪法:"八妹,瞄准后就按照刚才所讲要领开枪!"孰料,黄八妹竟是天生的射击好手,她用左轮手枪连开六枪,全部命中二十米外树干上那直径约十厘米的圆圈,父亲非常高兴:"嗯,八妹打得好,从现在起这把小手枪就归你了!"

经过三年的摸索和苦练,黄八妹到十五岁时已经能够自如地使用双枪,而且在有效射程内几乎"百发百中"。她常在腰际插两把左轮手枪,威风凛凛地护卫父亲所在的运盐船。

在黄八妹十七岁那年,父亲所在的运盐船途中突然被两艘盗匪船左右包夹。在寡众悬殊的情况下,父亲急得六神无主,手足无措;她却不顾危险,蓦地拔出双枪跳上舱面,朝着那些家伙就是一阵猛射,当场打死九人,剩余歹徒见状吓得连忙逃窜,运盐船安然无恙。因而,"双枪黄八妹"的名号传遍江湖,她成了大名鼎鼎的"神枪手"。

嗣后,黄八妹与当地盐警袁三麻子结婚,她从此浪迹于沪浙交界的沿海一带,单独贩运私盐。然而,由于性格不合,黄八妹与袁三麻子一直吵架,甚至弄得互相都差点拔枪,这样一来自然凑合不下去,最终只得分手。

于是,黄八妹决定独自到太湖闯荡,她拜盐霸李大汉子为"老头子",并很快找了几个会使枪的帮手,开始了武装贩运私盐。

## 啸聚太湖梦成空

在武装贩运私盐的过程中,黄八妹毕竟力量单薄,多次意外地吃亏,大批货遭势众的凶悍盗匪抢劫,她深感必须找到有实力的靠山。此时,出没于沪浙一带的"太保阿书"闪入了她的视线。

"太保阿书"原名徐书生,别名天雄、正明,系金山钱家圩人;他早年曾做"太保"(一种迷信职业),所以得绰号"太保阿书"。"太保阿书"利用自己的特殊经历,1928年秋在家乡拉起队伍,翌年打出"劫富济贫"旗号,手下逐渐增至两千余人,号称"天下第一军",自任"师长",活动于邻近十余个县。"太保阿书"起事之初,尚能对队伍作纪律约束,如部下杨阿和因私下敲诈被处决于山塘河边;但随着队伍扩展,成员变得非常混杂,风气也每况愈下,于是"不问贫富,皆向勒借",完全流于"湖匪"行径。中共金山(浦南)县委曾希望争取这支队伍,"太保阿书"虽然优礼相待,却没有接受地下党组织的教育。黄八妹同"太保阿书"结识后,则以身相许,希望依靠他"做一番大事"。

那时,法国驻沪总领事秘书樊尔谛陡生兴趣,带着妻子赴苏州观光,乘小船游览太湖。两人正陶醉于美妙的风景,不料一股"湖匪"冲过来,将其绑了"肉票"。樊尔谛很吃惊,当明白这帮家伙的目的是想勒索四十万银元,便不敢怠慢,乖乖按要求写了一封求救信。法国驻沪总领事接函急得团团转:樊尔谛可能是未来的继任者,这个问题太严重了!法国驻沪总领事根本不知道"湖匪"内幕,遂要求黄金荣设法斡旋。黄金荣接到任务后,经与杜月笙通气,马上让同"湖匪"头目熟稔的高鑫宝出面协调。高鑫宝赶到太湖的一个小岛,向"太保阿书"等说明缘由,又软硬兼施地进行规劝。"太保阿书"见扯上了赫赫有名的上海青帮老大,他觉得惹不起;而黄八妹也赞同给黄金荣留面子,以便多一条门路,大小头目很快都答应放人,而且不要赎金,礼送出门。黄金荣不费一枪一弹,没花一分一厘,就轻易化解了引起轰动的绑架事件,法国驻沪总领事对此颇为赞赏,这或许也为他日后的发达作了一种铺垫。

1929年春,军警开始对"湖匪"进行围剿。在逾一年半的时间里,"太保阿书"不断率部作抵抗,但最终不得不将人马分散;黄八妹起初也跟着东奔西跑,后来按丈夫的吩咐先到别处暂避。

1931年春，因有人贪图高额赏金而出卖，隐身于上海大连湾路（今大连路）慧源里的"太保阿书"被捕，4月17日的《申报》报道："太湖浦东帮匪首太保阿书徐天雄及胞弟徐福生昨日下午四时十分在金山县属张堰镇执行斩决。""太保阿书"死后，他的残部仍然频繁活动，茅盾的小说《林家铺子》中就有这样的描述："林先生忽然听得街上走过的人们乱哄哄地在议论着什么……他唤住了一个路人焦急地问道：'什么事？是不是栗市快班遭了强盗抢？''哦！又是强盗抢么？路上真不太平！抢，还是小事，还要绑人去哪！'那人，有名的闲汉陆和尚，含糊地回答，同时睐着半只眼睛看林先生铺子里花花绿绿的货物。林先生不得要领，心里更急，丢开陆和尚，就去问第二个走近来的人，桥头的王三毛。'听说栗市班遭抢，当真么？''那一定是太保阿书手下人干的，太保阿书是枪毙了，他的手下人多么厉害！'"

再说黄八妹与"太保阿书"分别后，又同别的团伙搭上关系，并卷入发生于淀山湖等处的大劫案。1933年8月3日，《申报》登载《女匪首王八妹审讯记：澉浦与淀山湖两巨劫案王八妹均坚决否认同去》："上年二月初九，无锡富人杨邦藩、孙振球等八家，因中日战事剧烈，雇船运送家资及家属赴沪避难，中途在淀山湖被匪洗劫。当时船上有十九路军交通处副处长王玉山，因出枪抵抗被匪当场击毙。今该案女匪首王八妹（按：系黄八妹之误），在沪被获后，已于八月一日傍晚解苏剿匪指挥部。昨（二日）提讯，兹录照片与供词：王八妹，二十八岁，浙省平湖人，与施连元姘识已有三年许，做贩私盐生意。施连元和空头阿云（王友如）是一帮的，抢海盐澉浦时，我在松江，未同去，施连元去的……淀山湖劫搬场船，我正在生病。"黄八妹最终如何恢复自由，不得而知。她销声匿迹了一段时间后，潜往江苏奉贤（今属上海）南桥镇，于1935年夏嫁给乡绅姚忠修做妾，成为一个茶馆的"老板娘"。

## 拉起队伍打鬼子

1937年8月13日，侵沪日军发动"八·一三"事变，中国驻军奋起抗击。11月3日至5日，日机、日舰对奉贤南桥、奉城、钱桥、柘林、萧塘等市镇进行狂轰滥炸，百姓伤亡惨重；随即，日军又在金山卫海滩突然登陆，烧杀奸淫，无恶不作。黄八妹目睹日军的暴行，内心无比愤怒，她迅速用自己的积蓄买枪，并把多年结交的金兰姐妹聚集起来，商量打"矮东洋"，组织起三百人左右的队伍，多次打击日伪军。

黄八妹为了扩大队伍，还特意扮成难民进入申城，直闯上海大亨杜月笙的公馆。公馆的看门人照例加以阻拦，但听到黄八妹报出名号，怔了一下便同意往里通报。那时，杜月笙身为上海各界抗敌后援会主席团成员兼筹募委员会主任，正在张罗筹备"淞沪别动总队"，他记起黄八妹以前对法国驻沪总领事秘书樊尔谛夫妇被绑案的解决有过助益，就显得挺热心地对她说："八妹呀，侬要我帮忙，闲话一句！我晓得，侬想做大事，嘿嘿。关于枪支弹药嘛，我能够替侬凑一部分。不过，侬单独搞力道不足，勿如就编进淞沪别动总队吧！"黄八妹一听，真是求之不得，她马上就答应下来。通过此行，黄八妹既有了"番号"，又得到一批武器；她立即在乡间干出了动静，多次突袭骚扰百姓的小股日军。

1938年夏，国民党军第六十二师的钟录到金山、平湖收编地方武装。黄八妹同意接受收编，正准备与平湖谢友胜的队伍联合，其母落入日军魔掌；这位普通农妇不愿拖累女儿，撞死于牢房。黄八妹心中充满仇恨的怒火，她带队伍冲出日军包围，与谢友胜一起组成江南挺进队，担任护洋队队长。黄八妹和谢友胜很快成为夫妇，两人为了增强实力，分别以大招门徒，使队伍扩充至千余人；他们有时化整为零，有时集中优势，利用复杂地形、黑夜对巡逻的日军突袭。黄八妹看到日军的电话线杆，便会拔枪打烂上面的线路固定栓头，中断敌伪的联络，然后伏击前来修复的日军通讯兵。

与此同时，黄八妹的枪法被人们愈传愈神，有的乡民受到鬼子抢劫，会暗暗咒骂："夜里出门碰着双枪黄八妹，叫你们不得好死！"国民党第三战区司令长官顾祝同在召见黄八妹时，称她是"抗日女杰"。国民党元老于右任也给黄八妹写过一副对联，联中有"自由成长如何，大战方收战果"；"中华民族争相贺，王道干城是我八妹"等赞词。

## 沪浙边缘袭日伪

在抗战后期，黄八妹常随队伍转战于沪浙交界地区。

1943年春，黄八妹返回平湖，担任突击大队队长。有次，一艘日舰驶至平湖附近海域，妄图切断游击队海上补给。黄八妹在雨夜指挥两艘帆船悄悄贴近下锚的日舰，待距离五十米时，先用二十挺轻机枪猛烈扫射，继而投掷大量燃烧弹和手榴弹，再冲上甲板消灭慌乱的鬼子，将日舰炸沉。日军遭受沉重打击，对黄八妹恨之入骨，遂出动大量兵力，将她的大儿子和乡亲四百余人抓走，以逼她就范。黄八妹拒绝投降，只答应在亲属和村民获释后，她的队伍暂不进行袭击。日军未能达到目的，就在第二天用机枪屠杀了所有人质。黄八妹面对血海深仇，更同侵略者誓不两立，嗣后的一年之中，她不断发起攻击，相继拔掉三十余个日伪乡镇据点。

1944年4月，黄八妹攻下平湖虎啸桥、全公亭和金丝娘桥等集镇，并收编驻全公亭的伪军；年底，在另一场战斗中，她还活捉日本兵土田美奈义、曹川岛太郎等，并带人将其押解至浙西行署，有机会认识美国顾问白雷非且颇受赏识。

不久，黄八妹被委任为杭州湾护航大队长（旋改称杭州湾护航纵队司令），获得一批美式武器和一部无线电台，在浦东地区至杭州湾一带同日伪军作战，并掩护国民党特工人员活动。

1945年6月，在一次作战中，日军派遣两百多名骑兵偷偷包抄过来。黄八妹发现情况不妙，已来不及撤离，于是跳入一条河中潜游。当黄八妹精疲力竭时，幸得一位采菱的李老太出手搭救，把她藏在木桶里，避过日军搜查而成功脱险。

## 逃往台湾孤寂终

抗战胜利后，黄八妹的队伍改编为平湖县保安总队，她被选为平湖县参议员。

1947年11月，田汉、应云卫合作策划了一个以黄八妹为题材的电影剧本《望海潮》（后未正式投入摄制），他们和安娥等曾前往杭州采访黄八妹，并与她合影；12月8日，安娥在上海《新闻报》

发表《我见到了双枪黄八妹》，叙述了此行。翌年，戏剧世家出身的影星于素秋曾出演电影《双枪女侠》，该故事即以黄八妹为背景。那时，上海书摊还出现了一本热销的"小人书"，就是《双枪黄八妹》，描述的是黄八妹在抗战中杀敌的故事。已是半老徐娘的黄八妹，曾向来采访的记者表示她一直在吃斋念佛，又说："想想从前，我杀心太重，阿弥陀佛！现在外头的事再也不管了！"

然而，黄八妹并不甘于寂寞，而且在歧路上越走越远，据《金山县志》记载：她在"民国36年（按：1947年）10月，任'国民党江苏省第三督剿委员会第二督剿组组长'。在松江、奉贤、金山等地进行防共、反共活动。民国37年，任'国民党苏浙边区清剿总部直属戡乱建国总队平湖县建国大队副队长'，在金山、平湖地区搜集共产党情报。后由汤恩伯委任其为国民党浙江省绥靖第一团团长。翌年，参加毛森在沪召开的反共应变会议，任'东南人民反共救国军海北纵队司令'"；"1949年5月，平湖、金山两县相继解放。她率部逃离大陆，盘踞大洋山及周围岛屿"。1955年初，一江山岛解放前夕，黄八妹逃往台湾；1982年5月，这个以错杂色彩涂抹自己历史的女人在台北寓所病逝，后来归葬平湖九龙山公墓。

黄八妹的出生地扶王埭，位于今上海金山区金山卫镇永久、永联两村交界的黄姑塘边；黄姑塘东抵金山卫，西达平湖金丝娘桥、全公亭，民国年间曾通客运小汽轮。现在，河道两岸不少老人仍能讲述一些关于"双枪黄八妹"的传闻。

# 福建路的枪声

## ——海派作家穆时英遇刺之谜

上海"孤岛"时期，背负"汉奸"恶名的海派小说主要代表人物之一穆时英遇刺身亡后，一度流传多种秘闻；继而，他在文学史中沉没，几乎未再进入研究者视野。近年，随着穆时英的不少海派小说作品陆续由各地出版社重新出版，以及《穆时英全集》也亮相，他又引起了读者的关注。

海派小说孕育于中西文化的冲撞和交融，其取材和立意始终保持一定的延续性，具有独特风格，曾是申城的一道文化风景。上海在晚清开埠后，许多高楼陆续拔地而起，经过几次建筑高潮，到上世纪二三十年代外滩高楼鳞次栉比，荟萃英国古典式、英国新古典式、英国文艺复兴式、法国古典式、法国大住宅式、巴洛克式、哥特式、爱奥尼克式、东印度式、近代西方式、折中主义式、中西掺合式等海外建筑样式，堪称"万国建筑博览"，这既使作家们得以俯瞰都市获得新的感受，又使其扩大想象空间。在西式娱乐刺激下，申城现代娱乐业迅速崛起，民国初期"楼外楼"、"新世界"、"绣云天"、"大世界"等综合性游乐场不断涌现；1928年起，大光明影戏院、南京大戏院、国泰大戏院、大上海大戏院等一流影院陆续迎客；1931年后，"百乐门"、"仙乐斯"、"新仙林"、"丽都"等高档舞厅纷纷开张，这些有闲阶层的摩登都市生活既为作家们准备了素材，又为其作品中各种人物设计了活动场景。在向商业性、消费性大都会转变过程中，申城人口急剧增长，到上世纪二三十年代中小商人和一般市民阶层日益壮大，上海文化已摆脱"正统"束缚，文人情趣渐被市民情趣所替代，新型的大众群体成为海派小说的基本消费对象。于是，穆时英等一批海派作家应运而生，并在"新感觉"中迅速崛起。

穆时英是浙江慈溪人，父亲是位银行家，所以在十岁时便来沪。他在上海光华大学中国文学系念书期间，就在《新文艺》杂志发表了第一篇小说。从 1932 年起，他又在《现代》等刊物接连登载小说，用有色彩的象征、动态的结构、时空叠合交错的表达式，来反映都市的繁华和喧哗。他早期的小说《咱们的世界》《偷面包的面包师》等，也反映出对劳苦大众的同情和对上流社会的憎恶。因而，杜衡在《关于穆时英的创作》中提及："中国是有都市而没有描写都市的文学，或者写了都市而没有采取适合这种描写的手法……能够避免这缺点而继续努力的，这是时英。"穆时英陆续出版了《南北极》《公墓》《白金的女体雕像》《圣处女的感情》四本短篇小说集，被称为"新感觉派圣手"。

穆时英擅长在快速的节奏中，展示上海这个半殖民地大都会的畸形，捕捉市民的复杂心态，对人物进行潜意识挖掘和心理分析，形成鲜明特点。他的作品善于将感觉客体化、组成立体画面，如《夜总会里的五个人》出现如此的都市夜景："红的街，绿的街，蓝的街，紫的街……强烈的色调化装着的都市啊！霓虹灯跳跃着——五色的光潮，变化着的光潮，没有色的光潮——泛滥着光潮的天空，天空中有了酒，有了烟，有了高跟儿鞋，也有了钟……"它利用光线、色彩做文章，造成身临其境的效果，让都市的风景"活"起来。他的作品也善于快节奏情节推进、跳跃式镜头组接，如《上海的狐步舞》开门见山点出"上海。造在地狱上面的天堂",但整篇小说没有连贯的情节,只有纷乱的夜上海场景,别墅、舞厅、街头、赌场、饭店等似一个个电影镜头闪过;《街景》则在秋天的同一条街上,切换了"修女们悠闲地走着"、有钱男女去"野宴"、可怜的"老乞丐坐着"三组镜头,展示天堂、人间、地狱三个层次的世界,借助这些随手切割的生活画面,无需更多笔墨便能透彻地表现主题。他的作品还善于使用罕见的用语、奇异的修辞,如《上海的狐步舞》有"一列'上海特别快'突着肚子,达达达,用着狐步舞的拍,含着颗夜明珠,龙似地跑了过去"、"上了白漆的街树的腿,电杆木的腿,一切静物的腿……Revue(按:法语,轻歌舞剧)似地,把擦满了粉的大腿交叉地伸出来",《夜》有"舞着的人像没了灵魂似的在音乐里溶化了",都在大胆想象的基础上,创造了赋予感觉性的比喻。

由于作品不断走红,收入迅速增加,穆时英的身上也透出"十里洋场"的浮华气息,他独自住入上海北四川路(今四川北路)虹口公寓比较高档的房间,对每月四五十银元的租金毫不在乎;他通常在上午睡觉、下午搞创作,到夜晚就频繁出入舞厅,陶醉于灯红酒绿,甚至涉足于赌场。这诚如他在《一个都市人》中所说:"我是在奢侈里生活着的,脱离了爵士舞、狐步舞、混合酒、秋季流行色、八汽缸的跑车、埃及烟……我便成了没有灵魂的人。"

1933年6月,春风得意的穆时英遇到了麻烦。上海出版的《现代》杂志第三卷第二期"社中座谈"栏目曾发表《读者的告发与作者的表白》,登出读者"雪炎"给主编施蛰存的信,其中称"穆时英君《街景》的首段是有着偷窃的嫌疑",并把《街景》的首段与刘呐鸥翻译的《桥》的末段摆在一起作对比，还讥讽道："穆时英君请注意：我并不是写一封无聊的告发信来作敲门砖的，我以读者之一的资格说：君的表现能力并不是'非如此不可'，而偏要故意取巧，那或者是一个人的自由，不过，一个作家的成功，想不至于用剪子活换来的吧"；穆时英对此只承认是"取巧"，而不承认"抄袭"，故在给施蛰存的信中辩解："我的确曾看过了呐鸥兄译的那篇《桥》，那是两年前的事了。我对于那结尾一节实在留下了很深的印象。当我预备写《街景》的时候，我就心里把不定怎样开场。一天下午，从大西路顺着静安寺路走，在中华书局总厂前边看见两个圣心庵里的修道女，我就猛地想起了这一节文章……不在手边，所以没有直抄，（否则我想索性引用了，给加一个引号的）就凭着我的笔写成了那段似是而非的文章。"平心而论，若仅凭一小段文字相似，就指认抄袭，多少有点冤枉了穆时英。

1934年6月，穆时英和比自己大六岁的红舞女仇佩佩在沪举行婚礼；两人的结婚照登载于7月出版的上海《小说》半月刊，照片上的仇佩佩自有一股风流神态，却不妖媚。同年秋，穆时英与叶灵凤开始在沪合编《文艺画报》。很快，穆时英因积蓄挥霍殆尽，无法再推出畅销作品，便寄身于国民党中央图书杂志审查委员会，以获取丰厚薪水。1935年夏，夫妻间矛盾激烈，仇佩佩与穆时英分居，不久便一气之下跑到香港。1936年春，穆时英也赴香港，他在《怀乡小品》之一《Nostalgia》中写道："一个浸透了闲寂的阳光的四月的下午，我提着一只皮箱，走上'红伯爵'的甲板上去的时候，是只预备到香港去住两星期，愉快的旅行心境。爽朗的海风吹着脸，吹着领带，望着天边飘逸的云丛和辽远的水平线，我的思想，我的情绪，我的灵魂全流向将展开在眼前的，新的城市，新的山水，新的人物和新的日子了。"其实，穆时英是为了去追妻子，他好说歹说，甚至剃光头赔罪，才算得到她的宽恕，并一起住了下来。在香港，穆时英因听不懂粤语，找工作很艰难；妹夫戴望舒正好也在那里，曾给予一定的帮助，使夫妻两人能勉强糊口。其间，穆时英曾执导电影，还做过《星岛日报》副刊编辑。

1939年10月，穆时英携妻子返回上海，负责汪伪机关报《中华日报》副刊，并先后主编汪伪小型报纸《民族日报》、《国民新闻》。

1940年6月28日傍晚，穆时英独自坐一辆黄包车出门，经过靠近三马路（今汉口路）、福建路（今福建中路）口的一个商号时，有两名预先埋伏的杀手从路旁闪出，突然朝他接连射击。随着几声清脆的枪响，穆时英蓦地倒在血泊之中殒命，年仅二十八岁。

人们皆以为，这是国民党"军统"特工在申城的一次"锄奸"行动。然而，有点疑惑的是：那时，慑于国民党"军统"特工的活动，一些汉奸都战战兢兢，穆时英为何敢在黄昏不乘日本人为他配备的"凯迪拉克"高级防弹轿车、不带保镖上街？在《申报》报道穆时英被刺后，国民党控制的各种报刊又为何一反常态，对此保持沉默？这长期笼罩着一层迷雾。1973年10月，香港《掌故》月刊发表了嵇康裔（据说系陈立夫的亲戚）的《邻笛山阳——悼念一位三十年代新感觉派作家穆时英先生》，作者自称是穆时英当年在国民党"军统"的上司，并表示就是自己安排他打入汪伪报界的，证明他"是国民党中央党方的工作同志"，属于被误杀。倘若这个说法确切，那么谜团便能解开了。

如今，翻阅《穆时英全集》，可以发现穆时英除了写过穷困流浪汉的命运，也曾描写抗战背景，只不过这种关注不那么到位；他最具特色的确实是都市类作品，应该说被冠以海派小说"圣手"绝非浪得虚名。

# 巨奸惊魂

——发生在汪伪报社的反汪事件

汪伪的"机关报"居然登出怒斥卖国贼的口号，这也许难以令人相信。然而，这确实是一件真事，并发生于沦陷时期的上海。

## 汉奸报纸出奇事

1943年春。

马路两旁的杨柳树，早已开始绽绿，但上海滩并没有现出丝毫的生机。在日本侵略军的铁蹄之下，人们不仅饱尝米珠薪桂之苦，还随时有被汪伪特务绑架杀害之虞，所以到处笼罩着阴沉的愁云。

尽管如此，伪上海市长陈公博还是想制造一点升平气氛。他别出心裁地要市民们庆祝伪政府所谓"还都"南京三周年，择定日子举行大规模游行集会。于是伪警察纷纷出动，胁迫人们领取小旗和标牌，分块进行操练。

这天清晨，外滩的大自鸣钟刚刚敲过八点，各区保甲长就带着大批报纸闯入居民家中，喊道："各位听着，今天《中华日报》上有国民政府的训示，上头规定各家都要买一张。然后，在上午十点到跑马厅参加游行集会。不服从者后果自负……"

《中华日报》原是汪派报纸，系汪精卫1932年担任国民党政府行政院长时，挪用铁道部的二十万元公款而创办起来的，上海沦陷初期停刊；1939年汪精卫准备粉墨登场，在他搞傀儡政权之际复刊，成为汪记国民党中央机关报。这份报纸完全是日本侵略者的传声筒，平时根本没人看。现在保甲长强行推销，硬要做到每户一张，连不识字的人家也不例外。人们拿着硬塞来的汉奸报纸，无心去看新闻和副刊版那乌七八糟的内容，而大都只瞟一眼五花八门的广告版。

突然，人们都惊呆了：在大生赌台包登的广告栏里，赫然印着"打倒汪精卫卖国贼"的粗黑醒目铅字。汉奸报纸上出现要打倒汉奸头子的标语，这究竟是怎么一回事？不多久，各条弄堂里都聚集起一堆堆人，居民们议论纷纷，都感到吐了胸中一口恶气，人心大快。

可是准备"庆祝"的大小汉奸都乱了套，不消一个钟头，整个上海滩都陷入混乱之中，警备车、摩托车、军用卡车呼啸着奔驰于大街小巷，挨家挨户收回当日的《中华日报》。但哪里收得尽，许多报纸已随早班火车和轮船运到外地，整个沦陷区都传开了。

自然，汪伪上海当局对《中华日报》发生的事惊恐万状，坐卧不安，忙于追查，原定的游行集会也因此而停止了。

## 群奸惶惶不可终日

在上海滩头乱哄哄之际，汪伪南京当局也紧张起来了。因为《中华日报》由头班快车运送，南京的市民当天上午也看到了报上"打倒汪精卫卖国贼"的标语，议论纷纷。与伪政权有"外交"关系的纳粹德国、意大利等国的外交官也吃惊非小，连连打电话给汪记国民政府外交部长褚民谊，询问是否发生了倒汪"政变"。褚民谊被弄得稀里糊涂，连忙乘车赶到颐和路二号汪精卫官邸，去探询真相。

褚民谊知道汪精卫喜欢睡懒觉，不敢马上惊动他，轻手蹑脚走入小客厅等候。不料沙发上早已端坐着一个人，闷着头抽烟。褚民谊一看是"宣传部长"林柏生，他一见褚民谊，马上欠欠身说："重行（褚的表字）姑夫，您早啊！"

"你这位宣传部长想必早知道报上的事，我们外交部已经乱了套啦！"

两人愁眉苦脸对看了一下，苦笑地摇摇头，然后端起杯子自顾自喝茶，想着各自的心事。

九点多钟，汪精卫才起床。漱洗完毕，佣人除了送上他爱吃的蛋糕、肉松、牛奶外，还在桌上放了份当日的《中华日报》。陈璧君虽然已经用过早餐，但为了表示亲热仍过来陪吃一块蛋糕。

用早餐时看报，是汪精卫的老习惯了。在平时谁也不会在这个辰光进来打扰，但今天非同寻常，林柏生、褚民谊闯了进来。汪精卫看到他俩匆匆跨进门，有点不高兴地说："坐吧。什么急事，一大早两位这么心急火燎地跑来见我？"

"汪主席，这是一件十万火急的大事！"林柏生说。

"什么屁事？"陈璧君不耐烦地申斥，"大惊小怪！"

"请主席看……看这个广……广告。"褚民谊指着《中华日报》上大生赌台的广告，吞吞吐吐说道。

不看则已，一看气得汪精卫七窍生烟，一下子瘫坐在椅子上不动了，两只眼睛呆滞无光。

陈璧君连忙上前给他捶背，一面大喊："兆铭（汪的表字）醒醒，快醒醒！"好一会，汪精卫喉咙里"格笃"一响，噎着的蛋糕咽了下去。

汪精卫额上青筋绽露，暴跳如雷："柏生，你是宣传部长，也是《中华日报》社长，我的报上竟登出侮辱领袖的反动标语，真是岂有此理！你在干什么？说，这到底是怎么一回事？！"

"我……我也搞不清，您知道我这社长是兼职，挂名的，具体工作是代社长许力求负责的。"林柏生十分惊慌。

汪精卫揪住林柏生的衣领，连掴三个耳光："不中用的家伙，如果你不是我的老部下，我非枪毙你不可！快挂电话给许力求，要他和上海方面立即弄清此事。否则拿他治罪！"

随即，汪精卫又命褚民谊快回"外交部"，向各"友邦"作解释，说是报社有坏人捣乱，我政府安如磐石，现正在清查奸究，请勿误会。然后，他焦躁不安地在房里来回踱着。

陈璧君明白汪精卫此时的心境，五月四日将是他的六十岁生辰，为此已将今年定名为"泰寿年"；谁知正月刚过，《中华日报》上竟出现"打倒汪精卫卖国贼"的标语，这给他心灵上的打击，丝毫不亚于1935年11月在中央党部被人打进胸膛、至今还嵌在肋骨上的那颗子弹的痛楚，钻心入髓。

### 警特围报馆

北河南路59号天妃宫桥（今河南路桥）堍的《中华日报》社大楼，被荷枪实弹的伪警察们团团包围住了。

伪上海警察局长卢英带领亲信径直往排字房闯去。这位肥胖的

"局座"满脸横肉,眼睛眯成一条缝,他心里喜滋滋的:这桩差事本应归极司菲尔路76号特工总部办的,因为林柏生和特务头子李士群有矛盾,所以落到了自己身上,这是在汪精卫面前露一手的好机会。

卢英把排字工人全部集中到一起,逐个加以审问,最后发现大生赌台广告纸型是工人邹闻朝制的,而此人早已不知去向。卢英本以为这案子很简单,谁知现在人已逃走,这倒有点麻烦了。他使劲搔了几下头皮,对伪刑侦科长说:"你带三个人继续留在这里监视,我回去准备通缉令。"

《中华日报》代社长许力求,原是个名不见经传的蹩脚文人,只因和林柏生私交甚好而被拉来办报。面对今日发生的事件,他早就吓得一阵阵出冷汗。当他送走伪上海警察局长,准备回办公室稍事休息时,几辆汽车突然停到了报社大门前,下来的是汪伪特工总部头子李士群和一大批特务。

"许代社长,你以为警察局来了,我们就不能管了?哼,这事汪主席已电谕,你有什么意见请赐教。"李士群阴阳怪气地说,"哼,你以为林柏生部长兼社长,我们特工总部不敢过问你《中华日报》的事,可这事出在贵社,你这代社长恐怕不只丢官,弄不好那吃饭家伙也要移移位吧?"

许力求虽然软弱无能,可是泥人也有点土气,他听李士群这样盛气凌人,劈头盖脸地挖苦自己,便忍不住顶了一句:"说不定卢局长通缉后,抓到邹闻朝呢?"

"哈哈,这个草包局长上任后发过多少通缉令,结果一个人也没抓到!你靠他,好吧,等着汪主席请你到南京吃大菜吧!"李士群甩了甩袖子，仰天大笑。

李士群的话确实没有错，在伪上海警察局发出通缉令时，邹闻朝早已置身于在长江上行驶的渔船上了。

邹闻朝出身贫苦，抗战前他经南京的亲戚介绍到当地做运输工人。1937年12月，日军侵占南京后，进行了惨绝人寰的大屠杀，他的亲戚和无数市民一起罹难。当时他在外地跑运输，听到噩耗，几乎昏了过去。

此后他来到上海，在一次偶然的机会结识了苏北抗日根据地交通员柳一如。柳一如见他没有工作，便说可以通过关系介绍他到《中华日报》社做排字工。他一听，马上表示不愿为汉奸报纸干事。

柳一如劝道："我知道你痛恨日寇，但你赤手空拳怎么报仇呢？你钻到汪精卫的喉咙机关里去，就有机会为你的亲戚和其他同胞报仇。"于是，他被说服进了《中华日报》社当学徒工。

前不久，柳一如从苏北秘密来到上海搞军需品，顺便到棚户区看望邹闻朝，询问了报社情况，并说："汪记国民政府正准备庆祝'还都'三周年，看来汉奸政权想喧闹一番。如可能的话，就设法在《中华日报》上捅一下。"邹闻朝说自己也正有此打算，但具体办法要与工友们商量。柳一如表示赞同，并让他事成后转移到根据地去。

《中华日报》社的工人工作繁重，老师傅生活不得温饱，学徒工每月只有些零用钱。报社三楼舞厅里广东音乐吹吹打打，汉奸们翩翩起舞；底层排字房工人通宵达旦做活，连夜点心都没有。

工人们早就窝了一肚皮气，想寻机会作斗争，当邹闻朝将自己计划告诉几个知心的工友时，大家十分赞成，并作了商量。鉴于报纸正文审查极严，邹闻朝决定在广告上动脑筋。工友们建议在大生赌台包的广告栏做手脚，因为这个赌台规模大，老板阿黑哥是个大流氓，坑害过不少人，如大生赌台的广告出现问题，这家伙也会吃点苦头。

傍晚，邹闻朝故意找茬让大生赌台派人到排字房来校字，然后在工友们的掩护下，他悄悄将大生赌台广告中间"重金聘请越剧皇后"的句子抽掉，换上"打倒汪精卫卖国贼"八个铅字。由于是重登广告，见报时不再校对、审查，于是顺利地压了纸型，当晚这一副纸型上机开印。这样，次日就出了本文开头的一幕。

天色渐渐地黑了，渔船驶到了龙潭江面，北岸沙窝子就是淮南根据地的边缘。邹闻朝从回忆中转过神来，他同船老大握了握手，就跳下舢板，奋力往北岸划去……

## 草包局长找垫底

汪精卫得到"大生赌台广告案要犯潜逃"的报告时，恨得牙齿咬得格格响。

正在这时，汪伪政府的"最高军事顾问"、日本特务影佐祯昭走进办公室。他虎着脸说："汪主席阁下，日本政府对大生赌台广告案很关切。几个月前，你赴日谒见天皇陛下，荣获大勋位、菊花大绶章，可是时隔不久竟出现如此严重的政治事件，这对大东亚战争极不利。首相奏明天皇，陛下要我转告阁下：务必从速抓获要犯，肃清影响！"

"我马上让林柏生跟我到上海去。"汪精卫恭顺地说："请转告天皇陛下，我政府会迅速处理好此事！"

当日中午，汪精卫和林柏生乘飞机抵沪。由于临时起身，没有通知上海迎接，所以机场上冷冷清清。听林柏生说，他已让卢英查处这件事，于是汪精卫就命令汽车直驶伪上海警察局。

"哦，汪主席，不，委座，卑职未能迎接，该死该死！"卢英看到汪精卫到来，连忙点头哈腰。

汪精卫对别人称他"主席"满不在乎，若叫他"委座"就喜形于色（他有伪中央军事委员会委员长的头衔）。他见到卢英本想发一通火，但听他叫"委座"时脸上肌肉不由放松了些："什么时候，还来这套，快谈谈你通缉的结果吧！"

走进客厅，卢英令人奉上茶果，然后苦着脸说："通缉令已下达三十多小时，还没有什么结果。"

汪精卫鼻子里哼了一声，说："你呀，难怪李士群说你是'草包局长'。"

林柏生眼珠一转说："卢局长，你真是死脑筋，那邹闻朝只是个大老粗工人，他的所作所为必有人指使。你把报社排字、印刷工全部弄到警察局来，再仔细审问一下，一定能找到主谋的蛛丝马迹。"

卢英一拍脑门："对呀，我怎么就没有想到呢！"

汪精卫和林柏生吩咐完毕，就到伪上海市政府找陈公博去了。卢英马上派警车将《中华日报》社排字房的工人全抓了来。

经过一个个单独审问，工人们都一致说事发的前一天傍晚，大生赌台有人来过排字房，与邹闻朝嘀咕了好一阵。卢英心想，这肯定是大生赌台老板阿黑哥受了苏北方面的好处，派人指使邹闻朝干的，既然案犯跑了，抓到主谋也可以交差了。

## 赌台老板进班房

李士群听到大生赌台老板阿黑哥被警察局逮捕的消息，着实吃了一惊，一则他根本不相信阿黑哥会干这种事，再则他与这个流氓头子交情不错。

以李士群为首的汪伪特务们，原来都是"穷措大"，当上汉奸后才在上海滩发达起来。当时日本侵略者竭力推行毒化和麻醉中国人民的策略，致使沪西一带赌台林立。

赌台老板都在沪西极司菲尔路（今万航渡路）76号汪伪特工总部登记，以取得保护。汪伪特工总部规定所有赌台必须根据资本、排场和营业情况，每月前往缴纳"孝敬费"。这些大赌窟，以娱乐为名，大登广告，招徕赌客，场内还附设舞厅，供应鸦片，任赌客随心所欲。

随着赌台日进斗金，汪伪特工总部的不义之财也滚滚而来。李士群单从大生赌台老板阿黑哥那里，每月就能得几千块。

现在阿黑哥被抓了，要是咬出特工总部的这些内幕，岂不是件麻烦事？再说如见死不救以后也会失掉大笔收入。李士群前思后想，决定直接插手这件事。

在伪上海市政府客厅里，汪精卫靠在沙发上，一面喝着龙井茶，一面在训斥许力求："你这个主持中央机关报的代社长，太不负责了！如不是柏生讲情，我非得把你严办不可。现在你回家去闭门思过吧！"

许力求刚灰溜溜走掉，李士群过来了："委座，大生赌台广告案是政治性大案，理应由特工总部来查处。"

汪精卫说："警察局不是干得不错，追查出主谋了吗？"

"卢英是在敷衍您。"李士群狡黠地说，"您真的相信一个大流氓会被苏北方面收买？"

汪精卫想了想说："这样吧，柏生和公博刚才被上海日本宪兵队特高课冈村课长请去，等他们回来，我即叫他们去警察局看一下，然后把这个案子移交给你们办理。不过，要尽快搞出结果来！"

## 阿黑哥死里逃生

沪西极司菲尔路76号是一个杀人魔窟，绑进这里的人没有一个活着出来。但当大生赌台老板阿黑哥被解到此时，却松了一口气，因为他料定李士群一定会设法开脱他。

这天夜晚，李士群果真亲自来到牢房。阿黑哥一见他，连忙"扑通"一声跪下，哀告道："李先生，我实在是冤枉啊！"

"我知道，像你这种五毒俱全的人，怎么会替苏北方面办事呢！"李士群鼻子抽了抽，"你怎么会牵连进这件事的呢？"

"唉，我手下搞总务的阿鑫，接到《中华日报》社的电话，说是广告要校字，他就去了一趟。后来，发生了这件事，他怕被牵连就逃走了。这下可苦了我，有口说不清哟！"

"好啦，我怎么会见死不救呢！我硬把你从警察局要来就是为了……"

几天后，汪伪特工总部突然宣布："大生赌台广告案要犯已在吴淞码头被抓获。"接着就进行审问，李士群特请上海日本宪兵队特高课冈村、伪警察局长卢英到场监审。

当轮到许力求指证时，他额上冒出了冷汗，因为他知道被审者并不是邹闻朝。

昨天李士群曾特地把他叫去，吓唬他说，日本人不相信阿黑哥是主谋，如找不到"要犯"，就要拿他开刀，即使林柏生出面也救不了他，要想活命只有指证一个替死鬼。现在他不得不装得一本正经说："敝人原任《中华日报》代社长，故对报社上下人员均熟。堂前被审者确系……"

看到许力求真的按要求办了，李士群松了口气，对"要犯"使了个眼色。

这个"要犯"实际是李士群找来的一个小流氓，李士群曾保证他平安无事，并许诺事成后给一根金条。所以，他在审问中承认自己就是邹闻朝，对所有"犯罪事实"供认不讳，并证明大生赌台与此案无关。

不久，上海、南京的汉奸报纸相继登出了《大生赌台广告案已了结》的消息，内中说"要犯"已于日前"正法"。

一件使得巨奸丧魂落魄的"政治性大案"，就这样被李士群自欺欺人地了结了。那个冒充邹闻朝的小流氓并没有得到一根金条，最后被塞住嘴巴枪毙了。

而李士群在半年后，突然被日本人毒死，据说这与他在此案做手脚欺骗了日本主子不无关系。

# 扬子江上的风浪

## ——在日伪眼皮底下运炮筒

大家都看过电影《五十一号兵站》,并对机智的"小老大"留下了深刻印象。"小老大"原型是当年的许多地下交通员,柳一鲁即为其中之一,他曾在日伪眼皮底下把大批炮筒运往根据地。

### 化装离淮南

1944年初,随着抗战形势的发展,日本侵略者及其走狗已预感到末日将临。为了进行垂死挣扎,汪精卫按日本主子的旨意:以伪国民政府的名义发了一道密令:"训饬"南京、上海等地汉奸政权加紧对抗日根据地的封锁,不让一颗药片、一寸钢铁落入新四军之手。

中共华中局城工部刘部长得到情报后,不禁两道剑眉皱起:这个情况将给城工部领导的苏沪间地下斗争带来新的困难。眼下,淮南兵工厂急需一批制造迫击炮筒的无缝钢管,而这种美国出产的无缝钢管只有到上海去搞,派谁去才能完成任务呢?

正在这时,有个人急匆匆闯进屋来。刘部长一打量,来者五十开外年纪,身材魁梧,皮肤黝黑,双目炯炯有神。他马上认出此人是老交通员柳一鲁,高兴地说:"哦,是老柳,你什么时候回来的?"

"在南通完成购药任务后,我就连夜搭渔船回到根据地。"老柳气喘喘地说:"现在是来要新任务的。"

刘部长眼睛一亮,马上问:"你倒机灵,从哪里得到的最新消息?"

老柳说:"送药品到淮南专员公署时,专署的方主任告诉了我。"

刘部长听了,脸色严肃地说:"老柳同志,这次情况非同寻常。敌人加紧了封锁,到上海这个日伪统治中心区域去搞无缝钢管,犹如虎口拔牙;再有,无缝钢管搞到后,我们过去交叉使用的秘密邮政线、铁路线和航运线都无法运送了,必须见机行事,采取灵活的办法才行。任务艰巨得很哪!"

老柳用坚定的目光注视着刘部长:"我觉得自己比其他同志更有把握完成任务,请组织上相信,即使赴汤蹈火我老柳也一定将无缝钢管运回来。"

"好!"刘部长用力拍了一下老柳宽厚的肩膀,"你现在就到淮南专署去领取款子,并与方主任好好研究一下。"

"是!"老柳故意一本正经地敬了个礼,然后笑呵呵转身出门。望着远去的这位久经考验的老交通员,刘部长额上的皱纹舒展开了。

次日拂晓,天空刚露出鱼肚白,老柳就化装成商人,带着巨额储备券出发。淮南专署派了几个同志划船护送。

河里静悄悄,绚丽的晨曦映得水面波光粼粼,小船缓缓行驶着。中午时分,到达濮树湾,这里是根据地的边沿,再过去就是敌占区了。老柳和同志们在村里休息一下,吃过干粮,又上路了。

进入敌占区后,护送的同志有点紧张。老柳告诉大家,根据他以往的经验，在敌我交界地带，日伪军通常不敢轻易出动。事实也果真如此，一路上并没有发生意外，傍晚时小船划到了长江岸边的瓜洲。

## 逗留瓜洲渡

瓜洲，地处扬州、镇江之间，是长江北岸的一个著名古渡口。这里的集镇并不大，没有日军驻防，只有小股汉奸武装守卫。镇长是个两面人物，只要有经济收入，对来往的商贩概不过问。所以，城工部派人在镇上开了爿大成商行作为联络站，用来掩护过往同志。

老柳到了瓜洲，与护送的同志道别分手后，雇了个捎客挑着伪装好的两筐储备券，来到大成商行。

"孙老板，我给你送货来啦。"老柳对正在柜上打算盘的中年人喊道。

"哎哟，这不是柳老板吗！"那中年人马上放下算盘迎上来，"喔，是给行里送花生米来了，快请进。"

老柳跟着他进入内屋。此人就是大成商行"老板"——瓜洲联络站负责人孙斌。两人坐定后，老柳向他问了些长江上的情况，说："这次组织上派我到上海采购无缝钢管，随身带着巨额储备券，行动很不方便，我想设法兑换成金条。""这倒不太容易办。"孙斌有点为难地说，"不过，富源米号的沈金坤肯定有金条。"老柳问清沈金坤的情况后，觉得可以前去兑金，于是同孙斌商量了一个计划。

富源米号坐落在镇中。这是一座四合院,临街的北屋设粮柜,靠河的南屋作卧室,东西两面是仓房。老板沈金坤在乡下有地千亩,由他大老婆和儿子管理;他本人带着姨太太专门经营米号。因为乡下收来的租足以保证米号货源,他得意地用"富源"作店名。沈金坤有个表哥在镇江当伪军大队长,镇上的地痞流氓不敢到米号惹事,所以生意很兴隆。这天早晨,沈金坤刚刚起床,伙计就来通报:"有个柳老板求见。"

"柳老板?"沈金坤虽然记不起这样一个人,但以为总是来做生意的,便说了声"请"。

当老柳走进南屋时,沈金坤一愣:"先生面生得很,来敝号有何贵干?"

老柳拱了拱手说:"敝人冒昧登门,为的是请沈老板帮个忙。"

"想要沈某办啥事?"

"敝人出远门办货,为方便想用储备券向你兑换二十根十两的金条。"

"敝号是小买卖,根本没存金货,哪里拿得出二十根'大黄鱼'?"

"这沈老板就太客气了,谁不知你有财有势,区区二十根金条算得了什么!"

沈金坤觉得眼前这个对自己了如指掌的柳老板,非等闲之辈,便向姨太太使了个眼色。那女人就一步步向门边挨去。"沈老板是想请保安队来查我的身份证吧?"老柳用手将门一拦说,"这用不着。告诉你,我是根据地来的。日本鬼子横行的日子不多了,你应该为抗日做点力所能及的事,给自己留条后路。"

沈金坤心里动了一下，马上换笑脸说："误会，误会。抗日民主政府的需要，沈某当然应该尽力。只是不……不要让……让我太吃亏……"

老柳神色严肃地说："只要是不当汉奸的人，我们都公平对待。我们按市面行情向你兑金。"

沈金坤连连称"是。"老柳来到米号大门口，机警地向两边张望一下，便向外面一个正在歇脚的挑夫模样的青年招招手。这个年轻人是瓜洲联络站的小李，他把一担黄豆挑了进来。沈金坤正在疑惑，老柳用手在筐面扒了几下，一扎扎储备券就露了出来。沈金坤打开箱子取出二十根金条，抖抖索索地交给老柳。

正当老柳要离开富源米号时，突然大门外传来嘶哑的叫声："沈老弟起来了吗？我们正三缺一呢！"小李一听，轻声说："糟糕，是保安队长吴三麻子。我们从后门走。"老柳盯了沈金坤一眼："这儿离根据地咫尺之遥，你如耍花招，后果自己考虑！"沈金坤和姨太太想起，数月前镇上曾有个汉奸被新四军处决，不禁心口"怦怦"直跳，连忙说："不敢，我们不敢昧良心……"

老柳和小李走出后门，顺着石阶到河边走上一条停着的小船，很快往远处划去。

## 遇险上海滩

2月的上海，春寒料峭，天色阴晦。傍晚时，穿着长衫的老柳随着拥挤的人流涌出十六铺码头。已经老半天没吃东西，老柳感到饥肠辘辘，便走进码头旁的一家饮食摊，叫了一碗阳春面、四只馒头。老板娘是个心直嘴快的善良妇人，她端详了老柳的打扮，悄声说："先生是跑买卖的吧，可要留神，这些日子到处在抓嫌疑分子。听说闸北有个共产党被抓走了。"老柳心里"咯噔"一下，但表面仍很平静地说："多谢关照。"然后，他拉了拉头上的毡帽，走出小摊。

上海闸北谈家桥的大发烟杂店，是地下党组织的一个秘密接头处，它不与当地其他交通员发生横向联系，只接待来沪执行特殊任务的根据地同志。老柳趁着朦胧月色，来到谈家桥。突然，老柳发现大发烟杂店旁边有几个鬼鬼祟祟的人影在晃动，马上联想到饮食摊老板娘的话，凭着多年的地下工作经验，他感到其中有问题。老柳想走又怕引起怀疑，便急中生智敲了敲一户居民的门，未等里面人来开，便高声叫道："老张头，哥们在等你推牌九呢，我先走了，你随后就来呀！"那些特务以为老柳是个赌鬼，并不在意。

老柳离开谈家桥后，心里很是焦急，因为在环境极端险恶的日伪统治中心，如果没有地下党组织的配合帮助，是寸步难行的。他想了想，决定暂且找旅馆住下。

第二天上午，老柳到大街上转悠，想到各爿五金商店看看行情。然而，接连跑了六七家，都没有看见一根无缝钢管。又来到一家五金商店时，情况也一样。老柳便向店主打听，谁知老板听后神色慌张起来："先生，敝号早就不卖这东西了，快到别处去问吧。"老柳感觉有点蹊跷，转身出了店堂。

不一会儿，老柳又来到北四川路（今四川北路）的祥生五金号。走进店堂一看，样柜里空空如也，只有一个伙计站在柜台边。老柳打量这个三十多岁的人，方方的脸，浓浓的双眉，明亮的眼睛流露出刚正之气，便悄声向他询问无缝钢管货源情况。青年伙计把老柳从头到脚瞅了一遍，轻轻地说："先生，所有五金商店的无缝钢管，统统被日本人强行压价征购去了。你如实在想打听，就在今晚八点到南市学前街624号去问吧。"老柳闻言，心里不由一怔，用深沉的目光朝他瞥了一眼，说声"谢谢"就走了。

老柳离开店堂，走过几条马路，来到一条小街。突然，一阵摩托车引擎声由远而近，街的两头同时出现了伪警察。老柳马上意识到，这帮家伙要搞包围搜查了。原来，当时汪伪上海当局为了搜捕从苏北来的人员，常在各个街口进行突然袭击，将一些"可疑分子"抓去审讯。这阵势，想躲是不行了，老柳索性大大方方在报摊上买了一张报纸，走进茶馆找个雅座坐下。几分钟后，伪警察冲进茶馆，吆五喝六地对每个茶客作搜查。有个老人动作慢了点，伪警察抡起枪托就打，老人的头上顿时血流如注。当伪警察走近时，老柳顾自看报品茗，理也不理。伪警察一看他手里的是汪伪中央机关报《中华日报》，又见他派头不小，便稍微收敛那凶神恶煞的气势，问道："先生，带着良民证吗？"

"请你们跟我到极司菲尔路76号去取，怎么样？"没等伪警察答话，老柳就猛地站起来，对那家伙连掴两个耳光，"老子正在这儿执行重要任务，却被你们这帮混蛋搅了。我他妈的回去报告万里浪局长，叫你们吃不了兜着走！"

伪警察小头目一听不觉懵了，他们对极司菲尔路（今万航渡路）76号特务机关向来买账，连忙走过来陪笑道："卑职不知道你们政治保卫局在这里有公事，多有冒犯，请千万包涵。"这家伙说着就叫伪警察到别处去搜查。

夜晚，雨不停地下着。本来就冷落的南市，路上行人更稀少了。老柳撑着伞来到文庙附近的学前街，"笃笃"敲了敲624号的门，随着"吱呀"一声，这间平房的门开了。出来的正是祥生五金号那方脸青年，他见是老柳，便请进了屋。方脸青年将油灯芯挑了挑，里面顿时亮了些。

老柳估计那方脸青年可能是自己同志，正想试对暗号，对方却先开口了："您是史老板的秘书吧？"老柳马上回答："不，是他公司的采办股股长。""是来上海五芳斋赴宴的吗？""不，到三官堂桥下买鸡鸭。"暗号对上了，随着一声"同志"，两双手紧紧握在了一起。

那方脸青年叫朱成，是中共地下党员。前些天，闸北谈家桥秘密接头处被特务破坏，组织上即派他重建联络机关，由于时间匆忙未及通知根据地，所以老柳事前不知道。朱成告诉老柳，汪伪上海当局根据南京伪国民政府的密令，禁止各爿民营五金商店买卖军用物资，违者轻则坐牢，重则枪毙；但奇怪的是，虹江路的达美五金号却有大批无缝钢管，这很可能是敌人设的诱饵。

老柳点了支烟，抽了几口，说："既然目前上海只有达美五金号一家有无缝钢管，那么即使那里是虎口，也得进去闯一闯。"

"前几天，我已请在该店当账房先生的邹平暗中观察，搞清其中情况。"朱成满有把握地说，"邹平是我党领导的群众团体益友社的骨干成员，为人正直可靠，他一定会帮助我们的。"

这时，外面传来敲门声。朱成一听，声音是一轻两重，知道是邹平来了，马上去开门。朱成替老柳、邹平作了介绍后，三人一起研究工作。邹平汇报，达美五金号的无缝钢管，确是汪伪特务机关存放着的诱饵；汪伪政治保卫局总局兼上海分局局长万里浪专门指派特务组长邵六带人监视，一旦有人来买这批无缝钢管，立刻抓起来送特务机关。邹平还了解到，邵六是个光棍，在妓院包了个叫醉芳老二的女人，每晚都去过夜。

老柳分析情况后提出，必须先从邵六身上打开缺口。朱成、邹平也表示同意这个看法。于是，他们商量出一个将计就计的对策。

## 妓院寻邵六

入夜，妓院云集的四马路（今福州路）会乐里，那一盏盏写着妓女名字的大灯笼在风中不断晃动。从留声机放出的靡靡之音，不时被日本兵、汉奸和白相人的嬉闹声打断。

邵六正在会乐里富春楼同醉芳老二取乐，老鸨来敲房门了："邵先生，有位顾老板求见。"他以为又有人为保释被抓的人，带着大把钞票来走门子了，便整整衣衫说了声："有请。"

这位"顾老板"就是老柳。老柳走进醉芳老二的房间时，邵六看着他，拉长脸问道："找邵某有何事啊？"

老柳不卑不亢地说："想跟你做笔大的买卖。"

邵六心中暗喜，以为又有油水可捞了，便借故支开醉芳老二。醉芳老二撅起嘴，然后伸手在床上的手提包里摸了摸，悻悻地走出房间。邵六关上门，轻声问道："到底是什么买卖？"

老柳淡淡一笑道："想借你看管的无缝钢管派用场。"

"什么？"邵六马上从墙上取下挂着的驳壳枪，紧张起来："你是哪里来的？"

老柳不慌不忙递过一张派司，说："我是重庆来的。"

邵六一看派司，吃惊不小："你是军统局的特派员？！"

"识时务者为俊杰。趁着汪精卫将倒未倒之际，为党国立上一功，然后投奔我们军统，有你的好处。否则，到时就追悔莫及啦。"

"这……这个……"邵六眼珠转了转，"直截了当吧，我抛出无缝钢管的话，重庆方面能给什么好处？"

"我们要这批无缝钢管，固然是兵工生产需要，但更重要的是为了不让新四军得到它。"老柳用阴沉的语气说，"你如能协助我们将它运出上海，那委座一定会嘉奖你，至少弄个少校军衔。另外，这里我先给你十根'大黄鱼'，到时还有重赏。"

邵六是个死心塌地的反共分子，又是个财迷心窍的家伙。他早就觉得自己本事大，当个特务组长太受屈；近来又看到日伪大势已去，江河日下，更萌生了改换门庭的念头。今天军统来人，他当然不会坐失良机，便接过老柳拿出的金条，看看成色不错，拍着胸脯说："既然你们看得起邵某，我保证将货如数交出。"

"好，一言为定！"老柳拍拍邵六的肩胛，"邵老弟，今后咱们是一家人了。"

"那我应该怎么干呢？"

老柳便如此这般地嘱咐了一遍。邵六听了连连点头，说保证没问题。于是老柳离开了富春楼。

醉芳老二立刻回到房间里，先是摆弄了一下床上的手提包，然后同邵六撒起娇来。趁着邵六高兴，她叫老鸨送来酒菜，两人对酌。她到底是个老练的娼妓，酒量大得很，邵六根本不是对手，不一会儿便被灌得醉成一摊泥。她将邵六扶上床后，带了手提包悄悄出门，叫辆出租车往沪西驶去。

虽然夜已深，沪西极司菲尔路汪伪特工总部的客厅里，依然灯火通明。醉芳老二坐在沙发上喘了一会，从手提包里拿出一只微型录音机，递给汪伪政治保卫总局兼上海分局局长万里浪。原来，万里浪对邵六并不完全放心，所以收买醉芳老二监视他，刚才老柳与他的交谈都被录下来了。万里浪听完磁带，气得拍茶几大骂邵六不是东西，随即请来汪伪政治保卫局上海分局的几个头目商量了好一阵子，然后给上海宪兵队特高课长冈村挂了电话。

## 日伪团团转

翌晨，邵六按老柳的计划，早早来到达美五金号，对那些在店面附近装着摆鞋摊、叫卖馒头和设赌台的便衣特务使个眼色，这些家伙便跟他走了。来到不远处的同泰祥菜馆，邵六叫了一桌丰盛的酒席。酒过三巡，邵六对感到蹊跷的特务们说："局座有指示，要将无缝钢管运南京，今天上午有卡车来装，我们负责押车送码头。半个多月来，弟兄们辛苦了，今天邵某在此犒劳诸位。来，干杯！"特务们一下子活跃起来，互相敬酒劝杯，闹成一片。

这时，两辆带篷卡车出现在达美五金号门前。大约停了半个小时后，司机使劲按喇叭。听到长鸣的喇叭声，邵六带着醉醺醺的特务们走出同泰祥菜馆，奔了过来，跳上驾驶室，护卫着卡车向南码头垃圾滩驶去。

卡车在弯曲而狭窄的马路上行驶着。邵六悠然自得地抽着三炮台牌香烟，他以为自己只要遵嘱将这两辆卡车带到垃圾滩，与守候在那里的军统局顾特派员接上头,就大功告成,可以溜之大吉到重庆请赏去了。想着想着,他不禁有点飘飘然,透过眼前那一个个烟圈,仿佛迷迷糊糊地看到蒋介石正在向他招手致意……

南码头一带是棚户区,泥泞的道路坑坑洼洼,野草丛生。卡车绕过几个弯来到黄浦江边停下,这里是一个专门装运垃圾的码头,所以得名垃圾滩。邵六带人跳下车,见江边停泊着三艘机帆船,却没有顾特派员的影子,心里便嘀咕起来:这是怎么啦?突然,从垃圾堆后面窜出十来个日本宪兵和几十个便衣特务,将卡车团团围住。邵六还没明白过来,有个人已伸出毛茸茸的手揪住他的衣领,他抬头一看竟是特高课长冈村,吓得差点没昏过去。

"你良心大大的坏,可是逃不出我的手心!"冈村说着用力一推,邵六跌倒在地。

万里浪一挥手,便衣特务们蜂拥而上,卸了邵六及手下人的枪,将他们赶到一边,然后搜查两辆卡车。

当卡车的油布篷被掀掉时,冈村和万里浪都吃了一惊:怎么上面装的全是圆木?他们叫来两个司机询问,司机递过日商茂田运输公司的派车单,说是奉命而装木材,路经达美五金号时停了停,想看看有没有运输生意,谁知那帮人强行搭车到这儿。这时机帆船上也下来一个人,出示了驻沪日军登部队发的"木材移动证"。冈村有点糊涂了,醉芳老二的磁带录音不会假,但眼前的情况却大相径庭,这是怎么回事呢?冈村想到茂田是宪兵队长的亲戚,不便无故扣他公司的车,便挥手放了司机,听凭码头工将木材往机帆船上装。

万里浪走近冈村低声说:"冈村课长,咱们还是到达美五金号去看看吧。"

冈村一听,像是刚醒过来似的,马上对宪兵、特务们喊道:"开路开路!"

鬼子汉奸数十人乘上摩托车,离开垃圾滩,往市中心驶去。邵六等人的囚车跟在后面,"呜呜"嘶叫着。

达美五金号似乎什么事也没有发生过。摩托车队刚停下,冈村和万里浪便带人直奔店库,一看堆得满满的无缝钢管仍在,悬着的心才放了下来。

冈村一阵冷笑,然后自作聪明地说:"新四军狡猾狡猾的,刚才是试探的干活。"

"冈村课长真高明!"万里浪附和道,"新四军是想先试探一下我们的防范力量,然后找机会下手。"

"万局长,重新派特务组监视,鱼的有,猫的一定来。"

"哈意(是)!"

这时,邵六把脸贴在囚车栅栏上,大声喊叫冤枉。万里浪双手叉腰,啐了一口痰,不加理睬。冈村怒目圆睁,指着囚车对宪兵命令道:"他们的,统统的交军法处!"

## 禁品出吴淞

就在冈村和万里浪庆幸无缝钢管没有丢失的时候,有两辆卡车正向吴淞疾驶着。前一辆卡车的驾驶室里,身穿日式水手服的老柳和孙斌同一个日本人轻声交谈着。

原来,老柳为了防备邵六变卦和发生意外,昨天故意施计布了个迷阵。老柳事先通过朱成买通日商茂田运输公司的两个司机，请他在往垃圾滩运货时到达美五金号停一停，让邵六等搭车。等特务们被引开，而冈村、万里浪带人在垃圾滩埋伏时，老柳率另外两辆卡车前来装走大部分无缝钢管，由邹平和店员们用剩下的少量无缝钢管遮在临时放进店库的圆木堆上作伪装。于是，就出现上面那一幕闹剧。

那么，孙斌怎么到上海来了呢？因为老柳离开瓜洲前，曾请他物色一条安全可靠的运输船。孙斌通过熟人结识了一位参加反战同盟的日本人小田，此人是被日军征用来专驶沪宁运军需物资的私商小货轮"大和丸"的大副，愿意帮助配合运送无缝钢管。商人出身的"大和丸"日籍船长宫本，听小田说有人要捎一批五金到南京，愿意出大价钱，觉得可以捞一票，就答应了。宫本交给小田一张过期的运货特许证，让他送给货主涂改一下使用。于是，孙斌赶到上海与老柳取得联系，作了周密的安排。为了便于应付日伪的搜查，今天上午小田也一起来押车，并给老柳和孙斌各带来一套日式水手服。

吴淞口是出入上海的咽喉，日伪防守十分严密，一般的船舶进出，都要受到严格搜查，唯有这里日本海军码头的舰艇和运输船例外。那些被日军征用来运军需物资的小货轮，也只要持有上海日本宪兵队出具的特许证，即可自由航行。"大和丸"就停泊在日本海军码头，正准备启航。

当两辆卡车驶抵日本海军码头大门时，被两个日本卫兵拦住了。小田跳下车，笑嘻嘻地打开烟盒说："两位辛苦，太白果（香烟）的咪西。"

"夷哎（不要）！"日本卫兵推开烟盒，"统统的下车！"

老柳、孙斌从车上下来时，日本卫兵问小田："你们什么的干活？"

小田回答："我是'大和丸'的大副，他们是水手。"

日本卫兵接过小田拿出的特许证，仔细看了看，觉得上面的货名和日期有点模糊，便用怀疑的口气质问小田。小田没有答话，转身到岗亭里一手抓起电话，一手使劲摇了摇转柄，喊道："莫西（喂）莫西（喂），宪兵队特高课吗？我要冈村课长，哦您就是。是这样，我是您的外甥小田，海军码头卫兵对您签发的特许证有怀疑，请您对他们解释一下吧。"两个卫兵的脸唰地变得苍白，推托了一会，才由其中一人硬着头皮接过电话，里面马上传来严厉的训斥声，他口里连连"哈意（是）哈意（是）"。那卫兵放下话筒后，便挥挥手放行了。

看着日本卫兵刚才的熊样，老柳心里暗暗好笑：我预先安排了个会日语的洋行职员当假冈村，他们倒真听话。

两辆卡车驶到黄浦江边，装卸工便将无缝钢管往"大和丸"上搬。日籍船长宫本一看暗暗叫苦：这是什么五金，分明是违禁品，闯了祸怎么办？但他转而一想，现在如声张肯定要坏事，况且这东西反正是往南京运，以后查起来也可搪塞。他假装不知，顾自回舱打盹去了。

## 江中起风波

吴淞口外，江天相接，云水一色，看不到边际。

"大和丸"绕过炮台湾，进入长江航道，往上游而去。孙斌拿出预备好的几瓶绍兴陈年花雕，还有几只符离集烧鸡和一大包兰花豆腐干，在甲板上的凉篷里摆开一张圆桌，请几个日本水手饮酒看景。他们喝着美酒，品尝着佳肴，不禁兴奋地点着脚板，齐声唱起了日本歌："色古拉（樱花），色古拉……"几只海鸥像是被惊动了，它们掠过船顶，上下盘旋着。

　　几艘迎面驶过的船只，看着"大和丸"的阵势，就知道它是日军征用船，为免招是非，纷纷避让开了。那些来回穿梭的日伪巡逻艇，对日军征用船都是熟悉的，再则对日籍船长很放心，所以并没有找茬，只是驶过船舷时观察一番而已。"大和丸"很快驶过崇明、南通、镇江……

　　这时，日籍船长宫本觉得船已远离吴淞军港，看来不会再发生麻烦。他想：搞走私的人有的是钱，自己不妨再敲一笔竹扛！于是，他把舵位让给小田，脱身拉着老柳走进船长室。

　　"你们明明说是运五金，现在却装了违禁品，说谎大大的不好！"宫本慢吞吞地说，"我的，风险大大的。"

　　老柳明白宫本的意思，拿出四根"大黄鱼"，说："宫本先生辛苦了，这是一点小意思，等货脱手后另有重谢。"

　　"你的够朋友，今后合作多多的。"

　　"当然，当然……"

　　天色逐渐黑暗，"大和丸"已驶近龙潭江面。小田几次要与宫本换班掌舵，但宫本像是有所顾忌而谢绝了。老柳看到这个情况，便与孙斌、小田悄悄商量一下，决定改变原计划，采取新的行动方案。这时船上的日籍水手都吃了被小田掺入镇静剂的饭菜而沉睡，只有日籍二副因是吃小灶而逃过麻醉。根据分工，小田看着二副舱室，孙斌留心江上动静，老柳独自一人走进驾驶室。

"船长先生，请转舵往北岸靠。"老柳用小田给他的手枪顶住宫本命令道。

"往北靠?"宫本一惊，"你的什么人?"

老柳严肃地说："我是抗日根据地的交通员。"

宫本额角沁出冷汗，眼珠一转想出个鬼主意，嘴里连说"遵命"，手却连续急转船舵驾驶盘，小货轮随之在江中连连旋转。

老柳马上看出宫本是想把航向搞乱，叫人在夜幕中辨不出南北，便上前将他推开，稳住了舵盘。

小田和孙斌见小货轮不停打转，一齐奔到驾驶室，小田从老柳手中接过舵盘，又从口袋里掏出指南针看看，拨正了航向。宫本大叫："小田君，他们不是走私商，新四军的干活，快抓住交给巡逻艇!"小田冷笑道："我是新四军的朋友，你想捣鬼，脑袋的小心!"宫本一听泄气了，瘫倒在地板上。

不料，这时从驾驶室外闯进个人来，他就是被惊醒的日籍二副，举着手枪说："统统的不许动!"

小田给老柳递个眼色，然后使劲一扳舵盘，船身猛地震动了一下。日籍二副站立不稳，一个趔趄撞在舱壁上，老柳趁势扑上去将他抱住，按倒在地板上。谁知他在挣扎时碰到了扳机，只听"砰"的一声子弹穿破了舱壁。

清脆的枪声，在夜半寂静的江面传得很远。没多久，远处传来巡逻艇的引擎声，一道探照灯光在"大和丸"旁晃动。

老柳急中生智从舱室里取出两瓶烈性酒，给宫本和日籍二副各灌了一瓶，两个人马上醉倒了。

日军巡逻艇很快驶近，一看响枪的是"大和丸"，便靠上了船舷。巡逻队小队长见甲板上有两个日本人躺着，口里酒气浓烈，旁边掉着一把手枪，便以为他们是喝醉酒打架走了火。小田与这个小队长有点面熟，上前用日语解释一通，然后又递上两瓶好酒。巡逻队小队长没有发现可疑情况，说了声"多加小心"，就指挥巡逻艇开走了。

巡逻艇很快消失了。老柳他们松了口气，把两个横在甲板上的家伙关到舱室里，然后转过船头，将"大和丸"驶向龙潭对江的沙窝子。

## 安抵根据地

长江北岸的沙窝子，是淮南抗日根据地的边缘，这里生长着大片芦苇丛，一眼望不到尽头。

寒冷的江风，吹得芦叶"唰唰"作响。城工部刘部长看夜光表，时间已是凌晨三点多钟，估计"大和丸"快到了。他对警卫排排长叮咛几句，又请淮南专署方主任派人通知等候在后面的民工，将大车套好备用。

这时，江面上突然有人对着芦苇丛一暗一亮打手电。这是预先约好的暗号，刘部长也按同样方式用手电回答。不一会儿，"大和丸"驶到芦苇丛外，刘部长、方主任跳上船，同老柳、孙斌、小田热烈握手。然后，民工们开始卸船，以最快速度将无缝钢管抢运到岸边大车上。

二十辆装得满满的大车刚要启运,附近芦苇丛里传来了密集的枪声,刘部长知道这是仪征日伪军被惊动,在芦苇丛东面与警卫排接上火了。他让民工们不要慌,有条不紊地往回撤。

原来,刘部长命令警卫排战士埋伏在芦苇丛东面监视仪征方向,只要敌人一出动,就马上阻击,用枪声和手榴弹爆炸声掩护大车队悄悄北撤,然后再将他们引入芦苇丛深处。激战二十分钟后,警卫排长指挥战士们佯装顶不住,边战边退,敌人紧紧跟上。来到江边时,战士们登上"大和丸",小田迅速驾船向前驶去。赶上来的敌人正在叫苦,突然周围芦苇丛燃起了熊熊大火。火借风势愈烧愈近,敌人知道中计,想跑已来不久,全部被包围在火海之中。

在日伪军鬼哭狼嚎之际,警卫排战士和小田赶上了行进中的大车队。

初升的朝阳,给淮南抗日根据地的田野洒上了一层金辉……

# 存入银行保险箱的密信

## ——周佛海未被枪毙笼罩迷雾

周佛海是个臭名昭著的大汉奸。在抗战胜利后,百姓都以为他难逃一死,因为不少比他罪行轻的汉奸都被处了极刑。然而,最终结果却让人大跌眼镜。

### 有意为自己留后路

1943年的春天来得迟,虽然时值农历正月初,入冬以来的坚冰却尚未融化。早上起来,只见玻璃窗上布满冰凌花。

周佛海这天起得很早,六点敲过,他已睡不着了,翻身起床来到窗前,掀开窗帘,向院外的善钟路(今常熟路)上望去。

周佛海难以入眠,是由于昨天晚上邵式军来见他时所讲的事引起的。邵式军虽是他属下的"税务署长",但这人财大气粗,是当时上海"三大财神"之一。他的"署长"交椅从"维新政府"时坐上,一直没有动过。因为他不但和日本人关系密切,而且听说重庆、延安都有人,可说是八面玲珑的人物。周佛海有时也要倚仗他。

邵式军见了他,劈头就说:"佛公,我的一个内亲从苏北过来,想和您谈谈。"

周佛海紧张了一下,摇手要邵式军不要讲下去,说:"我们到里面书房去谈吧!"所谓"苏北来人"指的是新四军,周佛海不能不小心。

进入书房,邵式军说:"来人是我的内侄,那边的联络处长。"

周佛海兴奋起来,"哦"了一声,说:"他来有什么事谈?"

邵式军欲言又止:"详细的我也不清楚,对方只是说,现在形势对我们不利,要我们考虑退路。我想'四'字头近在咫尺,这步棋……请佛公明察钧断。"

周佛海沉吟了一会,心绪极乱,邵式军和新四军有来往他早有所闻,但装作不知道。日本人日暮途穷,败局已定。他虽然与军统早有来往,但是只要日本人垮台,近在咫尺的新四军比大后方的来得快,因此听听"四"字头行情,也是一条后路。主意打定,周佛海说:"啸越兄,令侄这次来沪的使命,难道就是和我碰头吗?"

"他说自己是奉命向我们转达中共对时局的意见的。"

周佛海站起身在房中踱了一圈,转身对邵式军说:"好吧,你陪令侄后天晚上到兴国路官邸与我会面,不过要严守机密,不能让别人知道!"

## 家中密晤苏北客

洪隆由邵式军陪着坐在驶向兴国路的汽车上,今晚他穿着笔挺的西装,戴着金丝眼镜,气宇轩昂,风度潇洒,看上去像个干练的银行高级职员。这实难将他与苏北极其困难条件下坚持抗战的新四军联系起来。

夜色苍茫,汽车拐了一个弯,开进一座花园洋房的大院,在楼前停下。此刻,两个身着呢料中山装的彪形大汉靠了过来,他们是周佛海的贴身保镖。

洪隆跟着邵式军进楼,被领到二楼的一间书房。房间四面排列着一只只玻璃书橱,里面有各种书;壁炉旁有一张小圆桌,桌旁摆着三张带扶手的红木靠背沙发椅。看来谈话只有他们三个人了。

少顷,周佛海走了进来,洪隆端详他的外表:此人身材高大,圆圆的面孔,带着一种疲劳过度的病容。

周佛海略带笑容说:"洪隆先生是啸越兄的至亲,不是外人,随便谈谈。从苏北到上海,沿途不大好走吧!"

洪隆见周佛海开门见山挑明了他的身份,于是也坦率地说:"这周先生比我清楚,沿途关卡不都是你们'和平军'的吗?不过我还是进来了,而且有幸见到阁下。"

周佛海尴尬地笑了一笑,说:"洪先生,我和贵党也不是没有一点渊源的。民国十年那一次党的大会,我曾以留日学生代表身份与会,那时和润之先生常在一起,我们都是湖南佬嘛!"

洪隆心里有点厌恶,他居然还有脸重提旧事:"周先生,过去的事不提了吧。你以后在蒋先生那里很受重用,如今仍在汪精卫先生手下担任要职。我拜读过大作《三民主义之理论与体系》,你是懂得唯物辩证法的,历史是不会重复的!"

周佛海脸上红了一下,眼镜片后眼中闪过一丝凶光:"对对,不提过去,我早就不是共产党了,但我还讲唯物,把握现实。方今天下纷乱,我在这三省二市(指伪政府辖区的江苏、浙江、安徽和上海、南京)还有点实力。"

洪隆反唇相讥:"周先生,当前形势想必你也清楚,日本鬼子败局已定,不出这两年就要完蛋。你这点实力将来能对付谁?这恐怕你比我就更有数。"

周佛海一愣，勉强笑了一笑说："洪先生，你到这儿来总不是和我辩论的吧，还是谈谈具体的问题吧！"

洪隆端起茶杯呷了一口，不慌不忙地说："周先生既然说谈具体问题，那么我这次来这里，就是想听听你在目前情况之下能有什么表示？"

虽然屋子里烧着水汀，周佛海却感到一股冷气从背后向四肢渗透。他迟疑了半天，说："洪先生，我讲实在的。'和平军'虽然有将近二十万人，但是杂而又杂，各自为政，我指挥不动。现在我能答应你的，是以后尽量设法不对苏北、苏南封锁。经济上如果贵军需要点什么，我一定尽力而为。"

洪隆知道周佛海讲的也是实情，对这样的人初次接触要想有什么大收获是不现实的，就说："周先生有所表示，我们欢迎。不过我们讲究说到做到，以后我们等待你的具体行动。"说罢，他起身告辞而去。

## 两面摇摆生犹豫

几天后，周佛海在外滩"中央储备银行上海分行"秘密会客室，又接待了三个"客人"。用"客人"这词也许不太恰当，因为这三个人都在汪记国民政府有职务，可说是周佛海的部下，但他们又都是重庆派到周佛海身边的特别信使，身份非同一般。

来客均着汪伪陆军军装，不过军衔各异：一个是中将，一个是上校，还有一个少校。双方坐定，周佛海指着茶几上的烟盒说：

"子亮兄,我是不吸烟的,你和肇明、申明自己动手吧!"

被称为子亮的略微推让一下,就取过香烟,点燃后吸起来。

周佛海问:"雨农有什么指示?"

子亮并不答话,却对身旁军统上海秘密电台负责人徐肇明说:"你直接向佛公汇报吧!"

徐肇明吭了一声,说:"戴老板要我向佛公转达委座指示。委座认为日本即将战败,东南不久将收复,而战后的大患将是近在肘腋的新四军。委座要佛公利用日军,向苏北的新四军采取措施,严密封锁,逐步蚕食,相机进剿,以求全歼。"

周佛海听了连连点头说:"当然,反共是我来东南沦陷区的职责,自当竭尽全力,请雨农兄转禀委座让他放心!"

徐肇明微笑着吐了个烟圈说:"佛公的话,我们自然深信不疑,不过别人未必和佛公一样。据我所知,像陈公博这样的大人物还派人和新四军勾结呢。"

周佛海顿觉浑身发冷,果然不出所料,军统的监视确是严密。陈公博派姘妇莫国康去苏北这事,他听见提起过,但这事做得极其机密,徐肇明怎么知道的呢?那我和洪隆碰头他们未必不清楚,事情还未有端倪,如果就授人以柄,这事怎么吃得消?但多年的宦海风浪,练出了他的应对能力。他以进为退,装出十分惊讶的神情说:"肇明兄,公博派人去苏北,不大可能。这种事情关系重大,会不会搞错?"

徐肇明脸上掠过一丝不易察觉的轻蔑笑容,欠了欠身,面对周佛海说:"佛公,陈公博的活动,未必每次都和您商量。他想找条后路,也不难理解,不过投共未必是上策。现在有人想脚踏两头船，这种做法是不可取的。佛公支撑东南危局，他年将这块劫后土地完璧交给委座，将是不世奇功；反之，若以共党为犄角，恐怕将来不为委座所愿闻吧！"

周佛海听了这段言辞，心都要跳出腔外，这家伙的话弦外余音，分明暗示我也想和新四军来往。这事万万不能松口，蒋介石最恨和共产党有联系的人，万一……于是他哈哈大笑："我从北伐以来就跟随蒋先生。这次分道扬镳，原因是和战之争，蒋先生处于共党威逼之下，虚与委蛇；我是主张和则存、战则亡的低调朋友，所以身在江湖，心存魏阙。我想怀疑别人通共还可以，我是共党视为叛徒的，总不会自己飞蛾投火吧！不过话说回来，咱们这'和运'队伍鱼龙混杂，难以担保没有人和新四军来往。这事诸兄密查后，告诉我也行，你们直接向雨农兄呈报也可以。不过，先向我打一个招呼，使我心中有数更好。"

徐肇明等不防备周佛海来这样一手，他们今天不过来摸摸底，并无真凭实据，只好马上落篷。谈申明说："佛公所说甚是，我们也是防患于未然，有事当然先向佛公禀报！"

又交谈了一会，"客人"告辞走了。但周佛海十分烦躁，后悔自己答应邵式军和新四军的人见面，军统虽然不见得探听到这次密谈内容，却总是十分危险。他暗暗决定，以后苏北有人来，决不再亲自出面会谈，也不约他们到自己公馆来，以免不测。

### 故作姿态藏心计

转眼已是1945年初，盟军的飞机不断空袭南京、上海，日本的空军已无临空应对的力量。敌伪的报纸，经常刊载皇军在太平洋某个岛上全军"玉碎"的消息。这天，周佛海从报纸上又看到了类似消息，心头愈觉惶恐。无意中，他翻到一张叫《国民公论》的报纸，看到上面有"希望日军撤出长江三角洲，以免美军登陆时，老百姓遭到涂炭"的言论，不由吓了一跳：这办报的莫非活得不耐烦了，敢要日本撤军！他又仔细看了看报纸，报社地址是南京中山东路，门牌分明是汪伪宣传部的，有点困惑汪伪宣传部是公馆派林柏生的大本营，林柏生和他虽然是冤家对头，却未必有胆量公开反对日本人，其中莫非另有蹊跷？但这事不能直接问林柏生，必须另寻途径，他想起了章克，这个汪伪宣传部次长，和他比较接近。于是，他叫人接通长途电话，通知章克今天务必乘夜车来上海面谈。

晚上，周佛海在善钟路寓所的小客厅里接待了章克。章克说："林柏生哪有胆量随便在报上发耸人听闻的东西，这是日本人的意思。"这话使周佛海吃了一惊，忙问："谁？"章克说："这人我现在不知道，不过日军报道部点了头的。"

周佛海没有答话，脑子却在飞快地盘算。很快，他对章克断然正色道："你回去，以宣传部名义发出公函：该报言论有悖和平建国国策，蛊惑人心，立即停刊。如果今后还有这类言论在刊物出现，不管是谁主管，一律查封。"

章克怔住了，呆呆地望着周佛海说不出话来。周佛海起身在室内兜了个圈子，站在章克面前说："日本人想利用民意的幌子，从华中抽出兵力，扔个烂摊子给我们。试问，他们真撤了兵，咱们的和平军能守得住这地盘吗？我不能让东洋人跑，看来他们就要完了，让他们自己顶着去受罪。这样我们还可以讨价还价，你懂吗？"

章克不禁为周佛海的老谋深算所折服,他完全没有想到日本人同意发表这一篇文章后面的险恶用心,于是连连点头,心悦诚服道:"佛公高见,佛公高见!"送走章克,已过午夜,周佛海睡意全无,一个人呆呆地在想心事,直到拂晓。

## 似乎"柳暗花明"

转眼到了1945年夏,日本天皇颁发了无条件投降诏书,消息传来,伪政府一片混乱。

周佛海这几天一直愁眉苦脸,焦虑万状。日本一投降,他立刻要徐肇明打电报给戴笠,请示怎么办,但一直没有接到回电。打开无线电收音机,却听到在播送蒋介石的命令:命令沦陷区汪伪军政官员在中央受降部队未开到以前,临时负责维持治安,否则将按惩治汉奸条例加重治罪。他听了身上一阵发冷:完了,大概蒋介石要对我开刀了。他想起蒋介石托人带给他的亲笔手谕,只落款"知名不具",以前不以为意,现在想起大有蹊跷,显然早有预谋。他跟了蒋介石十多年,深知此人心狠手辣,杀人灭口是家常便饭;写信不留名,蒋介石便有了退路,到时候极可能拿自己当汉奸处置,借自己的人头来堵别人的嘴。

就在周佛海胡思乱想之时,掌握秘密电台的军统特务程克祥兴冲冲跑来:"周先生,戴老板的电报来了。委员长给了你名义,这下可好了!"

周佛海一听不觉愁眉顿展,脸上有了笑容,便忙从程克祥手中接过电报,上面写着:"奉总裁谕,委任周佛海为军委会上海行动总队总队长。"周佛海一看，心又冷了下来，这行动总队总队长到底管什么？能不能指挥上海军、警和文职官员呢？这些都要认真考虑，不过这是戴笠转达蒋介石的手令，他又不便问。

周佛海苦笑说："克祥兄，你把肇明、君强找来商量一下，如果找到子亮也请他来。"

君强就是罗君强，是周佛海的死党，担任伪上海市政府秘书长，同时代行市长职权，此外还兼"税警团"副团长，是"市府"决策圈内的重要人物。徐肇明的公开身份是"税警团"团长，隐蔽职务是军统东南特区的军事特派员，是戴笠用以控制周佛海的武装力量代表。

罗君强和徐肇明相继来到周家，周佛海马上把那份电报递过去。

徐肇明已知此事，戴笠在给周佛海发电报之前，就已通知他。徐肇明看完电报，慢慢吞吞地说："佛公，我看去打个电报请示一下，怎样？"

徐肇明胸有成竹地说："我们不问行动总队总队长的职权，而是电呈军事委员会，说上海行动总队已遵命成立，即将着手接管上海市各机构，维持社会治安，请戴老板转呈备案。如果委座和戴老板不反对，我们不就什么都管了吗？"

周佛海一听，高兴地拍了一下大腿，说："肇明兄，你真有办法。我立刻要克祥给雨农兄发电。"

徐肇明接着说："佛公，这总队的具体事务，你我都不要事必躬亲，让克祥担任个对内对外的主要负责者，这样好办得多。"

周佛海一想也对，含笑对程克祥和徐肇明说："这事看来由克祥出面好，不过肇明兄也要大力协助呀！"接着，他们继续商量如何成立行动总队的事，罗君强却虎起脸一语不发。等徐、程走后，罗君强气愤地对周佛海说："佛公，您怎么这样软弱，叫他们全包了去，那我们自己呢？"

周佛海走到罗君强身旁，双手搭在他的肩上，两眼注视着他。良久，他叹了一口气说："君强，我们现在还争什么权位，这个过渡摊子你我对付得了吗？现在保住身家性命才是第一要事。"罗君强听着这话，不觉低下头来。

刚刚送走罗君强，秘书进来说："南京宣传部章次长打长途电话来，说有要事向您报告。"同时，递过一封信："这封信是南京派专人送来的。"

周佛海接过信一看是陈公博的手迹，觉得自己所料的确不错，这家伙有点走投无路了。这时无暇看信，他走到书房去接电话，电话里传来章克的声音："佛公，我曾和您讲过，我的同学洪先生从苏北来，想和您谈谈，可以吗？"

周佛海头脑"轰"的一下，新四军果然找上门来了。他原先答应洪隆的事，可说一件没有办成，等于欺骗。今天他们要找我做什么呢？物资和军队都落在军统手中，今天我连一个人也指挥不动了。而且，我如再和洪隆见面，被徐肇明他们知晓，叛国再加上通共，那下场就更不得了。他捏住电话听筒，手心不住地出汗，那边又传出章克的声音："佛公，您看我如何回答他？"

周佛海定了定神，下了狠心在电话中对章克说："你回复他，说我最近没法和他会面。话说得婉转点，不要伤害他。另外，设法把他送回苏北去。"

他回到书房看了陈公博的信以后,揿铃叫秘书进来,吩咐他做好准备,第二天动身到南京去。

## 两巨奸着手"打烊"

陈公博在日本投降后,拍了一个电报给蒋介石,请示如何善后。蒋介石辗转回电,电文只有八个字:"静守京沪,以待后命。"其中并无任何实在的内容。陈公博忖度这"后命"的寓意,分明是将来用他的命来平民愤。他深感必须另谋出路,于是和亲信周隆庠、陈君慧密谋了两条:一是去找共产党,表示愿率残部投诚,如果共产党的军队开进南京,或许可以保住身家性命;其次,如果这条路行不通,就只有逃往日本避难了。计议已定,他就派人持函去上海说服周佛海共同行动。

周佛海接函后匆匆赶往南京,一下火车便直奔陈公博的"代主席官邸",来迎接他的是陈公博的姘头兼秘书莫国康。这个平时打扮得妖里妖气的女人,今天脸又黄又瘦,无精打采地把周佛海引进书房。陈公博懒洋洋地站起来和他握手。

周佛海直截了当问他:"公博,你看这局面如何收拾?"

陈公博双手一摊说:"上海话叫打烊,北方人说是收摊子,不过这摊子还不那么容易收。我现在是破烂市场卖次旧货的小贩子,不管谁要我就一起卖给他!"

周佛海摇摇头说:"公博,这事恐怕你我要多想想。我们从大后方来到南京跟随汪先生组府还都,原希望能和当年宁汉合流一样,蒋、汪两公再度携手合作。可是棋错一着,满盘皆输。这次我们自陷泥坑,京沪是国民政府所在地,抗战胜利后我们把这块地方完整地交给蒋先生,多少可以立功赎罪吧!"

陈公博叹了一口气说:"佛海,你过去是蒋先生侍从室副主任,和他关系不错,日本一投降不就委你为上海行动总队总队长吗?对我呢,是'以待后命'。我想我要为这台戏祭旗了!"

周佛海黯然无语,隔了半晌,也叹了一口气说:"你以为我好受吗!这个行动总队总队长是个空衔,下面管事的徐肇明、程克祥不都是戴雨农派来的人吗?岂止要听他们的,恐怕我的一举一动也都在他们注意之中。投共我早想过,可是共产党最恨叛徒。上次那'四'字头的联络处长,我们不都接触过了吗?你想想,如果手里没有一点本钱,投过去不是等着杀头吗?今天棋已走到这一步,只能置于死地而后求生。我只求咱俩别南辕北辙,将来万一有幸再相聚,总算共事一场,好离好散。"

陈公博听完,站起来在屋子里走了一圈,重新坐在沙发上,对周佛海说:"佛海,看来我是无能为力了。不过要我待在南京等他们抓进牢房,我也不干。我不和蒋先生作对,也不投共,天地之大总有容身之处吧?我离开中国总可以了。"

周佛海晓得他想逃到日本去,其实日本投降以后已是泥菩萨过江自身难保。他逃到日本,只要中国政府一声令下,还不是被乖乖送回来。周佛海虽然这样想,但没说出来,随他的便罢,只要不碍事就行,于是换了一个话题:"公博,我们总得开一次中央政治会议吧,宣告我们这台戏收场。我已想过,应组织一个临时政务委员会办理移交,这还要你负责,我协助你!"

陈公博怪笑了一声:"开不开都一样,开总比不开好,写文章总要有个结尾，不管是悲剧还是闹剧。"

周佛海觉得陈公博已经有点精神失常，不想和他纠缠下去，商定开会日期后就告辞回到西流湾七号家中去了。他还没有坐定，又有亲信向他密报了一件事：何应钦和冈村宁次去拜访了老牌汉奸任援道，还给这老家伙一个南京先遣军总司令名义，要他负责南京的治安，其他任何单位不准插手。

周佛海一听，愈觉情绪黯淡，重庆方面分明已不许他插手南京。他原来想以"保卫京沪"来向蒋介石、戴笠邀功，现在任援道插了上来，这打算只剩下一半。何应钦的行动，必然得到蒋介石认可，戴笠也不会不知道。如此看来，前途吉凶，依然是个未知数。

周佛海长吁短叹，辗转难安。

### 转瞬 "总队长" 被卸

几天后，周佛海刚回到上海湖南路公馆，就接到谈申明打来的电话，他在电话中说："雨农已经来到上海，在我家中，他说一会儿就来看你。"

放下电话，周佛海似乎像溺死的人抓住一根救命稻草。戴笠来看他，说明还重视自己，一切有了生机。他打起精神，吩咐厨房烧几个拿手湖南菜，准备和戴笠边吃边谈。

不一会儿，戴笠的汽车已开到楼下，周佛海立刻下楼去迎接。戴笠一把抓住他的手说："佛海，总算见面了。你苦撑这个局面不容易呀。"接着，他注视了一下周佛海的面孔，说："你面色不大好，要当心保养身体！"

周佛海觉得这种关心是个好兆头,他满面笑容向戴笠拱拱手说:"雨农兄,承蒙你照顾,大恩不言谢!快请里面坐吧。"

戴笠坐定后,向四下看了看说:"嫂夫人呢?幼海和慧海都好吧!"

周佛海忙说:"好,好,托你的福都好。"其实,他此刻根本无心聊家常,只想知道戴笠带来什么消息。

戴笠接着说:"佛海,你的行动总队只是个临时过渡机构。我们自己弟兄不说客套话,抗战胜利后你的目标太大,因此立刻借重你老兄,校长有所顾忌。特别是目前国共还未分家,如果共方提出惩办你,我们就难讲话了。我和校长研究了一下,希望你暂时退隐一个时期,局面一变动,校长就可以安排你老兄了。"

周佛海听了戴笠的话,深知目前也只能如此。他想先抓住戴笠,以求保全身家性命,然后再寻找出路,就说:"雨农兄,你如此关怀备至,我是铭感五内的。不过我的助手罗君强、内弟杨煜华在响应校长号召和保卫京沪中都出过力,还望你能多多照顾。"

戴笠用手拍着沙发扶手说:"佛海,这我心中有数,只要有我戴雨农在是不会亏待他们的。你放心,你的心腹也就是我的人,决不见外。我已吩咐徐肇明等会到这儿来,商量一下接收行动总队的武装力量。"接着,戴笠忽然放低声音说:"佛海,听说邵式军在新四军的亲戚,去年曾来找过你和公博,可有此事?"

周佛海不防戴笠突然问到此事,立刻心一沉。但他毕竟老奸巨猾,干脆坦然答道:"有的,那是邵式军的内侄,他要我帮帮苏北新四军的忙。公博也见过他。不过,我不会上当的,你知道共产党是不会信任我的。"

戴笠神秘地笑了一下，拍拍周佛海的肩膀说："佛海，这事我知道以后，没向校长讲过。你知道他最恨手下人和共党有往来，何况你和他们又有那么点渊源。我是知道你的，见见他们没什么。但以后如果他们再找你，最好先和我打个招呼。"

戴笠的笑容使周佛海浑身发冷，他深知眼前这个魔鬼欺骗不得，自己的一举一动都在他的控制之下，必须态度明朗、坚决。他郑重地点点头说："雨农兄，我不会对共产党存在什么幻想的。他们也只对我试探，我不会受他们利用，做出对不起蒋先生的事。"

## 自知有去无回

遵戴笠之命，周佛海把行动总队和伪中储行统统交了出去；他自己在上海的三处公馆，也被军统"借"去了两处，只剩下湖南路一处。周佛海整天龟缩于家中，倍感孤寂惶恐。

这天下午，忽然有个叫苏馨的女人来访。苏馨是个女作家，以前通过周佛海老婆杨淑慧的关系，办了一份名叫《天地》的刊物，常拉周佛海夫妇写稿，是周府中的常客。不过，周、杨和她交往，只是表示和文人有往来，附庸风雅而已，并不太重视她。

苏馨来访，使周佛海的心情略感舒展。他把杨淑慧找来，一起陪苏馨聊天。

苏馨说："你们这儿门禁怎么森严起来了？看门的都换了，不认得我，一再盘问。"

周佛海心里清楚，门房已被换成军统特务，但这不便对苏馨说，只好笑而不答。杨淑慧却关切地问起她近来情况怎样。

苏馨十分爽朗地笑笑说:"我不怕被抓,也不怕别人说我文化汉奸。反正我写的东西已没人要,再下去就快饿肚子,抓进去就不必愁吃饭问题了。"

周佛海皱皱眉头说:"这玩笑开不得,你以为坐牢好受吗?你如果经济困难,我和淑慧可以帮助你一些。"

苏馨摇手拒绝:"周先生、周太太,谢谢你们的好意,无功不受禄。我是过惯吃咸菜、泡饭的日子的,吃点苦不怕。"

周佛海有点激动,他想这女人还硬气,比自己周围那些"官"强,自己在政治漩涡中翻云覆雨大半生,却也未曾有些骨气。他想了想,对苏馨说:"你等一下,以前你要我写几个字作纪念,我的毛笔字并不高明,加上忙就忘了,现在补偿这笔债吧。不过,我的字现在有人看了头痛,你如果不嫌弃,我就写给你。"

苏馨见他如此伤感,有点不忍,便有意鼓励道:"周先生,谢谢你今天还记得这件事,我当然要。而且,你一定要签名盖章并题上款,我感激不尽。"

周佛海摇摇头说:"签名盖章当然照办,不过上款不必写了吧。这并非看不起你,我不愿连累别人。如果将来有人在这上面做文章,你一个女人是吃不消的。"他说着摊开文房四宝,挥笔书就一首七律:

录清人张茂稷《咏史》诗
李陵心事久风尘,三十年来岂卧薪?
复楚未能先覆楚,帝秦何必又亡秦。
丹心已负红颜改,青史难翻白发新,

永夜角声知不寐，那堪思子又思亲。

苏馨知道这首诗是讲吴三桂的，她觉得周佛海以吴三桂自比，确有点相似，而且由于当了汉奸，才使老母身陷牢狱。

周佛海送走了苏馨，夫妻两人坐在沙发上，很久都不说一句话。忽然，外面传来汽车刹车声。接着，徐肇明走了进来，说："周先生，刚刚戴老板接到委座电话。委座说，周先生、罗先生、丁（默邨）先生在日本投降后，维持上海、杭州治安很不容易，想在重庆召见各位。戴老板已吩咐准备专机，明天一早有车子来接周先生。"他说完就走了。

周佛海呆了半晌，对坐在旁边面露喜色的杨淑慧说："你高兴吧？蒋先生要见我，不过走得这样急，什么都没有准备。"

杨淑慧说："蒋先生见你以后，不久就回来了。况且，到重庆有人招待，要准备什么呢？"

周佛海脸上露出一点凄冷的神情，但他怕被杨淑慧觉出，故作笑容说："淑慧，现在我不是当侍从室副主任的时候了，见蒋先生的人多得很，什么时候轮到我，也吃不准。你给我准备点寒衣，重庆山城要比上海冷得早。"

杨淑慧离开客厅上楼，准备周佛海的行装去了。周佛海来到窗前，看着外面的天空阴云密布，似乎要下雨，他心中十分郁闷。他对蒋介石太清楚了，现在这老兄要当民族英雄，不会留他做个话柄的。他明白召见不过是借口，设法把他移向内地囚禁起来才是真。

突然，周佛海想起蒋介石曾写过一封密信给他，便匆匆上楼把它找了出来，只见上面歪歪斜斜地写道：

  闻君有意回头，不胜欣慰。望君暂留敌营，戴罪立功。至于君今后政治前途，余绝对予以保证，望勿过虑为要。

知名不具

  周佛海把这张条子交给杨淑慧，说："我这次去重庆吉凶难料。这是蒋先生亲手写给我的保证，你设法寄到香港汇丰银行存入保险箱，留一个照相影印件在身边。如果有万一，我们手里算是有一张救命王牌。"

  杨淑慧两眼含泪接过这张纸条，点点头说："佛海，你放心。只要你在，我一定想尽办法保护你。"

  杨淑慧劝周佛海去休息，他摇摇头走下楼。他怎么能入睡呢？长夜漫漫，他安静地坐在书房沙发上，回顾一生，准备给自己做总结了！

  1947年3月，蒋介石发布特令，以"响应反正"、"戴罪立功"、"以观后效"为由，把周佛海的死刑减为无期徒刑。这也许与存入银行保险箱的那封密信有关联。

# "小数点"的奥妙
## ——一则"爆炸性新闻"背后

1947年夏,报上突然登出关于"扬子"、"孚中"两个公司违法套购巨额外汇的新闻,顿时弄得纷纷扬扬。这无疑深深刺痛其后台老板,国民党官僚耍手段企图混淆视听,谁知却欲盖弥彰,余波不断。

### 一则新闻起风波

1947年夏,天气异常炎热,素有"火炉"之称的南京,高温竟达四十度。更使人头晕目眩的,还有《中央日报》在7月29日突然登出《孚中暨扬子公司破坏进出口条例财经两部奉令查明》,披露孔祥熙、宋子文的这两家公司利用政治特权,八个月内向中央银行结汇三亿八千余万美元,占国内同期售出外汇的百分之八十八。

蒋介石正为战场上节节失利而担忧,也为国统区学生的"反饥饿、反内战、反迫害"运动而头疼,一听在国民党中央宣传部的《中央日报》居然出现矛头对准孔祥熙、宋子文的新闻,不由勃然大怒:民主人士已屡屡指责国民党官僚发"国难财"、"胜利财",侵吞国家外汇,偏偏自己的"喉舌"也登出这种弄得纷纷扬扬的新闻!他立刻吩咐侍从室打电话,把保密局局长毛人凤叫来。

不一会儿,毛人凤就来到孝陵卫美龄宫。蒋介石铁青着脸,随手把那份报纸扔在桌上,劈头一句:"人凤,从雨农去世,保密局的人简直在吃干饭,我党的报纸居然和赤色分子唱一个调子,你们都在干什么?"

毛人凤莫名其妙,只好站着一声不吭。待蒋介石臭骂一顿消了气,才低声说:"总裁,学生确实无法与戴笠局长相比,工作不力。不过,保密局的人都紧盯着那些与政府作对的亲共报纸,没想到要注意《中央日报》;再则,学生也有苦衷,《中央日报》社归中央党部领导,您知道保密局不便多插手!"

蒋介石知道,军统和中统之间的倾轧由来已久。毛人凤不敢碰中统把持的中央机关报,也情有可原。但他向来不会认错,冷笑一声:"哼,有了功劳大家抢,出了事就互相推诿。我问你,对付赤色分子还要分彼此吗!好了,这些我不管,我要你迅速派人前去查清《中央日报》社是谁采编这条消息的,立刻密捕审讯,不必向中央党部通报。"

毛人凤听了正中下怀,他对中统在镇压工运、学运和钳制新闻方面的"功劳"很嫉妒,而且常为划分势力范围与之产生矛盾,所以早就想搞对方一下,只是不敢得罪陈果夫、陈立夫,才隐忍退让至今。眼下,蒋介石授权办理这个案件,他心中暗暗高兴,于是接着说:"总裁,您真是料事如神。《中央日报》肯定有赤色分子潜入,前些时候该报发生过给《资本论》登大幅广告的事;这次刊登针对'扬子'、'孚中'两个公司的消息,与赤色分子宣传什么'四大家族'财阀的腔调完全一致。这是'项庄舞剑,意在沛公'哦!"

一提起那次中共地下党组织巧妙地在《中央日报》刊登《资本论》广告的事,蒋介石更加怒不可遏,一拍桌子说:"冯冶性这个常务副总编辑是怎么当的,竟然让赤色分子钻进报社!人凤,我下一个手令,你带着去找他,告知由你全权负责肃清混入的赤色分子。"他边说边用红铅笔在一张便笺写下:"着派毛人凤负责处理《中央日报》肃敌工作,中央党部不必过问。"

毛人凤心满意足,向蒋介石敬礼告别。他出了总统官邸,便吩咐司机:"马上去《中央日报》社。"

《中央日报》常务副总编辑冯冶性拎起公文包刚要离开办公室,忽然秘书匆匆跑进来。他有点不高兴,轻声责备:"我说过多少次了,要从容不迫,不要毛毛躁躁,无论什么事都要沉住气!"

秘书仍然惊慌失态:"冯总,保密局毛局长来了。我请他进来,他却叫我告诉您一下,他只是向您传达总裁的手令,不能久留。现在,他正等在楼下会客室呢。"

冯冶性一听,只觉浑身一震,耳朵"嗡嗡"作响,他感到奇怪:老头子怎么让这小子传达手谕?为什么不叫沈希陶来?他转念一想,是福是祸都躲不过,于是放下公文包,快步下楼走进会客室。毛人凤见冯冶性进来,立刻满脸赔笑:"这件事比较急,总裁面谕之后,我径直到冯总这里,同您商量一下。"他说着,便把蒋介石的手令递过来。

冯冶性看完手令,心里怒火升腾:这小子想趁机骑在自己头上拉屎!纵然是内部肃敌,也可由中央党部调查统计室来搞,而且还应该通过陈果夫、陈立夫两位。毛人凤弄来一张老头子的手令,就想支开我们,这简直是强盗打进门,不许失主喊一声。冯冶性到底老奸巨猾,他仍面带笑容:"毛局长,总裁的手令当然得照办。不过,这事我不能完全做主,得向分管报社的中央宣传部沈希陶副部长请示，看看能够怎样协助您清除隐藏社内的赤色分子。"

毛人凤早已料到，《中央日报》绝不会服服帖帖地就范，他含笑回答："冯总，您向沈副部长请示是应该的。我想，总裁肯定也会向他交待的。贵社的赤色分子实在闹得太不像话，上回报纸刊登《资本论》广告为之张目，总裁已十分震怒；不想那事还未查清，又刊登指责'扬子'、'孚中'两个公司的新闻，这还了得！我认为，戡乱时期理应一致对敌。总裁要我管这事，恐怕也是希望从速解决，这点您大概也有同感吧？"

冯冶性冷笑一声："毛局长，听您这番话，似乎是中央党部太无能，让赤色分子为所欲为，以致给'扬子'、'孚中'两个公司惹麻烦。其实，这是本社记者戚小姐在经济部陈启天部长那儿得到的材料。陈部长是友党青年党党魁，一直拥戴总裁'行宪'，他总不见得是隐藏的赤色分子吧！"

毛人凤见冯冶性不买账，知道不亮一点底牌，这家伙是不会老实的。于是，他把脸一沉："冯总，您这话扯远啦。据说采编新闻的戚小姐刚从大学毕业，这样做不是让我们自己打自己耳光吗？贵社接二连三地出事，能说内部没有问题吗？沈副部长是深得总裁信赖的党国重臣，不会对这事听之任之。我奉总裁之命来与您商量，如果不愿协助，兄弟也不敢造次，只好据实向总裁汇报，请他老人家钧裁！"

冯冶性明白，消息是自己具体负责的报纸刊登的，要是中统和军统为此发生明的冲突，很可能上头最后妥协，就拿自己当替罪羊。哼，这我才不干呢！对了，一切都推给沈希陶吧。他想好后，尽量用平静的口吻说："毛局长，戚小姐很年轻，出道不久却挺有闯劲，她对社会上有些事看得不透，不懂得利害关系，才得罪了孔、宋两家，实属'初生牛犊不怕虎'！至于她是否受人挑拨指使，没经过详细调查，我不敢妄加臆断，因为她刚离南京，去《中央日报》上海联络处；您知道我虽是常务副总编辑，但报纸内容向由沈副部长亲自把关。这篇稿子既由沈副部长签发，我想他自有权衡。所以，毛局长最好同他打个招呼，这样有助于圆满解决问题；至于戚小姐，他认为果真有问题，交给你们处置也无不可，但目前能否暂不采取行动？"

毛人凤听出冯冶性话中的分量，沈希陶与蒋介石关系密切，可以直接进言；老头子虽对此恼火，但权衡之后，很可能采取摆摆平的办法，给二陈一个面子。何况那女记者还在《中央日报》社，万一对方把人藏起来，倒打一耙，老头子就会把气撒在我头上。他毕竟是老特务，便皱了皱眉头道："冯总，我不过是奉谕办理，对贵社内部事务岂敢干预。但总裁既已明令让我协助，总得尽力与贵社配合。希望您在内部尽快查清戚小姐的底细，我在外部配合注意她的活动。请放心，我不会让部下动手的。"

冯冶性听出毛人凤答应放松一步，觉得也不能不给对方一点面子。他想，只要不开军统插手报社事务之例便好，于是说："就这样吧，在需要鼎力相助时，一定邀请毛局长面议。"

毛人凤早已打好主意，决定当晚在上海悄然密捕那女记者，待逼出口供后，迅速向蒋介石禀报："《中央日报》社确实有赤色分子兴风作浪！"哼，到时让你们吃不了兜着走。此刻，他却不露声色，客气地向冯冶性告辞。回到保密局，他马上指使行动人员赴沪，到《中央日报》上海联络处去抓那女记者。他反复叮嘱："要客气地

'请',不能采取将她打昏再绑架的手段,违者以军法论处;人擒住后,直接送保密局软禁。"

毛人凤自以为这样的布置万无一失,心想这次可以抓住中统那批人的小辫子,狠狠敲他们一下。他关照值班人员,无论何时那小妖精一带到,就立刻报告,自己要亲自突击审讯。

## 双方争夺女记者

冯冶性送走毛人凤,就驱车前往中央党部部长官邸,去见沈希陶。

沈希陶是蒋介石的智囊人物之一,蒋介石对他常称"沈公"而不呼名。沈希陶看不惯孔、宋两家,明知在报上搞他们一下可以造点声誉,但又投鼠忌器:如果得罪了他们,一旦传到蒋介石耳中,新账老账一起算,自己的政治生命就终结了。这次刊登的"扬子"、"孚中"两个公司违法套汇的新闻,放在报纸第四版,沈希陶看后本想扣下不发,但看到文中有"顷从经济部部长陈启天处获悉"字样,突然想起蒋介石说过:"国民政府有两个部要从友党遴选部长,如果他们上任后偶尔有点不满骂两句,报纸可以照登不误。既然要'行宪'了,总得有点'民主'气息嘛。"于是,沈希陶签发了这则新闻。待冯冶性深夜来访,告知来龙去脉,沈希陶顿时愣住,许久才叹了口气:"冶性,你这样做是对的,无论如何不能让姓戚的女记者落到毛人凤手中。如果让他们抓去,一个年轻女子受不住严刑逼供乱说,抛来一顶红帽子,咱俩就很难翻身了。"冯冶性听了吓出一身冷汗,他吞吞吐吐地问:"军统鬼得很,戚小姐万一被他们捷足先登弄到手，应该怎么办？"

沈希陶皱眉合眼想了想，把架在鼻梁上的眼镜拿下来，用绒巾擦着镜片，并慢条斯理地说："那年轻女子无恙，就少掉不少麻烦。为了预防不测，你立刻到上海跑一趟吧！"

现在要介绍一下戚小姐，她名叫戚品玉，从中央大学中文系毕业后，做了《中央日报》记者。同事曾讥笑戚品玉没有经验，只配跟在别人身后作记录，这使她十分生气。前些时候，部主任要戚品玉单独跑经济新闻，所触及的无非是物价高低、股市涨跌之类，这既不会出岔子，也永远上不了头版；而且，这种新闻往往数字连篇，看起来非常乏味。戚品玉知道，接受这种安排只能当个三流记者，她很不高兴，暗下决心要搞出点名堂来一鸣惊人。不久，同事鲁肯从报社采访部主任那里获悉，据经济部会同财政部调查："扬子"、"孚中"两个公司凭借特权套汇三亿八千余万美元。鲁肯晓得这种新闻拿回来可否发布存在疑问，即便能够刊登也会得罪皇亲国戚，被敲掉饭碗只是小事，如果到时报社顶不住压力，很可能会把自己当牺牲品。恰巧，戚品玉来问鲁肯有什么新闻线索可以捕捉，他就干脆"移祸东吴"："戚小姐，听说经济部查出一个违法套汇的案件，你愿意的话可以去。不过，那被查的是有背景的'扬子'、'孚中'两个公司，你要三思而行哟！"

戚品玉年轻气盛，被鲁肯一激，马上怒气冲冲："记者有闻必录，管他是谁，违法套汇必须揭露，我去采访！"

戚品玉采编的新闻一见报，美联社记者就打电话对她说："密斯戚，你写的新闻太重要了，我们已译出并在当天以专电发往华盛顿。你真的很出色！"戚品玉的英文虽不太好，但这几句话完全听得懂，高兴得几乎难以控制自己的情绪。接着，这则"爆炸性新闻"被上海的《申报》、《大公报》、《新闻报》迅速转载，她想到"扬子"公司就在上海，便立刻赴沪了解各界反响。眼下，她正在《中央日报》上海联络处小楼二楼的宿舍里，尽情想象着自己今后成为著名女记者，跑到国外采访重大事件，新闻稿被世界各地通讯社播发，并自言自语："我成功了！"

"戚小姐，你成功了，也闯大祸了！"突然，一个阴沉沉的声音传过来。戚品玉大吃一惊，急忙转身，不知什么时候一个穿中山装的男人已站在旁边，那家伙脸色铁青，语调像冰一样冷。她不禁有点颤抖，低声问："你是谁，怎么不打招呼就进女人房间？"

那男人脸上的肌肉松了松，用轻薄口吻说："你这小妮子，胆子大，心太粗，一个大男人深夜闯入，居然还顾自发神经，一点都没察觉！"戚品玉听了，由恐惧变成恼怒，指着他斥责："你这流氓，不要昏头，我是《中央日报》记者！你夜闯《中央日报》上海联络处，在女人房间胡说八道，我可以马上打电话叫警察来。如果不想吃官司，就马上滚蛋。"

那男人发出狞笑："戚小姐，你不觉得自己有点滑稽吗？《中央日报》上海联络处门禁森严，特别是女记者的香闺，没有合法手续我敢随便乱闯吗？我是有事才深夜登门的，轿车就在下面，跟着走一趟吧！"

戚品玉知道遇到麻烦了，她想：深夜有人来上海抓我，难道是由于那则新闻，这好像不可能吧。她转念一想，也许是公司派人来绑架，反而镇静下来，冷笑一声："我凭什么跟你走？就是犯了罪，你也应该告知属于什么单位，欲将我带到哪儿去吧！"

那男人板起脸孔："是否犯罪，这你比我清楚；你一定要问是什么单位，那就告诉你，老子是保密局的。蒋总统亲自命令毛局长办理一个要案，你是其中的重要角色。毛局长'请'你去谈谈！"

戚品玉感到悲愤：自己不过是披露了"扬子"、"孚中"两个公司违法套汇，"最高当局"居然真的让保密局来抓人。她想，如果让军统特务带走，谁也没有办法知道被关在哪儿，自己能受得住惨绝人寰的酷刑吗？现在必须尽量拖延时间，设法让人知道有异常情况，只要有人来了，特务就难以顺利把自己捉去。她强作镇定道："这位先生，你说是保密局的，我又没有看见证件，一个姑娘怎能糊里糊涂跟着走？这一阵，绑架年轻女子的坏人不少。你说是蒋总统命令毛局长抓人，我凭什么相信呢？我这个小记者发点新闻，就算'最高当局'不满意，也应该找报社；即使要处理我，也应该由中央宣传部出面。我认为，蒋总统要查也只会给中央党部发指示，不会动用保密局。你到底是哪方面的，必须讲明白！"

那男人不愿听戚品玉絮叨，粗暴地说："没有工夫再陪你多废话，随便把我当什么人，任务总得完成。你是个漂亮妞，爱美之心人皆有之，我本打算客气地'请'，只要咱俩手挽手出门，就不用戴手铐，可以留一点面子。但我磨了这么半天嘴皮子，看来用处不大，只好失礼了！"他边说边从裤子口袋掏出一副手铐，上前一步抓住戚品玉白嫩的手，准备铐起来。

这时，戚品玉已豁出去了，缩回手大喊："来人啊，快救命，有人搞绑架！"这声音尖厉而高亢，打破了深夜的寂静。那男人恼羞成怒："老子还制服不了你？"他随即拔出手枪，指着她威胁："再喊一声，就毙了你！"

戚品玉毫不惧怕，拼命挣脱并欲朝门外逃。那男人随手拖住她，拦腰抱住，又动手扯衬衫。她既羞又急，奋力反抗，只听"嘶"的一声，一个衬衫袖子脱落。那男人用手钳住她的下颚，逼迫张嘴，将破袖硬塞进去。她毕竟是个女人，很快失去抗拒能力，被那男人反铐起来。

突然，门外走道响起杂乱脚步声，渐渐逼近戚品玉的房间。那男人凭着军统特务的职业敏感，晓得情况有变，立刻把她推到墙角，胡乱拉过一条被单盖上，自己则拿着枪躲在门后。说时迟那时快，门马上被踢开，拥进了几个人，一个大汉吼道："你他妈的胆子真大，是哪儿来的流氓，竟敢夜闯《中央日报》上海联络处，企图绑架女记者！"

那男人一看这架势，知道是中统行动队来了，个个都持枪对准自己，如果不服软肯定吃亏，于是放下枪："各位别误会，我是保密局的，奉毛局长之命来此。"说着，他便向门口溜，但被那大汉一把揪住，朝屋里一推，戴上了手铐。

戚品玉喘了一口气，放声大哭。那大汉搜出钥匙，轻轻把她扶起，打开了手铐。她感激地说："多谢各位搭救。你们是……"

那大汉叙述了经过。原来，军统特务冲进来时，将看门人绑起来，不许他打电话和走出屋子；随即，推开大门把一辆轿车开进来，停在墙边。由于司机倒车时"哐"地碰倒放在墙边的铁桶，惊动了二楼东端一间屋子里尚未睡觉的女会计，她拉开窗帘朝外一看，见多出一辆轿车，旁边还站着几个鬼鬼祟祟的人。很快，又有脚步声在不远的门前停下，她想：二楼都是女性单人宿舍，陌生男人深夜闯入，非奸即盗。当她向门卫室望去，发现看门人被绑着，便猜出了真相。她想起冯冶性已抵沪，曾叮嘱有事要尽快向上海冯公馆报告，就拨了电话。冯冶性听到女会计的报告，知道军统已去抓戚品玉，他立刻打电话给上海中统行动队，要求火速把戚品玉救出来；中统行动队队长请示如何发落绑架者时，他略作思考说："这些人是保密局的，不要加以伤害，缴了枪把人放掉。就用他们的轿车送戚小姐，然后把它开到僻静处扔掉。"接着，便是中统行动队翻墙而入，先缴楼下军统特务的枪，再上楼解救戚品玉。戚品玉还想问什么，那大汉即中统行动队队长摇头道："此处不宜久留，再待着可能有危险。我送你到安全的地方。"他把戚品玉扶下楼，并耳语："戚小姐，我送你去上海冯公馆。"戚品玉有点不知所措，轿车载着她出了《中央日报》上海联络处，在马路上飞驶。

戚品玉别无选择地到了上海冯公馆。沈希陶在深夜听了汇报，知道冯冶性想趁机"金屋藏娇"，只好顺水推舟："冶性，戚小姐就暂住你的公馆，不要让她出去，在上海避一阵子。明天的《中央日报》要发条消息：'敝社上海联络处昨晚有歹徒潜入，意在抢劫，幸好报警及时。待警方赶到，歹徒已逃窜，事后清点财物无损失，唯有一名女记者去向不明。'毛人凤要面子，绝对不肯承认那些歹徒是自己的部下。至于总裁那里，我来设法打圆场。"冯冶性闻言，真是对这位上司佩服得五体投地。

### 绞尽脑汁作掩饰

翌日午后，蒋介石正靠在南京总统府办公室的沙发上闭目养神，朦胧中觉得有人走近，睁眼一看是侍从室副主任陈方站在身旁,就问:"有什么事吗?"

陈方躬身回答:"总裁,沈希陶副部长前来拜见。我见您在休息,就请他在会客室等候,过一会儿再通报。我想先进来看看,不料把您吵醒了。"

蒋介石头脑反应还是很灵敏的,他想:沈希陶准是为了《中央日报》那则新闻而来的。娘希匹,人凤真是饭桶,我希望他从速办理,到现在尚无结果。也罢,我先听听希陶怎么讲。于是,他吩咐陈方:"请希陶到书房吧,我一会儿就过去。"

沈希陶在书房坐了片刻,蒋介石踱了进来,落座便问:"希陶,找我有什么事吗?"

沈希陶只字不提《中央日报》那则新闻,他轻声说:"总裁,我曾同经济部陈部长晤谈,他得知我要来您这里,就托我向您面陈一些想法。"

蒋介石感到有点意外:"启天也真奇怪,有事可以直接找我嘛,何必兜个圈子!"

沈希陶面色稍严肃:"总裁,我倒能理解陈部长的苦衷。现在要'行宪'了,他身为青年党党魁,也是参加政府的友党人士,身份和我有点不同呀。您在政府中是首脑,在党内是总裁,可以直接领导各部的我党官员;而青年、民社两党只是政府中的友党,他们要适度保持独立身份。因而,陈部长才向《中央日报》发布关于'扬子'、'孚中'两个公司的套汇调查,以体现友党对我党并不是亦步亦趋。"

蒋介石一脸不悦:"想揭发一些枉法之行,我不反对。你一定还记得抗战胜利之初,某些接收大员侵吞敌产,贪污舞弊,我还枪毙了几个。对于'扬子'、'孚中'两个公司套汇,我不会袒护。然而,'打狗还要看主人',为什么不先同我打个招呼,在内部处理掉不是更好吗?"

沈希陶从容不迫地说:"总裁,我签发这则新闻是有所考虑的。现在不少人诋毁青年、民社两党与我党'同恶共济',话讲得极难听。陈部长提供这样的材料,是想显示友党敢于揭露问题,立场不偏不倚;而《中央日报》刊登这条消息,则显示我党从善如流,并不讳疾忌医。所以,美联社立刻发专电,赞扬政府确有整顿纲纪的决心。这样不是对我党很有利吗?"

蒋介石脸色逐渐好转,有了点笑容,说话语气也和缓许多。他一边让沈希陶饮茶,一边说:"希陶,启天的用心不坏,如果预先和我商量一下,安排得周密一些岂不更好!但这次'扬子'、'孚中'两个公司套汇三亿八千余万美元,数额实在太大。目前,美方与我方正在洽商四亿美元援华款,这事会不会影响美方态度?我有点捉摸不透啊!"

沈希陶微微一笑:"总裁,这事我已有补救办法,也与陈部长商量好。在明天,《中央日报》会发一则'更正启事',仍刊登在原来那个版面。我把稿子带来了,请总裁过目。"他边说边取出一张纸,递给蒋介石。

蒋介石戴上老花眼镜一看,上面这样写:"前日(本月二十九日)本报记载孚中、扬子及中国建设银公司之新闻一则,各报颇有转载,本报对于此项记载,特声明如下之两点:(一)本报记者未见财政、经济两部调查报告之原件,故所记各节与原件当有出入之处。(二)本报所记载各该公司结购外汇之数目,有数处漏列小数点,以致各报转载时,亦将小数点漏列。查实孚中公司结购外汇为一百五十三万七千七百八十七点二三美元。扬子公司结购外汇为一百八十万六千九百一十点六九美元。中国建设银结构外汇为八百七十七点六二美元。特此澄清,以正视听。同时向经济部致歉。"

蒋介石看完哈哈一笑,伸手拍拍沈希陶的肩膀:"希陶,你真鬼哟,把小数点挪动一下就揩掉三亿多美元,变成三百多万美元。亏你想得出!我不找启天了,方便时替我打个招呼,我会继续照应他的。"他随即又说:"我曾写下手令,让人凤去密捕采编那个新闻的人,他还没有回复,这怎么收场呢?"

沈希陶没有料到蒋介石会向自己讨主意,心想:毛人凤拿"圣旨"压《中央日报》实在可恶,要报复他正逢时机。于是,他故意面露为难神情:"总裁下手令给毛局长,是为了防患于未然,保密局实在不宜夜闯《中央日报》上海联络处,闹得鸡犬不宁。那女记者当晚未去宿舍,后来听说有人要抓她,逃到冶性在上海的公馆要求保护;冶性曾请示,我因为还弄不清情况,就嘱咐他暂时收留。其实,毛局长根本没有必要大张旗鼓抓人,只需打个电话给我就行了。如果有'共谍',我当然毫不留情,会让冶性立刻将她交给保密局审讯。现在虽稍被动,但仍能妥处。您只要打电话给毛局长,要他同我见个面,咱俩一定会把这事料理得不留痕迹。"

蒋介石心里暗暗道:"人凤实在太草包!希陶这书生则是一肚子坏水,看来只好让他去善后了。"所以,他装出亲近的样子:"希陶,这事就交给你了。不过,人凤也是为了党国。现今时局艰危,你们千万不能心存芥蒂,仍要和衷共济呀!"

沈希陶觉得目的已达到,便不再谈下去,站起来向蒋介石告辞："总裁，如果没有别的指示，我就回去办理了。"

蒋介石挥了挥手："嗯，你回去吧。赶紧消除负面影响……"

## 心猿意马生恋情

傍晚，在上海冯公馆，冯冶性有点焦急地在客堂里踱来踱去。沈希陶打来电话，告诉他："我与总裁谈得非常好，一切问题都解决了。"

冯冶性连声应承，但他顿了顿问："戚小姐怎么处理，还让她回报社吗？"

沈希陶一怔，这小妮子怎么处理倒还没有考虑，现在回报社肯定不行。他抬头望着墙面挂着的月份牌，上面那女郎似乎正抛来媚眼。他灵机一动：冯冶性是个好色之徒，既然这小妮子长得标致，就让两人结"秦晋之好"吧。于是，他对着电话筒笑道："冶性，这位小姐如果你喜欢，就由你长期照应。"

冯冶性挂断电话，心想：这小妮子虽在报社干，我却从未和她接触过。那晚，她被弄得披头散发，一身尘土，满面泪痕，我也没有兴致端详。刚才沈希陶之意是要把她送给我，自己确实缺一个陪伴的女人，老婆早就病故。我虽常到舞厅白相，但那些货腰女郎都只能临时消遣一下。把她叫过来看看再说吧。于是，他吩咐娘姨带戚小姐到书房。

戚品玉经过休息有了精神，薄施脂粉便恢复动人风姿。现在，她心里虽不踏实，但觉得住在冯府应该是安全的。对于冯总深夜派人搭救，她十分感激。以往，上、下班见冯总夹着公文包匆匆而过,没有留下太深印象;如今住在他家,总应该当面表示感谢吧!同时,她也考虑着自己的将来:做记者可能不安全,但父母远在广州,自己若离开报社又能干什么呢?

戚品玉正在卧室胡思乱想,娘姨进来告知,冯总请她到书房谈谈。

戚品玉听了,心里一沉:冯总找我谈什么,莫非想发落我?"丑媳妇总要见公婆",不管怎样,冯府总不能长住下去。于是,她慢慢走下楼去。

冯冶性亲自倒了一杯茶,放在戚品玉面前:"戚小姐,那晚受惊了,这也怪我考虑不周,未能及早防范。现在身体还好吧?要多注意休息,寒舍地方不大,有点委屈你,请多包涵。"

这时,戚品玉抬头仔细瞧冯冶性,看到他未过中年,生得清秀,不胖不瘦,戴着一副金丝边眼镜,有种书生的潇洒风度。她不禁心里怦然一动,自己也弄不清楚是怎么回事,脸上泛起红晕,半天也讲不出一句话,只是低头用手拨弄旗袍下摆。

冯冶性也注视着戚品玉,只见她雪白的皮肤,圆圆的面孔,两个酒窝微凹,一头乌发挽了条长辫斜披于右肩,别有一番妩媚。

两人各有所思,都未再开口,于是沉默了许久。

面对戚品玉低垂粉颈、含羞弄衣的神情,冯冶性感到有种楚楚动人的魅力,不由心里一阵冲动。当他想到眼下仅是初次谈话,不能失态,便止住自己的心猿意马,含笑道:"戚小姐,沈副部长已面陈总裁,说明消息出自友党主管的经济部,这事也许告一段落,不会再深究。不过,你目前还比较引人瞩目,特别是保密局的人记恨于心,再去报社上班难保不受暗中报复。"

戚品玉想起那晚军统特务的暴行，不由一阵战栗，她急得泪珠在眼眶里转："冯总，我的家在广州，南京这边无亲友，如果报社单人宿舍不能再住，那怎么办呢？"

冯冶性看着戚品玉含泪的娇态，觉得这小妮子除了投入自己怀抱，大概别无出路。他暗暗欣喜，一个乱子竟给自己带来桃花运，便故意说："你既然在这里举目无亲，只有尽快找到中意的男朋友，办了终身大事，这样才有永久的依靠。"

戚品玉顿时脸庞发烫，她斜瞅冯冶性一眼，娇嗔道："冯总，人家都快愁死了，您还有心思开玩笑。我刚参加工作，连个能说话的男同事也没有呀！"

冯冶性强压邪念，做出慷慨姿态："事到如今，谁让你是我的部下，只能保护你到底啦。这样吧，你就在我的公馆安心住下，报社方面我发个通知，让你做本人机要秘书兼管上海经济新闻，可以在此上班。你是年轻女子，咱俩如果不沾亲带故会惹来闲话，你就算我的表妹，可以吗？"

戚品玉早已懂得男女之事，顿时双颊像桃花般鲜艳。此刻，她蓦地想起古典小说中"不是冤家不聚头"这句套话，觉得眼下自己也只能委身于他，但不知道应该怎样回答。

冯冶性的眼睛似燃烧着一团火，紧盯戚品玉的面庞，禁不住心旌摇晃。他见对方不吱声，心里有点不安，便催促："戚小姐以为如何？你总要表个态。如果不行的话，再商量别的办法。"

戚品玉突然大方地说："好呀，冯总为我想得很周到，应该怎么谢您呢？"

冯冶性按捺不住狂喜，马上握住戚品玉的手："品玉，不许再称官衔，应该亲热地喊一声'表哥'啦！"

## 晕头转向麻烦多

当毛人凤得知密捕《中央日报》那女记者未成，而且连所用轿车也被人开得无影无踪，他气得揪住负责行动的特务猛抽耳光，嘴里不停地骂："你这头蠢猪，不但没有抓住那小妖精，还把保密局的轿车弄丢了。你难道不晓得那并非普通车子，上面安装有特别的无线通话设备，一旦它落在中统手里，局里将不得不改变对外的全部无线通话波段。限你在两天内，不管用什么办法都要把车子找回来。真是害苦了我，这事怎么向总裁汇报啊？"

在那特务狼狈退出后，毛人凤余怒未消，他隐隐觉得有股寒意从背脊向前胸扩散，自己怎么向蒋介石说明呢？他后悔当初只顾拿着老头子的手令耀武扬威地去《中央日报》社施压，而没有抓住时机悄悄将小妖精先弄到保密局；自己不仅把事搞砸，还曾狐假虎威，这是老头子最忌讳的。如果沈希陶使坏去告状，自己准没有好果子吃。

毛人凤在南京鸡鹅巷局本部办公室不停转悠，香烟吸了一支又一支，仍想不出办法交差。突然，电话铃响了，他拿起电话筒一听，那边问："喂，保密局毛局长吗？我这里是侍从室，总裁要您过来谈话。"

毛人凤挂掉电话，感到全身软绵绵没有一点力气。完了，老头子肯定已知道他未抓到人反而打草惊蛇，叫去岂止是一顿臭骂，恐怕还有可能被拉下马。如果他在保密局被撸，有哪个单位肯容纳呢？军委会其他一些部门，都对他既怕又恨。他长叹了一口气："我从来没有太大的闪失，偏偏为了抓那小妖精而阴沟里翻船！"他无奈地打铃吩咐备车，起身到南京孝陵卫美龄宫去了。

毛人凤忐忑不安地走进侍从室，陈方见他到了，满脸堆笑："毛局长，来得好快呀。总裁只是吩咐让您来一次，并没有限时赶到。他老人家正在午休，您稍坐一会儿吧。"

毛人凤观察陈方的表情，似乎蒋介石并无喊来责罚的意思，但他转念一想：侍从室的人终日"伴君"，早练就了喜怒不形于色的功夫，从这些"近臣"言谈举止中根本难以推测老头子的心态。他觉得摸一下行情也好，于是故作轻松地坐下来，打开纯金烟盒，取出两支雪茄，分给陈方一支并帮着点燃，说："陈副主任，您最了解总裁脾气，干保密局这行，挨他老人家的骂是家常便饭，我是'不求有功，但求无过'哦！"

谁知，陈方笑起来："毛局长，怎么尽说无气力的话？总裁似乎找您有事商量，要我通知时，居然说'打个电话请人凤来一下'。他老人家用'请'是难得的，总不至于'请'您来挨骂吧。您肯定吉星高照，准是又要接受什么重任啦！"

毛人凤听陈方这样一说，心里安定了许多，但仍有点狐疑：这次自己未贯彻好蒋介石的手令，有过无功，怎么配享受'请'呢？他深知老头子城府极深，有时骂一顿并不是太糟，"请"就恐怕不拿你当下属了，甚至包括另"请"高就。他正在七上八下地胡思乱想，却见蒋介石的随从副官走进来："毛局长，总裁请您去书房，随我来吧！"

毛人凤跟着走到书房门口，随从副官就闪开了。他整了整军装，高喊："报告，毛人凤奉命前来。"

蒋介石在里面应声道："人凤，进来吧。"

毛人凤进屋立正敬礼后，蒋介石伸手示意他在旁边的单人沙发坐下，随即开口："人凤，你能出动多少人上街？"毛人凤有点摸不着头脑，沉思一下回答："总裁如果是指在首都的保密局行动人员，大约可以出动二百人。"

蒋介石摇摇头："你弄错了，我是想知道保密局在各大学的潜伏人员能鼓动多少学生。"

毛人凤立刻想到最近学生罢课游行的事，不过自己还没有得到什么密报，糟糕，可能让中统和三青团抢先作了汇报。于是，他小心翼翼地说："这些人在大学里不常露面，而且都渗透进学生团体，如果一拉出来就会暴露身份，以后工作起来就麻烦了。不到紧要关头，不能把这些人拉出来。"

蒋介石有点不耐烦，皱着眉头把手一挥，不让毛人凤讲下去，他责备道："人凤，你的脑筋又有点转不动了，谁叫你把这些人拉出来现原形！前几天学生会借着'扬子'、'孚中'两个公司套汇的事搞反政府示威，要求严惩豪门资本。幸好《中央日报》及时刊登'更正启事'，这把那些赤色分子弄糊涂了，他们似乎在犹豫到底还要不要继续组织游行。我是要你去把这些人拉出来，带学生向政府请愿，要求严惩套汇，声势不妨搞得大些。嗯，你懂我的意思吗？"

毛人凤这才明白，他不禁对老头子很佩服：打着反对贪污和套汇的旗号，容易鼓动学生，在示威中学生团体所有骨干都将被特务们一网打尽；另外，也能通过学生们的抗议，让社会强化"扬子"、"孚中"两个公司仅犯小错的印象，这真是一石二鸟呀！于是，他心领神会地说："我马上就落实，估计在南京各大学中可以发动上千人，再加上一批爱凑热闹的糊涂蛋，应该说有点声势了。"

蒋介石点了头，突然又对毛人凤说："前几天要你去《中央日报》社肃敌，进展到底如何？嘿，不管怎样，算了！这事由他们自行处理吧。还有，你刚才提到一批糊涂蛋，这帮家伙后面有人煽动，要设法通过'糊涂蛋'揪出'明白人'来！"

毛人凤见蒋介石自动收回那手令，感到一阵轻松：天哪，幸亏老头子改变主意，不然自己卷在里头挨中央党部的人整，可真够呛！现在，他落得表示一下高姿态："总裁，您下手令后，我思量过这会不会使中央宣传部和中统的同志都误会。我和中统的同志虽都搞特工，但各有专司，新闻界一向归他们分管，他们熟悉情况；尤其那女记者是《中央日报》的，我就考虑暂不捉拿，只派人严密监视她的行踪，以便挖出埋藏得更深的根子。您看，现在是否把监视哨都撤掉？"

蒋介石不便说这事已起变化，所以对毛人凤赞许道："人凤，你考虑得周到。是啊，有时执行命令也要三思。雨农在世，就能深刻领会我的意图。你这次有点像雨农，很好。那就撤回监视哨，我会同希陶通气。"

毛人凤想不到满天云雾就这样消散，老头子甚至褒奖自己这次有点像戴笠，他心里像喝了蜜一样甜，故作矜持地站起身："总裁如果无别的指示，我准备回去工作了！"

蒋介石摆摆手："你去吧，有事随时给我电话，告诉陈方也可以。"

毛人凤一路在车上回想刚才的际遇，感到真可谓"天威不测，遇难呈祥"。不过，中统这样搞了我一下，总不能算完。他回到南京鸡鹅巷局本部办公室，就吩咐一个特务组长，设法秘密地找到并骗出戚品玉，速送保密局。

毛人凤立刻向在各大学的潜伏人员布置组织游行的任务。孰料，那些特务都回话这事难办，理由是现阶段学生们更关注的是反饥饿、反内战。

毛人凤一听，不由怒气冲冲：赤色分子太狡猾，"引蛇出洞"是搞不成啦！在苦思冥想之际，他看到办公桌上有封信，灵机一动：第一步虽落空，第二步得逞也有功啊！他决定指使所控制的"职业学生"们写控告信，然后转给《中央日报》，使其难堪；如果老头子假戏真做下令"彻查"，我就让"扬子"、"孚中"两个公司申诉，辩称少量套汇事出有因，使此案瓦解冰消。他想好一举两得的办法后，就打电话给陈方。

陈方表示同意："毛局长，我看可以。那天总裁和我谈起这事，我不赞成鼓动学生上街，万一控制不住局面就糟了。现在这种方式比较稳妥。《中央日报》你可能不便去，就把控告信送到我这里摆渡吧。我会代向总裁报告。"

毛人凤长长地舒了口气："《中央日报》的一则新闻，把我搞得晕头转向，非得把那小妖精弄来教训一下！"他马上叫那特务组长来汇报情况。

不一会儿，那特务组长来了，他愁眉苦脸地站在毛人凤跟前。毛人凤晓得他尚未得手，便放低声音问："怎么，那小妖精难以弄到手？不要紧，稍缓一些时日，让她觉得平安无事了，再以迅雷不及掩耳之势出击吧！"

那特务组长却说:"抓不到了,那女记者自从那晚被救走,就进了上海冯公馆。现在,她根本不用去报社上班,待在那里坐拿工资;到周末,她常打扮得花枝招展,与冯冶性去舞厅,两人同进同出。"

毛人凤用力把茶杯往玻璃板上一放:"哼,冯冶性真会享艳福,把一切做得滴水不漏!"他发完火后,觉得中统样样都占先,连老头子都隐隐地在帮他们,一种失宠寂寞感涌上心头。他不愿在部下面前暴露这种心情,便勉强笑了笑:"算了,就让冯冶性拣个便宜吧!"

## 受劝出国避灾祸

近来,冯冶性一有空就往上海跑,常与戚品玉形影不离,晚上当然也不再分室了。

冯冶性虽是泡舞厅的老手,但玩够这些欢场人物,总觉得她们都虚情假意,没有使自己得到任何心灵上的感动。现在,他得到戚品玉这个初出校门的女大学生,犹如采着一枝高雅的紫罗兰,幽香扑鼻。特别是这小妮子还会使点性子,爱找由头拌嘴,有时甚至珠泪低垂,犹如梨花带雨,真是别有一番滋味。他已被弄得神魂颠倒,恨不得整日在公馆寻欢。

一个星期天早上,冯冶性还搂着戚品玉躺在床上,电话铃响了。他有点光火,抓起电话筒吼道:"这么早,有什么十万火急的军情,真讨厌!"

孰料,电话筒传出了笑声:"冶性,你真成了刘阿斗,'乐不思蜀'啦。在温柔乡快活赛神仙，连我的声音也听不出。没有要紧事，我怎敢惊扰鸳鸯梦？赶快起床，让未来的夫人打扮一下，但别弄得大红大绿。告诉你吧，总裁心血来潮，对这位曾挑起事端的女将产生兴趣。当我告知那是你的表妹，老头子更来劲了，一定要在今天上午接见。戚小姐恐怕还没有见过'当今天子'，所以你俩先过来计议一下，然后同赴总统官邸见驾！"

接听了沈希陶的电话，冯冶性吓得睡意全无，他连忙把身边的小美人推醒。

戚品玉撒起娇来："刚想闭眼休息一会儿，又把人家弄醒，烦死了！"

冯冶性只得赔笑："宝贝，快起床吧！沈副部长刚打来电话，说总裁要召见，让我陪你去。这事是吉是凶，是福是祸，我心里也没有数呀。沈副部长叫咱俩先到他家商量。"

戚品玉闻言，猛地从床上跳起来："冶性，像这么大的头儿，我从未见过，真吓死了！他是不是为了我采编那篇新闻而生气，现在要进行处置？"她边说边哭，紧搂着冯冶性的身子不住地摇，脸庞向他的胸前蹭着，泪水、鼻涕全揩了上去。

冯冶性不禁皱了皱眉头，他最受不住女人的撒娇或哭泣，心里十分乱。他抚摸着戚品玉的柔发，亲吻着她的双颊，安慰道："品玉，我看不至于有太大麻烦。如果要处置你，老头子应该会向沈副部长讲明。也许是蒋夫人对发一则新闻引起轰动的女记者好奇，所以想见个面。快去洗脸、换衣服，打扮得素雅些，吃过早饭就去沈副部长家。"

戚品玉仍心神不安，她曾听到不少关于蒋介石的传闻，都说他喜怒无常，以致好些人"今日做着高官、明日身首异处"；而惹恼蒋夫人，那也不得了。所以，她只穿一件阴丹士林竹布旗袍，依然梳一条披肩长辫，随冯冶性出门上了轿车。

轿车来到南京，直驶沈希陶的官邸。沈希陶早就坐在客厅，见两人进来，微笑了一下。他审视戚品玉的装束，说："你这样打扮很好。刚才，侍从室陈方副主任又来电话，说今天下午是总裁偕夫人一起出面。你不要在他们面前太拘束，显得呆头呆脑，这样就同发'爆炸性新闻'的气度不相称。你要带着负疚心情表示，采访是出于记者职责，没想到惊动了总裁。这样就能得到蒋夫人的宽容。我再趁机把你俩现在的关系点穿，使他们赞成结合。如果蒋夫人和颜悦色，我就替你俩请求她和总裁主婚。如此一来，在任何地方都没有人敢碰你俩一根毫毛！"

戚品玉听到这番话，觉得放心多了。不过，她想到等一会儿就要和蒋介石、宋美龄面对面谈话，仍有点紧张。沈希陶看出这点，便对她说："一定要沉住气，不要说话结结巴巴，老头子最恨所见的人吓得连话也讲不完整，他如果显出厌恶神色就糟了！"

一辆轿车载着三人驶至南京孝陵卫美龄宫。陈方先与沈希陶握手，再过来同冯冶性打招呼，接着他对戚品玉说："戚小姐，想不到一位名声远扬的女记者如此朴素。好，总裁和夫人刚问起你俩来了没有，我马上就去通报。"

接见地点是美龄宫小会客室。当沈希陶把戚品玉介绍给蒋氏夫妇，她马上恭敬地问安。蒋介石看看她，含蓄地对宋美龄说："大令，就这么个小姑娘竟震动了整座石头城！还是个女大学生，年纪不大嘛！"

宋美龄注视着戚品玉，要她走到自己身旁，并拉着她的手："是啊，小小年纪有胆有识！不过，我还是得劝你一句，社会上复杂得很，你以后不要再跑经济新闻了。"她又回头看冯冶性："你觉得我这建议对吗？"

冯冶性连忙躬身回答："您真是对青年关怀备至。小戚，还不快谢谢夫人！"

戚品玉见蒋氏夫妇并无疾言厉色，而且宋美龄还拉着她的手，似有爱怜之意，她心里轻松了许多，便说："我年纪轻，不知天高地厚，给报社添了麻烦，深感惭愧。总裁和夫人不仅大度如沧海，还无微不至地关心我，此恩此德，永世难忘！"

宋美龄听了，轻拍戚品玉的肩："鬼丫头，真是伶牙俐齿会说话。希陶、冶性，你们要好好照顾她呀！"

沈希陶认为，现在把冯冶性、戚品玉的婚事提出来正逢火候，他含笑道："总裁和夫人真是德被下属。小戚刚才讲的是真话，她一辈子也不会忘记这恩德。然而，有件事冶性和小戚也许都不好意思开口，得由我来请示。"

蒋介石、宋美龄微微一怔，不知何事。沈希陶轻声说："是这样，小戚从广州来南京求学，住在冶性家里。冶性年近不惑，因多年忙于为党国主持报纸，东走西奔，席不暇暖，所以内室乏人。这对表兄妹朝夕相处已有恋情，年纪虽相差十六岁，但姻缘天定，小戚愿托付终生于冶性。本来早想操办婚事，奈因发生意外情况搁置，如今终于'柳暗花明'。蒙总裁和夫人接见，这是他俩莫大荣耀。冶性曾向我吐露心声，渴盼总裁和夫人再赐恩典，届时能莅临主婚。"

蒋氏夫妇相视一笑。宋美龄对沈希陶说:"希陶,这事为什么不早点告诉我们?冶性和小戚的喜酒是一定要喝的!"她又扭头问蒋介石:"大令,我们一起主婚,您意下如何?"

蒋介石摇摇头:"大令,主婚通常是家长的活儿。不为人父母,焉能主婚?"

戚品玉相当乖巧,连忙说:"我愿拜认总裁和夫人为义父、义母,不知道能否得到收留?"

沈希陶凑趣:"拣日不如撞日,小戚还不快上前拜见义父、义母!"

戚品玉立刻站起身来,向蒋氏夫妇三鞠躬:"女儿拜见义父、义母!"

此刻,蒋介石有点兴奋,他对宋美龄说:"大令,过房爷娘不好白做,干女儿就要出嫁,这份嫁妆到底是娘出还是爷出呢?"

宋美龄回答:"应该是爷娘一起出,当然实际由爷破费哦!"

蒋介石乘兴从写字台上拿起铅笔,又取过一张便笺,写了几行字交给戚品玉:"行了,一点小意思,给你添妆。"

戚品玉接过字条,赶紧向义父、义母称谢。随即,她展开字条一看,内容为:"冯冶性、戚品玉婚后赴美国作长期考察,所有费用均由总统府特别费开支,交侍从室办理。"下面的签名是"蒋中正"。

戚品玉还没有反应过来,便把字条交给冯冶性。冯冶性愣了一下,但他毕竟久历官海,抬头望沈希陶,对方面无表情,只是点点头。冯冶性明白了,这次接见系刻意安排:孔、宋两家对他和戚品玉都无好感,毛人凤更是耿耿于怀;沈希陶为了自保,就设法让他俩结婚并栖身海外,以息事宁人。冯冶性认为这样也好,就向蒋氏夫妇深鞠一躬:"谢谢义父、义母,小婿愧领厚赐!"

这里不谈冯冶性、戚品玉的婚礼,也不考证宋美龄是否去主婚。只想说,过了一个多月,《中央日报》发出一条消息:"本报常务副总编辑冯冶性偕夫人赴美国考察,归期未定。此行为总统府特别指派,旨在全面了解海外新闻事业现状。日前由沪登轮启程时,中央宣传部副部长沈希陶等前往送行。"

一场触动"最高当局"神经的新闻风波,至此似乎彻底平息了。

# 漕河泾的薄暮
## ——蒋介石给"师父"拜寿

蒋介石在逃离大陆前,曾匆匆忙忙地到上海漕河泾黄家花园(今桂林公园)为黄金荣拜寿。蒋介石与黄金荣到底有着怎样的关系呢?这说来话长。

### 初拜师门

1916年5月18日,沪军都督陈英士遇刺身亡。他当沪军都督时间虽不长,可是他手下的团长却多如过江之鲫。这当中也包括了刚从日本学过军事回来的蒋介石。蒋介石虽是都督府中的一个团长,但这个团到底有多少人,他自己也弄不清楚。此时,其他的团长、旅长们都如风吹云散,各自谋生路去了,蒋介石也只好脱下军装,进了租界,想找个吃饭的地方。

蒋介石想来想去,自己除了学过军事,熟谙《步兵操典》之类,其他可说一概不懂。租界里店铺林立,只能做买卖,可他却无门路可走,难道再去当学徒吗?一日,他正穷极无聊地在大马路(今南京东路)闲荡,忽然有人招呼他:"志清(蒋介石原名),你到哪里去?"蒋介石抬头一看,却是陈英士的侄儿陈果夫,当年在沪军都督府时两人因都喜欢吃喝、逛堂子,因此成为莫逆之交。此时相逢,自然分外亲热,蒋介石一把抓住他说:"果夫,你在什么地方?我在上海快找不到一个熟人了!"

陈果夫打量了一下蒋介石,见他身上穿的西装破旧不堪,脸色憔悴,知道他在上海混得不如意,不禁动了恻隐之心,叹了口气说:"志清,叔叔遇刺死后,我在政界里难混下去了。好在我们湖州人在上海做生意的蛮多,我就到一个证券交易所干,日子还过得下去。"

蒋介石虽然曾在上海花天酒地地过了五六年,却因整日都是在堂子里和妓女鬼混,从来没有到过什么"证券交易所"。于是,他向陈果夫打听。陈果夫觉得站在马路上讲话不是地方,就邀他到青莲阁饮茶交谈。

经陈果夫细说明白,蒋介石如梦初醒,才知道上海滩还有这样一个买空卖空的股票投机市场,而且发财容易:只要借点本钱来,不费吹灰之力,早晨还是瘪三,晚上就可大把钞票捞进,吃喝玩乐,挥金如土了。他有点动心了,就对陈果夫说:"老弟,实不相瞒,如今我有点落魄沪滨了,你那交易所能不能让我做点事,给口饭吃?"

陈果夫皱了皱眉头说:"志清,不是我不相助,实在这种交易所就是几个人凑点钱,租个写字间,合伙办起来,大家都是老板也都是伙计,因此我们不雇什么人;除非你拿出一笔钱来入股,作为股东。你看怎样?"

蒋介石听陈果夫这样一说,心里一沉:我除了这身打狗西装之外,可说一无所有,投资简直像做梦。这样想来,蒋介石不禁脸上露出一副懊丧的神色。陈果夫看在眼里,知其为难,就劝慰蒋介石说:"志清,你不要急,我给你指一条路,我们同乡前辈洽老,他是有办法的。洽老和我的关系不错,他和上海一些证券交易所的经纪人都熟，只要他讲句话，你到哪个交易所去做，都是很容易的。"

蒋介石宛如抓住一根救命稻草，忙谢了陈果夫，说："果夫，这个忙你一定要帮。什么时候去拜见洽老？"

陈果夫爽快地答应："明天下午，我陪你去，不过你要换身衣服，给洽老一个好印象。咱俩身体长短差不多，我借一身衣服给你，明天上午到我家吃过午饭，一齐去。"

老实说，虞洽卿初次见到蒋介石，印象是不佳的。这人瘦削的脸，眼睛看人总是冷冷的。可是，蒋介石对虞洽卿却毕恭毕敬，十分有礼貌。于是，虞洽卿转念一想，奉化蒋家也是个大族，子弟在外很多，这蒋志清过去跟陈英士当过团长，想必有点能力。现在落难，我总要拉一把才是。想罢，他略微询问几句近况，便说："志清先生，我的一个学生开了一爿物品交易所，他正要用人。不过，这物品交易所规模不大，你老兄暂时干一阵子，等将来有好机会，老朽定然推荐，意下如何？"

蒋介石这时听到有吃饭之处已喜出望外，连声答应，谢了虞洽卿。虞洽卿告知经理名字，并拿出一张名片给他，介绍他去上班。蒋介石和陈果夫站起身来告辞时，虞洽卿忽然问蒋介石："志清先生在英士处是哪个字辈的？"蒋介石不防此问，一时弄不明白，支支吾吾答不出来。虞洽卿此时明白，他不是帮会中人物，微笑一下就不再问了。

他们走出虞家，陈果夫才告诉蒋介石，他叔叔陈英士在青帮中是辈分最高的。因此，他手下的人大半是帮中徒子徒孙。蒋介石在当时众多的团长中，和陈英士的关系还未到被收入门下的程度，因此没能加入青帮。虞洽卿这一问，就显出他当年在陈英士身边并非重要人物。蒋介石听了陈果夫的解释，不禁懊丧万分。他知道要在上海混，不拜一个老头子，在青红帮里没有个辈分，局面是打不开的。他想，总要设法进帮才好。

蒋介石在物品交易所里当了个小职员，每日累得要死，薪金是每月十五银元，如果按当时的生活水平讲，一个人还是够用的。无奈过去蒋介石花天酒地挥霍惯了，这区区十五银元，简直不够他到四马路书寓里打一次茶围的。他想去请虞洽卿帮他调个地方，收入多一些。于是，他买了两瓶好酒、几盒糕点，趁所里空闲，请了半天假，径往虞洽卿家中而去。

虞洽卿和蒋介石谈了一会，他觉得蒋介石此行并非是来谢他推荐，似乎还有他意，但又不便出口。虞洽卿何等精明，于是他开口问："志清，恐怕我学生那个小店，本小利微，难容阁下蛟龙？"

蒋介石被虞洽卿一句点明来意，觉得不好意思，搭讪说："洽老给了我一个安身之处，感激不尽。不过我年纪还轻，得闯点事业。这只是自己的理想。怎么能弄出点名堂，不枉此生？晚生大胆妄想，还求洽老指教。"

虞洽卿微微一笑说："志清，在上海滩找个吃饭地方不难，这事老朽还可以尽绵薄之力，不过，恕我说一句放肆的话，你不是经商营运之才，要在上海滩搞点名堂出来，需要江湖上的朋友相助。英士先生当年沪滨举义，是得力于帮会的。他在帮中辈分高，所以一旦正位都督府，那些大小帮会人物就俯首帖耳了。当年，你没有拜在英士先生的门下，这棋走慢了一步，可惜，可惜。"

蒋介石露出失望的神情，呆望着虞洽卿说："洽老，过去我还不懂，现在还可以再投拜一个师门吗？"

虞洽卿用左手捻着胡子沉吟了一会说:"志清,现在帮中叫得响的人物是法租界的黄金荣,他的徒弟到处都有;你拜他为师,我想可以靠得上的。"

蒋介石高兴地说:"对黄金荣我是久仰的,他现在是大亨了。我这样一个后生小子,他肯收我做徒弟吗?"

虞洽卿打量了一下蒋介石,觉得他颇有自知之明,这样去拜黄金荣为师,黄金荣肯定不屑一顾,少不得自己介绍一下,否则是投靠无门的。于是,他对蒋介石说:"志清,这不要紧,我和黄金荣关系非比寻常。我为你打个电话,写一封信。然后你过去,保管他收下你这个门生,而且还会特别照顾你!你看如何?"

蒋介石连声道谢说:"洽老,你的盛情我永世难忘,日后有机会定当涌泉相报。"

却说黄金荣接到虞洽卿的电话,告诉他过去陈英士手下一个团长,如今在上海不太得意;这人是奉化蒋家的后人,将来肯定有出息,请收他于门下,多多照顾。黄金荣在电话里满口答应:"阿德哥赏识的人,拜在我的门下,是给我添光彩。你就请他到我舍下见一见吧!"

蒋介石拿了虞洽卿的信,直奔八仙桥钧培里黄公馆而去。他兴冲冲准备进门,却被门口两个彪形大汉拦住,说:"侬规矩懂哦!到这儿岂可随意乱撞!"

蒋介石只好陪笑说:"我是虞先生介绍来投拜黄老太爷的,烦你禀报一下,只说蒋志清求见。"

蒋介石在门房坐了好一会,才被叫进去,他脚步轻轻地走进客厅,只见那屋中一把太师椅上坐着一个胖胖的、脸上有麻子的中年人。蒋介石知道这就是黄金荣了,因为他知道黄金荣有个绰号叫"麻皮金荣",这麻皮便成其标志。于是,他立刻撩起长袍,双膝跪地说:"黄老太爷,晚辈蒋志清拜见!"

黄金荣坐在椅子上,连身子也不动,只伸出手来说:"不必行此大礼,坐下说话。"蒋介石站起身来,谦逊地说:"黄老太爷面前哪有我晚辈的座位!"

黄金荣仔细端详蒋介石,觉得此人虽瘦却有精神,特别是一双眼睛,炯炯有神,只是其中露出一丝寒意,使人有点不舒服。黄金荣开始有点不太高兴,但继而一想,眼光有寒气,使人觉得有点怕,说明这人有威势,虞洽卿不是说这人有点前程吗?于是,他放慢语气说:"洽老已经将你的事告诉我了,就收下你这个弟子。找个吉日开香堂,行拜师礼,见见同门弟兄,将来都有个照应。至于投师书帖,等会儿我叫一个师兄告诉你好了!"

蒋介石谢过黄金荣,马上改口称师父,觉得黄金荣有点倦意,便随着刚被叫进来教他行拜礼节的师兄告辞出来。黄金荣坐在太师椅上只欠了欠身,算是送客,连话也没有一句。

这位师兄名叫潘明育,算是在钧培里替黄金荣料理帮内杂务的心腹。这是个机灵透顶的人,他对后来投拜黄门的师弟们都是分门别类,视其出息分档,并向黄金荣禀报;黄金荣就按他的分档,来使用安排徒儿们。黄金荣干的,无非是贩烟土、开赌场、抽头钱之类;当然,也"调解纠纷",即搞所谓"吃讲茶"这类事。因这中间油水有大有小,潘明育起了协调作用。所以,师兄弟都买他三分账。刚才黄金荣吩咐他指点蒋介石行拜礼节,他早已摸清此人是'三北大亨'阿德哥介绍来的同乡,当过军官,目下虽无油水,可这种曾当兵吃粮者蹿起亦快。因此，他把蒋介石带进一间佛堂不像佛堂、办公室不像办公室的房间坐下，就认真向蒋介石讲起青帮拜师规矩来。

潘明育告诉蒋介石，投师先要写一张关于本人三代履历以及年龄、籍贯、职业等项目的投师帖子送来；然后，择日开香堂拜师。潘明育看蒋介石有点茫然，于是他用亲切的语气说："志清师弟，师父一般是不开大香堂的，因为那样需全套执事，所有的弟子都须到场，用猪头三牲祭祀翁、钱、潘三位祖师和历代君亲师牌位；然后要大摆筵席，宴请师父和同门师兄弟。"潘明育停顿一下，接着说："志清师弟，师父徒弟多，摆大香堂人太多，说句望你不动气的话，这笔花费你也一时拿不出来。投师帖子送到，就在师父家里开小香堂，除师父外，只由我陪伴行礼，这就省得多了。"

蒋介石开始一听开大香堂，确实捏着一把汗；等到潘明育讲到开小香堂，才放下一颗心，再三谢过这位潘师兄作别而去。

转眼过了一个星期，潘明育通知蒋介石明日下午在钧培里黄公馆行拜师礼。蒋介石自然及时赶去。潘明育告诉他："你等一下，等黄老太爷午睡起来，我领你到小香堂去！"

大约等了半个钟头，潘明育陪蒋介石走进一间像佛堂一样的房间。正面墙上挂着两块油漆一新的朱红牌子，一块写着"天地君亲师之位"，另一块写着"四海龙王之位"；牌子下面是一张长条形的供桌，陈列香炉、蜡烛台和猪头三牲，桌上有三块牌位，分别写着"开山祖师翁讳岩之神位"、"开山祖师钱讳坚之神位"和"开山祖师潘讳青之神位"，蒋介石知道这是青帮的翁、钱、潘三位祖师，不觉肃然起敬。在供桌旁，右下首摆着一张太师椅，当然是师父的座位。蒋介石正在屏声静气等待时，黄金荣由潘明育陪同走了进来，在太师椅上坐下。潘明育做了引传师，他高声问道："蒋志清，你愿拜在黄老太爷门下，谨守帮规吗？"蒋介石回答："弟子诚心瞻拜师尊，谨守帮规，如有违犯，愿受家法从严处置，恳请老太爷收录。"接着，潘明育说："请师父降谕！"这时，黄金荣才开口说："蒋志清上香行大礼叩拜四海龙王、天地君亲师和三代祖师。"蒋介石立刻跪倒在地，三拜九叩首，叩头叩得昏头昏脑，刚立起来站定，不料潘明育厉声喝道："蒋志清，还不快叩见师尊，行三拜一叩首礼。"蒋介石只好又跪下，向端坐在太师椅上的黄金荣叩下头去。拜过立起身来，黄金荣才慢慢开口说道："志清，你进入道门，要谨守十规，敬师重道，尊师兄，爱护师弟。这些要牢记在心，不得疏忽。好吧，我们到小客厅坐。"

到了小客厅，黄金荣却像换了一个人，和颜悦色地与蒋介石谈起家常。当他知道蒋介石在一个物品交易所里当小职员颇不得意，忽然想起一件事来说："对了，前两天戴季陶和陈果夫来找过我，想办个大一点的交易所，怕别人捣乱，要我入一份干股（即不出资本的股东）。我想，他们两个都是空子（帮会中人称呼未加入帮会者的切口）。这两人你也都熟悉，现在我这份干股就由你代表，那红利只要向我交个大头，其余归你用。如果谁来寻事敲竹杠，你只要说这是我的，谅上海滩还没有人敢在我身上敲竹杠！"

### 金屋藏娇

经黄金荣这样讲了句话，蒋介石不出一分钱股本，就当上了交易所的股东，陈果夫和戴季陶反而对他客气三分。也是蒋介石时来运转，不出半年工夫，他就神气起来，衣服脱一套换一套，常西装笔挺，叫上一部出租汽车到四马路（今福州路）吃花酒。会乐里、群玉坊那几家书寓，他差不多都去寻欢作乐了一番，和当年做那个草头王团长时相比，手面要阔绰得多。戴季陶是他留学东瀛时的同学，在玩女人方面臭味相投，他们在东京时就和住宿处的下女鬼混；如今在上海，两人一起做生意，自然更加形影不离，几乎寸步移不开那纸醉金迷的销金窟。

不久，蒋介石在长三堂子中结识了陈洁如，两人如胶似漆，好得不得了。陈洁如长得不算太漂亮，四方脸，高个子，却也有动人之处，就是她有一种勾人魂魄的本领：使男人和她春风一度后，神魂颠倒，几天几夜都是混淘淘的。蒋介石一下子被她迷住了，最后两人海誓山盟、互订嫁娶。可是陈洁如是个红倌人，要给她赎身，那得费一大笔钱，蒋介石从鸨母那儿探出口风，要身价钿四十根大条子。这使蒋介石倒吸了一口冷气，此时他虽然比过去宽绰，但四十两黄金还是个大数目。这事使蒋介石十分烦闷，有几天不到会乐里去了，整日待在交易所里生闷气。戴季陶看见觉得奇怪，盘问了几次，蒋介石才讲了要娶陈洁如做小老婆，正为那笔赎身钱发愁。谁知戴季陶听了，哈哈大笑说："介石兄，这事你太傻了。别忘记你有一个在上海滩威风凛凛的师父，只要黄金荣给那个老鸨婆施点压力，她怎敢要几十两黄金？还不是规规矩矩送上门吗？"

蒋介石皱了皱眉头说："天仇兄，你在开玩笑。这种事对师父是开不出口的。就是讲了，师父也不会为助我讨小老婆去压那个老鸨的。"

戴季陶说:"介石兄,你是十分聪明的人物,怎么遇到这种英雄难过美人关的事,就有点不知所措了呢?你不必向黄金荣直言相告,说你要讨小老婆没有钱,请他老人家帮忙。我来教你。此事有点天机不可泄漏,你俯耳过来。"蒋介石果然把耳朵凑过去,戴季陶对他低声地如此这般讲了一通。蒋介石边听边点头说:"天仇,你这人真是诸葛亮,神机妙算!"

过了两天,蒋介石备了重礼径往八仙桥钧培里黄公馆而来,一进门就走到师兄潘明育的房间里。潘明育正在那儿闭目养神,蒋介石一声"师兄您好",把他从梦中叫醒过来。潘明育有点不高兴,但看蒋介石两手拎着火腿、名酒、高级听头香烟,脸色不禁缓和许多,含笑说:"志清,不是过年过节,送这些东西来做什么?"

蒋介石摆了摆手说:"师兄,自从拜了师以后,一直没有好好地谢过师兄引进师门之情,这两天好不容易抽个空来看望师兄。您说送礼,可不把我羞死了!"

潘明育是黄门的心腹人物之一。这人心思极为细密,他看出蒋介石眉宇之间未展开,显然是有心事。于是,他装作不经意地问:"志清,你现在混得不错。这上海滩是花花世界,你孤身一人住在这儿总不是办法。把弟妹接出来,早晚也好有个照应。"

蒋介石没料到潘明育一下就转入话题,心中暗暗高兴,但脸上却露出十分为难的表情说:"师兄,我的原配妻子在奉化溪口乡下,她是十分孝顺婆婆的,死活不肯离开家乡一步,更不必说到上海来了。我也打算雇个娘姨,给我料理一些生活琐事,可是难以照顾周全,这事还真难办。"

潘明育是何等精明的人物,晓得蒋介石要讨小,而这小老婆八成是青楼中人物，那老鸨可能奇货可居，要大大敲一记竹杠，他吃不消了，才跑到这儿来求援。潘明育也是个风流人物，自然也听说蒋介石喜欢逛妓院，拈花惹草，因此对这师弟今天来此目的已了如指掌，于是说："志清，你对我直说，是不是有个相好的，弄到手要费一点功夫，碰到麻烦了？这事师兄能帮忙自然帮忙。"

潘明育居然直截了当点明，蒋介石不禁脸上红了一下，厚着脸皮说："师兄，您真是神机妙算，什么事能瞒过您？怪不得师父少不了您。我是找师兄来帮个忙的！"于是，他把想给陈洁如赎身，老鸨要狠敲一记的事讲给潘明育听，最后问："师兄，这事可难死我。您给我出个主意吧，我还真少不了她！"

潘明育一听，沉吟了半晌说："这事还真有点难办，开妓院的老鸨哪个不心黑手辣，若有人要赎妓女从良，自然要狠狠敲这个大老倌一记。你是碰到钉头上了。不过这事也没什么了不起，依我看不必去惊动黄老太爷。我给你帮一把，钱总要花两个的。你把那个姑娘名字和老鸨是谁告诉我，师兄管包把美人儿送到你的小房子里！"

蒋介石忙不迭地谢了潘明育，喜滋滋地回去了。潘明育找到那个妓院老鸨，亮出黄门这块牌子告诉她，要娶陈洁如的是黄老太爷的得意门生，是江湖上跑跑的；你买姑娘花费银子，不会让你亏本，但她几年来也替你挣了不少，你良心放平一点，将来有事找我，我不会袖手旁观。

那老鸨知道得罪不起黄金荣，而且这位黄门大弟子这样赏脸给她，她也摆出一副女白相人的腔调说："既然潘先生吩咐下来，我怎敢违抗！这样吧，我打开窗户说亮话，只要蒋先生拿出一只手

（五百银元），我像嫁闺女一样，礼送上轿。这些小小花费，算我对黄老太爷门下爷们的一点孝敬之心。将来还免不了要麻烦潘先生的。"

事情顺利解决。当潘明育告诉蒋介石这个消息时，他喜出望外，连声称谢。潘明育说："好吧，我等着吃喜酒。可到时你怎样谢我这大媒呢？"

蒋介石娶了陈洁如，新婚燕尔，虽然是妓院老相识，但金屋藏娇和冶游不同，这使他的行为较前规矩了许多。

似乎蒋介石事业和生活都十分得意，将要在上海滩混下去了。然而，天有不测风云，却把他卷进另一个天地去了。

## 盛筵赖债

蒋介石和陈果夫、戴季陶合股的交易所名叫"恒泰"，当时虽规模不大，但因为他们经营得法，加上有着黄金荣挂名当干股股东这块牌子，在社会上也颇有点名气。蒋介石娶了陈洁如以后，自己办个交易所，只要运气好，想当个老板是稳的，不禁踌躇满志，心中十分得意。

转眼就是1921年，谁知欧洲大战以后，西方经济陷入危机，许多企业破产倒闭，这些公司在上海也有分支机构，证券交易当时主要经营的对象是这些洋行的股票，一下子就直线下跌。这股风冲击了上海的这些证券交易所，抛出的人比吃进的多，而且那些放出一笔款做"多头"和"空头"的朋友纷纷抽回资金，只在几天之间，立刻挤垮了一批交易所，有的老板骤然从富翁变成了瘪三；有的负债无法偿清，只好跳黄浦江，了结残生。

蒋介石和陈果夫、戴季陶怎能抵挡这阵交易所关闭的狂潮？交易所本来是做无本生意，现在客户纷纷来抽回押款，犹如银行挤兑提存一样，"恒泰"立刻被迫停业清理；关起门来一看，差不多欠有二万银元的债，这可是个大数目。蒋介石既然享受干股红利，自然吃倒账也分摊在他名下一份，而且还有一段隐情未便讲出，那就是他吃花酒、兜风和娶陈洁如那一笔花销，也都是从交易所挪用公款。他只得充好汉说："有福同享，有难同当，这笔账我想法还。"

硬话说出去了，摊在他名下的钱也有七八千银元。蒋介石闷闷不乐地回到家里。陈洁如见蒋介石满脸愁容，知道"恒泰"倒闭，使他不高兴，于是殷勤地弄了些酒来，炒了两只小菜与之对饮，消愁解闷。陈洁如劝他："你何必心烦，在上海滩这种店开店关、发财折本不是什么了不起的事。你想开些，等这阵风头过去再作道理。"蒋介石呷了一口酒，叹口气说："洁如，你只知其一，不知其二，'恒泰'倒下来，摊在我身上要还客户的账有七八千块，你叫我到哪里去找。债主们天天上门逼债，气势汹汹，我被逼得快要跳黄浦江了！"

陈洁如一听，也吓了一跳，这么大的数目在几天内怎么还得出？她作声不得，沉吟半晌，忽然用纤手轻轻拍了一下台子说："我倒忘了，昨天又有一份广州来的电报。孙先生要你急速到广州去，他正在建军，大约要你去帮忙。你是学军事的，做生意不一定在行，趁此机会到广州也是另谋出路。"

这里要补述一笔，原来当年蒋介石虽在陈英士手下不是太醒目，可是陈英士也觉得他手下的武官中正路出身、进过军校的没有几个，蒋介石可算其中之一。陈英士担任沪军都督时间较短，还没有考虑建军，因此未能派上蒋介石的用场。但"二次革命"反袁失败，陈英士亡命日本，重组中华革命党，曾和孙中山谈到军事人才，举荐过蒋介石。因此，孙中山在黄埔建军校时，想起了蒋介石，曾打电报给他；蒋介石那时在"恒泰"十分得意，不想到广州去，因此未及时回复。眼下看来在上海混不下去，到广州去参加国民革命军也未尝不是一条出路，然而他转念一想，不禁苦笑着对陈洁如说："洁如，现在我倒想去广州，不过走不掉了！"

陈洁如不解其意问："为什么走不掉？"蒋介石摊开两手，扳着指头对陈洁如说："你想，我名下要摊还七八千块的债，还不掉，那些债主会放我走吗？再则，我如前往广州，孙先生建军经费十分困难，我总不能光身一人、身无分文就去，得带些钱走吧，最少也要有二三千块，好对孙先生有个交代。两处一凑，是个'万'字头的大数。你说我到什么地方去找这笔钱呀？"

陈洁如毕竟脑子灵活，她含笑说："介石，你真是被这一阵倒闭的风潮吓傻了。这笔账要还容易，不还也便当；而且，弄钱也有着落，保你能平平安安上路。"

蒋介石有些糊涂了，不知陈洁如葫芦里卖的什么药，怔怔地望着她，讲不出一句话来。陈洁如慢条斯理地说："这事只要和你的师父黄金荣商量，他会给你想办法的。"

蒋介石一听，拼命地摇头说："原来是这条计策。我这师父样样都讲义气，讲交情，只是在钱上面他却看得紧，休说上万块，就是一百、二百块，我开出口去，恐怕也难到手。你的这条计策恐怕是狗咬尿泡空欢喜。"

陈洁如一笑说:"你这呆鸟,谁出主意让你向黄老太爷借钱!你不知道黄老太爷和孙先生早在几年前有过交往?黄老太爷敬重孙先生是有名望的革命家,而孙先生也曾到钧培里拜访黄老太爷。以前孙先生在上海开展革命活动经费来源枯竭,曾写信给黄老太爷,黄老太爷居然拿出一千银元派人送去不算,还请洽老也捐了一笔钱。而今,你说投奔孙先生请师父帮忙,他不会袖手旁观。"

蒋介石仍不以为然地说:"你看,孙先生这样大的面子,他只捐一千块;我要师父出一万块,这不是戴着斗笠亲嘴,差了一大截,从何说起?"

陈洁如皱起眉头,娇嗔地说:"介石,你今天真是不开窍了。你只要和黄老太爷说,自己这次去广州,那笔债请师父担保一下,他年得意回沪,加倍奉还。你想,黄老太爷肯出面,不要说七八千块,就是七八万块,哪个敢不依?这不就解决了。"

蒋介石一听,满脸愁云顿时散尽,露出笑容,重重拍了一下陈洁如肩膀说:"夫人,你真是我的好军师!对,就这样办。我回个电报给孙先生,说等上海的事料理得差不多,即刻赴穗。我明天一早就去钧培里!"

第二天,蒋介石去八仙桥钧培里见黄金荣,把要前往广州的事告诉他。黄金荣听了,点点头说:"好啊,志清,你去好了。你不是生意人,何况最近交易所生意难做。孙先生是个能成大事的人物,你去投奔他,将来会大展平生才智的。我支持你,有什么困难吗?"

蒋介石一听,正中下怀,于是装出愁眉苦脸说:"师父,我本来早就走了,只是'恒泰'倒下来,我也摊上七八千块的债,十几个债主天天盯牢不放，还不掉就走不成。我又不好说，这是师父的股子，给您老人家丢脸。这事可使我为难了！"

黄金荣一听，顿时怒气上升，从太师椅上挺直背脊，用手重重一拍茶几说："这有什么丢脸的，又不是你胡嫖滥赌，用空了客户的钱！这是市场风潮挤倒的，凭什么逼得这样紧？他们逼你，其实是在逼我，要我好看，谁不知你是代表我在打理这份股子的。好吧，我倒要看看他们怎么办！"

蒋介石一看激将法成功，心中暗暗高兴，可是他却做出惶恐的样子说："师父，您犯不上和这些人生气。我想了一个法子，哪天由您老出面，在饭店里备一桌酒，把那帮人都请来；您到一下，把这事向他们交代一下，就说我此次匆匆去广州，这些债务等回来就还。各位即使信不过我，难道还信不过您老太爷吗？这样事情就妥当了，也算给他们一个面子。"

黄金荣一拍大腿说："好，志清，就这么办。我吩咐账房去准备一下。"

蒋介石知道黄金荣这是虚让一下，他从不会自己掏腰包请客的，于是就抢着说："师父出个面，就是帮我弟子的忙了。其余杂事我去准备，只是要向潘师兄讨十几张公馆请客的帖子。"

黄金荣点点头说："就这样，定了日期，告诉一声，我一定到。"

却说那十几家摊在蒋介石名下等着还债款的客户，忽然收到八仙桥钧培里黄公馆的请帖，上面写着："兹定于某月某日在大三元酒家，洁樽候教，敬请准时光临。"下面具名是"黄金荣谨邀。"客户们晓得蒋介石是黄金荣的弟子，他出面大概是为蒋介石欠款事讲情。大家明知欠款讨起来困难，但这位上海滩大亨亲自出面怎敢不去，也许打个折扣，还能讨回一点钱。

转眼到了请客日期，这些债主陆陆续续来到大三元酒家，只见蒋介石穿着长袍马褂，在酒家门口笑容可掬地拱手招呼客人。他们走进雅间，纷纷坐在沙发和靠椅上休息，因为请客的主人黄金荣还未到，自然不能开席。大家心中有点不安，不知黄金荣对这事如何发落，正在低声交谈、各想心事的时候，只听外面一阵汽车喇叭声，接着茶房高喊："黄老太爷到，请上楼！"大家知道黄金荣来了。接着，黄金荣由潘明育陪同上楼，向雅间走来。大家纷纷起立迎候问好，黄金荣只是大大咧咧地摆了摆手说："有劳久等，恕罪，恕罪！"他在一张大圈椅上坐了下来。

黄金荣一到，自然马上开席。蒋介石执壶向大家敬了一杯酒。落座以后，开始觥筹交错，吃了起来。一会儿，黄金荣吩咐潘明育给大家斟上酒说："我黄金荣今天邀各位到此，有一点小事相求，承蒙大家赏光。敬水酒一杯，谢谢各位枉驾，请恕简慢。"大家纷纷举杯起立说："不敢当，不敢当！"接着黄金荣说："我说话喜欢直来直去，不转弯子。志清在'恒泰'这份股子，其实是我的；志清是我学生，他要做生意，就由他经营，也算是我们师徒情谊。承蒙各位看得起，多有帮衬。谁知，这阵子的风潮把'恒泰'也挤倒，各位都受了损失，在志清名下的债款自然由他负责归还。不过，志清应孙中山先生电召，即刻要去广州，这款恐怕在他动身前解决有些困难。志清和我说了，是我出主意请各位到此商量一下。在志清名下的债款由我黄某人担保，各位先让志清去奔前程，他一时回不来，哪位需款请到八仙桥钧培里舍下向我取。我是不会离开上海的,各位放心好了。"

那些债主一听,顿时呆住了。黄金荣出面替蒋介石担肩胛,这笔债款恐怕是放"来生债"了,哪个敢跑到黄金荣家去讨债?沉默一会,有个见过场面并领教过帮会手段的债主坐不住了,他的债款最多,差不多有二三千块,心想只好顺水推舟买个面子,将来如有事还可找黄金荣帮忙。于是,他手擎酒杯,站起来说:"黄老太爷,您言重了。这点小事烦您大驾光临,是给我们面子。志清兄蛟龙终非池中物,前程远大,哪能为这区区小数萦回不释。请志清兄不要放在心里,我这儿决不会有什么问题,在座各位以为如何?"

大家见了这个阵势,看到大债主既然松口,心想为了几百块去开罪黄老太爷,岂非自找苦吃,便纷纷说:"这位仁兄讲的正是我们心里话,志清兄不必为此事耿耿于怀。黄老太爷给面子,我们实在不敢当!"

蒋介石心中放下一块石头,他暗暗佩服陈洁如的妙算,这笔债就这样冰融雪消了。于是,他也站起来敬了大家一杯酒说:"各位给了蒋某一个面子,我铭记不忘,谢谢!"

于是,酒席上气氛活跃起来。差不多吃到上最后两道菜时,有些人准备提前告辞,忽然黄金荣用手一摆,又举杯说:"刚才承各位给我一个面子,感激不尽。以后各位有什么事需要帮忙,只管来找我,只要能办得到,决不推辞。不过,今天各位只是帮了志清前半段的忙,后半段还有些事想烦劳。"

在座债主纷纷愕然,不知何意。这时,连蒋介石也有点糊涂,不晓得师父还要讲什么,大家都望着黄金荣。黄金荣不慌不忙地说:"志清这次去广州,是孙中山先生请他去参加革命军。

孙中山先生是我佩服的一位当代伟人。不过，他道德操守高，可是经济力量不足，这次开府羊城，听说军费困难。志清曾留学东洋学军事，自然还干他的本行，建军要枪要饷，当然要钱。他虽承各位高抬贵手，可是身无分文，各位好人做到底，能量力而行，解囊相助，凑个数目让志清带去，支持孙先生的大业，也算是帮黄某人的忙，给我的学生壮行色。这点还希望大家买我一个老面子，不胜感激。"

这一席话，使在座债主作声不得：现在不但债款讨不到，竟还要再借一些钱给蒋介石"壮行色"。大家互相对视一下，再看黄金荣时，他脸上已无笑容，眼露凶光，脸上的麻粒都涨得通红，一只手举杯不放，不禁都吸了一口冷气。还是那大债主爽气，他想好人做到底，作兴蒋某人将来发迹，不会忘了这番情谊，于是端杯站起来说："黄老太爷，我可要怪您了，这事刚才一齐向我们吩咐即可。您一言九鼎，志清兄处大的忙帮不了，但改天定送一千银元来，也算是我对孙先生的一点敬意。这就请志清兄代为致意吧！其余各位，我的意思是不必勉强，量力而行，钱不论多少，只是一点心意。黄老太爷您说对吗？"

众人一看，只好纷纷响应，一下子凑了五千银元左右。黄金荣站起身来，面带笑容，高高举起酒杯，说："谢谢各位，谢谢各位！将来孙先生大功告成，志清重返上海，各位都是有功之臣。"

须臾，酒席结束，宾客纷纷离开。蒋介石将师父送上汽车时，黄金荣笑着对他说："志清，师父替你想得周到吧？不还债，还要他们出点血，这事有点味道，哈哈！"

蒋介石也笑了，说："师父的恩情，我永世不忘！"

## 枫林桥密信

　　1927年3月，上海的天气已由春寒逐渐转暖。这时驻扎上海的军阀毕庶澄，已被杜月笙等给迷在富春楼名妓"老六"处，弄得七荤八素。虽然张宗昌、张作霖严令防守上海，不得让蒋介石统领的北伐军进入上海附近的电报如雪片般飞来，但他已陷入花丛，"不爱江山爱美人"，统统置之不理。上海工人又准备武装起义，白崇禧所率部队已过松江，逼近龙华，他也没心思多管。他想的是如果北伐军到，老子就投降，把这号称"花国大总统"的"老六"带回山东去享温柔乡的福分。明眼人一看就知道上海要易手，那些大亨开始准备向新的统治者暗送秋波了。当然，这也包括"麻皮金荣"在内。

　　黄金荣比其他两个大亨杜月笙、张啸林更有恃无恐。他想这位北伐军总司令蒋介石，不就是我的门生志清吗？弟子到了上海，还不来拜师父？以后，自己恐怕比在北洋军阀时还吃得开。因此，虽然杜月笙、张啸林在穿针引线，为和北伐军拉关系忙得不亦乐乎，他却稳坐在钧培里，不动声色。

　　这天傍晚，黄金荣的亲信跑进来说："师父，洽老来拜访您，等在客厅里。"黄金荣一惊，虞洽卿论资望论地位都比自己高，而且是公共租界第一任华董，他在上海是从不拜客的，今天暮夜降尊到钧培里来，肯定有要事相商，于是吩咐："请洽老到小客厅坐，我马上就到。"

　　黄金荣忙不迭整肃衣冠，走进装潢华丽的小客厅，一见虞洽卿，连连拱手作揖："洽老，您亲自枉驾，实在不敢当。有事打电话，我到府上候教就是了。"

虞洽卿摆手摇头说："金荣，不必客气，你这儿我早想来看看，今天得便过府，一看果然气派非凡。"

黄金荣自然明白虞洽卿不是来串门的，他想了一想说："洽老，来寒舍，有什么事赐教呢？"

虞洽卿不慌不忙地说："那位当年'恒泰'失意的蒋志清，这次变成八面威风的总司令，衣锦荣归了。他是您的门生，您作何准备呢？"

黄金荣想，你这次前来是想依靠我这种师徒关系，和蒋介石搭上钩，想不到你也有求我的一天。于是，他反而说出不咸不淡极为轻飘飘的话："洽老，蒋介石终归是我的徒弟，不讲帮规，就是一般师徒，这名分是定了的。俗话说'一日为师，终生为父'，他来上海这个礼总不能废的吧？"

虞洽卿鼻子里哼了一声，笑了笑说："金荣，我在前清时和官场上打过交道，当时有的弟子做了巡抚、藩台这样大官，他的老师却仕途不得意，还在他手下做官，这就难堪了。因此，当时有一种规矩叫做'缴还门生帖子'，即把对方昔日拜师的全红帖子奉还，说当年大人龙潜池中，今日腾飞，不敢再以师生俗套相待，表示恭恭敬敬做他的下属；那弟子自然心领神会，一面表示不敢当，一面就解除师徒约束，往后做老师的官反而升得更快。当然，如今情况不同，但你想过没有，蒋介石从南京到上海，就是一国之主了，他能把当年在上海穷困落魄时拜的青帮师父当长辈吗？这事你得好好考虑。"

黄金荣原来的得意神情，被虞洽卿这一席话说得瓦解冰消，一下子愣在那儿，半晌说不出句话来，他脑子里浮起一些皇帝登位不认亲，还搞抄斩满门的故事。对呀，成为大人物者最怕揭他的痛疮疤，我怎么没想过呢？于是他恭恭敬敬地问虞洽卿："洽老，这事我是没想到，真是个粗人，考虑不周全。您说该怎么办？"

虞洽卿胸有成竹地说："金荣，当年他投在你门下是我介绍过来，你买我的面子才收下这个徒弟。现在，他发迹称王了。想到当年的事，你是师父，我是牵线人，如果我们没有表示，他会耿耿于怀的。所以，我想和你商量，我们先去拜访，退还拜师帖子，表示自己是老百姓，不能收如此高贵的弟子，他自然高兴。那样，他尊重你、我就是敬老，算是一种美德了。"

黄金荣茅塞顿开，连声说："洽老，您真是想得周到，想得远。蒋介石眼下在哪里，我们这就去见他！"

虞洽卿说："听说，他住在枫林桥的上海外交特派员公署里。我们后天一同去拜访他，如何？"

蒋介石确实是从南京来到上海，住在离市区不远的一幢房子里。他不见任何市区来的人，特别是那些过去在上海有些办法，而又看他不起的人。他只找了白崇禧到这儿来密谈，而从两人这次碰面以后，北伐军就停留在新龙华车站一线。任凭上海工人纠察队指挥部和总工会多次派人求见，希望北伐军快点打进上海市区，白崇禧总是推托："上海地方华洋杂处，情况特殊，万一部队开进上海，稍有不慎，会引起事端。当在与各方接触后，尽快进军。"上海工人纠察队指挥部和总工会虽劝说再三，白崇禧还是不同意进军。他们只好怏怏离去。其实，此时蒋介石已准备收缴工人纠察队的武器，对共产党人举起屠刀了。

蒋介石目前唯一把握不准的是上海租界那几个大亨的态度，他们会不会因为我曾在上海落魄而冷淡自己呢？这些大亨的态度，实际和租界的洋人是表里一致的。如果租界和大亨不采取欢迎的态度，他这江南小朝廷恐怕很难稳固。因此，他正对这事反复考虑。

蒋介石在书房独坐沉吟，忽然副官来报告："上海的虞洽卿和黄金荣两位先生乘汽车由市区赶来，专程拜望总司令。他们在楼下客厅等候，总司令在哪儿接见他们两位？"

蒋介石听到虞、黄两人联袂赶来，宛如天上落下两个金元宝，顿时喜出望外，连声说："为什么早不通报？我下楼去迎接，太无礼貌了！"他边说边从书房快步走出来，循梯而下。但他走到楼梯当中，稍停了停，自己怎样称呼黄金荣，是师父还是先生？他还吃不准，只好见面后看机会行事。

蒋介石跨进客厅，还未开口，虞、黄两人都从沙发上起立，黄金荣首先恭恭敬敬地向蒋介石鞠了一个躬说："蒋总司令，小民黄金荣特来参见。"

蒋介石不防黄金荣来这一手，这几年师徒关系毕竟不能一下就抛开。他先向虞洽卿招呼说："洽老，劳您枉驾实在不敢当！"接着，转过身来作出要下跪的样子，对黄金荣说："师父，有几年不见了，您老身体可好？"黄金荣连忙双手扶住蒋介石说："不要这样称呼，总司令当年是龙离大海困沙滩，虎离高山受孤单，贵人自有天相，而今龙飞于天。当年小民有眼无珠，不识真龙，多有冒犯，今日我和洽老来向总司令请安，顺便交还总司令当年的帖子，请总司令赏收。从今以后，金荣遵奉教令，在总司令领导下效力民国！"

蒋介石自然晓得清朝缴还门生帖子的故事，不禁放下一半心事，不过他又一想：我当年在上海拜黄金荣做师父，何人不知，何人不晓？虽然他今天交还门生帖子终止师徒关系，然而这总留下一个痕迹。蒋介石考虑了一会儿，仍把门生帖子双手还给黄金荣，用比较恭敬的语气说："师父，您这是做什么？师徒之分，人所皆闻，岂能废掉？您这样办不好。"

黄金荣有点犹豫，蒋介石不收回门生帖子，他完全没有料到，下一步怎么办呢？他茫然地两眼望着虞洽卿。这时，虞洽卿觉得自己应该转变这个场面，他咳嗽了一声，对蒋介石说："总司令，君子不以出处为耻，韩信忍受'胯下之辱'而灭楚，刘邦斩蛇而开创汉室基业。总司令当年龙蛰沪滨，是所谓伏以待时。我和金荣不过应天顺人，做了些小事，总司令不要放在心上。当然现在是民国了，不讲这一套，然而伦常之理也不能完全偏废，天地君亲师中师属第五伦，虽帝王之师也是臣子。因此对金荣这番举动，总司令不必拘泥俗礼，不收回这份帖子，他是心里不安的！"

蒋介石一听这番议论，表面上摇头表示不敢当，可是心里十分舒服，也就顺坡而下，说道："两位都是我的长辈，恭敬不如从命。不过，你们要以长辈的身份，时常对我这晚辈多多教诲啊！"

黄金荣如释重负，他想：这样我就可以邀蒋介石到家来，如果总司令来拜访我，不比过去更加有靠山吗？于是，他开口邀请蒋介石到他家里吃便饭。

蒋介石点了点头，却又摊开两手说："黄老，按我们过去的交情，我一到上海就要拜会你和洽老两位。可是你也知道，上海这地方，共产党的势力大，他们有枪有队伍，赶走毕庶澄的军阀部队也罢了,如果像汉口、九江那样冲租界,事情就难收拾。国共又是合作的两党,现在还没分手,就有人说我们貌合神离。咳,谁知道我的难处啊。这时,若先去找你们,那批工人受指使一起哄,我这总司令就干不下去了。"

虞洽卿是何等老奸巨猾,他对蒋介石的意图,早已猜出八九成。他想:这事只能让黄金荣、杜月笙这些人去动手,我最多在经济上支持一下。于是,他就用一副愤慨的神情说:"总司令,从来举义与统一大业是两回事,征诸史籍,反对秦朝暴政在大泽乡举义的是陈胜、吴广,可是统一天下的却是刘邦;明朝的朱元璋,不也是这样吗?现在,总司令不能拘泥于过去的一度并肩打过仗,而犹豫不决。我虽然老朽,但和上海黄、杜、张诸公一样,是愿为总司令效劳的,租界方面也可去和他们谈。"

蒋介石这时早已定下了"清共"的阴谋,那番话不过是看看上海大亨的态度。虞洽卿这样一说,他欣喜过望,举手作揖说:"洽老在申城众望所归。洽老和黄老出来维持局面,我的心就定了。好吧,过两天等这里事办完,我一定去看望洽老和黄老。"说到这里,他对黄金荣说:"黄老,钧培里我有几年不去了,明育兄他们都好吧?"

黄金荣点头说:"总司令何时光临寒舍,请先赐个电话,我当率小徒明育亲自迎接,为您接风。"

话谈得差不多,虞、黄准备告辞起身。蒋介石忽然说:"现在局势不稳,两老不必再到这儿来,兵荒马乱,我怕保护不周。这两天,我们的军队为发饷正在想主意呢!"

虞洽卿恍然大悟,用手拍了拍头说:"看我这记性,只顾着说话，就把一件大事忘了。"说着，他的手从长袍伸进去摸出一个皮夹子打开，取出一张支票来，双手递给蒋介石说："我们上海的银行界，特别是宁绍一派，与总司令谊属乡梓，大家商量了一下，对北伐军远涉万里，转战几省，备极辛劳，极表钦佩。今后当在财力上竭诚支持，现在大家先集了一个小数目，要我转交总司令，略表犒军慰劳之意。请总司令赏脸收下。"

蒋介石接过一看，却是一张汇丰银行的支票，票面是"国币壹千万元"。蒋介石怔了一下，现在的他当然不能与"恒泰"那时相比，见的世面大了，可是这笔巨款仍不能不令他惊奇。他顿时悟到，上海大老板送这笔款，不就是表示支持我吗？我的江山算是坐定了。他把支票折了一下放在小口袋里，双手伸出，拉着虞洽卿的手说："洽老，介石和北伐军全体将士谢谢上海的父老，我不会辜负众望的。请各位放心，介石不会对不起上海帮我忙的人，过几天我会来拜会你们两位的。"

虞洽卿和黄金荣告辞了，蒋介石只送到楼门口说："两老包涵，现在我不能远送，告罪，告罪！"

汽车卷着尘土飞驰而去，这时正是三月底四月初，一件血腥交易成功了。因为过不了十几天，上海不知有多少人将为这付出鲜血和生命。

## 重返钧培里

1927年血雨腥风的"四·一二"反革命政变过后，上海又沉入一片死寂，只是租界上那些大亨和高等华人却兴高采烈，整日里灯红酒绿，纸醉金迷，酒楼、饭店、舞厅、妓院都是生意极好。

这天，八仙桥钧培里黄公馆似乎在等待什么贵客到来，管家卖力地指挥布置客厅，并催饭店快些派高级厨师，大家都手忙脚乱，里里外外跑个不停；另外，黄公馆又派出去一些人，身上带着短家伙，在马路到弄堂口放哨监视。更有甚者，黄金荣亲自督阵，他一大早就从床上爬起来，东边看看，西边指点，直至一个茶几、花瓶放的位置都要一再权衡。有的弟子问大师兄潘明育，今天接待什么贵客，要老太爷自己动手布置，忙这忙那。潘明育眨了眨眼睛，带点神秘色彩说："要说这位贵客，你们都知道，就是当年'恒泰'的志清，不过现在可是一国之主，即威震东南的国民革命军总司令蒋中正。连老太爷如今都不敢叫他名字，称他总司令。今天他来看望老太爷，这好比当年皇帝御驾亲临，老太爷怎么能不起劲呢？你们可要小心一点，不然吃不了兜着走。"那些徒弟只好把舌头一吐，规规矩矩地做事去了。

黄金荣等到上午十点多钟，还不见蒋介石来到，不免有点心焦。昨天总司令部打电话来关照，说是明天上午九时，总司令来府上拜会黄老先生。现在过了一个多小时，怎么毫无动静，他正准备打电话去问，忽然潘明育领着一个穿中山装的人满头大汗地跑进来，那人只叫了一声"老太爷"，就急忙说："出了点麻烦事，总司令要我先来打个招呼。"

黄金荣心里一惊，莫非遇到了刺客，但看来人这又不像，于是他安慰道："不要急，坐下来慢慢讲。"

那人说："总司令早上八时半就从董家渡司令部动身，他准备从外马路转入爱多亚路（今延安东路），谁知法租界巡捕房把他的两辆乘有六十多名卫士的军用卡车拦住了，不许进入。卫队长和他们争了几句，那巡长就连车带人都扣下来，送到巡捕房去了。这事太下总司令的面子，他大光其火，要我通知黄老太爷，今天不办好交涉，就不打算过来了！"

黄金荣一听，觉得法国人竟如此不买账，也有点气愤，可是转念一想，在租界里洋人是老大，得罪不得的。要是蒋介石没有面子，他不进租界，将来什么事都不好办，他最后横了心，吩咐赶快备车到巡捕房去。

黄金荣到了巡捕房，找到在公董局做事的徒弟程子卿，急急忙忙地说："子卿，那外马路口巡捕房扣下了蒋总司令的车和人。蒋总司令是来看我的，这事不是给我脸上抹黑吗？你和我一起去向公董局和法国巡官讲明，无论如何要让总司令带着卫队到我家来。不然，我在法租界就难以待下去了。"

程子卿不敢怠慢，急忙陪着黄金荣找到法国巡官，向他讲述此事。黄金荣对那洋人说："蒋总司令是专程到八仙桥钧培里来看望我的。他现在是最有权势的人，统领几十万大军，整个中国就要由他当家了。我觉得这样的大人物来访，自己无法保证他的安全，所以要他带卫队来，谁知被你们扣住了。这事激怒了蒋总司令，我看不那么好办，请你们考虑欢迎蒋总司令率队进入租界。"

法国巡官一听，觉得事态严重，立刻十分客气地对黄金荣说："黄先生，你是法租界的华董。这事我负责解决，立刻向总领事报告。"说完，他马上打电话给总领事。总领事在电话中告诉巡捕房，事态不能扩大，请黄董事出面向蒋总司令解释，立刻放全部车辆从爱多亚路进入法租界。

黄金荣想，蒋介石在租界外被拦了这么长的时间，肯定很不高兴，该让他出出风头，于是就向法国巡官说："蒋总司令进入租界是我们的贵客，应该让他在主要马路上看看，再到钧培里。这样也可表示我们对他的热忱欢迎！"

法国巡官想：总领事已经答应他们把军车开进租界，兜个圈子又有何妨？于是他立刻同意，并打电话给阻拦蒋介石等的巡捕房，命令他们请总司令和他的卫队、军车一齐进入法租界。

蒋介石整整等了一个半小时，才进入租界。此时，他派去见黄金荣的那个秘书匆匆跑了回来，上车说："黄老亲自到巡捕房打交道，总领事表示下面不清楚，多有冒犯，特别欢迎总司令到法租界来观光。"

蒋介石坐在雪铁龙轿车上，后面两辆卡车上共有六十多人，浩浩荡荡从爱多亚路经八仙桥向西拐折入钧培里。这条路并不长，只有四五里，可是他却有点陶醉，刚才被巡捕拦住的恶气已经全部消散了。他觉得，今天带着卫队进租界到钧培里，黄金荣颇为奉承我；这不是才几年工夫吗？而今，我是八面威风的总司令了！蒋介石正十分得意时，车子已经停住，他抬头一看，来到钧培里弄口，只见黄金荣率领几个徒弟迎接。他才急忙下车，走过去和黄金荣握手："黄老，让你久等了！"接着和蒋介石打招呼的，却是他入帮的引传师潘明育，他脸上露出瞬间的尴尬。潘明育何等精明，晓得蒋介石脸上有点抹不开，还怕自己叫他师弟，使之难堪，于是抢前一步，恭恭敬敬地鞠了一个躬说："蒋总司令，潘明育谒见，请您指示。"蒋介石见大师兄这样见礼，顿时放下心，说："潘先生不要客气，你们这样接待我，太不敢当了。"

黄金荣把蒋介石让进布置得富丽堂皇的客厅，在他的太师椅旁已放了一张十分考究的沙发。很快，黄金荣请蒋介石在沙发上坐下，佣人献上茶来，两人开始谈天。

蒋介石说了一些"身体可好"、"经营方面是否顺利"之类的寒暄话以后，他从身上掏出一只金怀表递给黄金荣："黄老，这是我的一点小意思，做个纪念吧。"黄金荣一边称谢，一边接过来，一看这是瑞士产的纯金外壳的金表，表壳盖上镌刻着"黄金荣先生留念，蒋中正赠"几个字。黄金荣如获至宝，郑重放进长袍里面的小表袋。

黄金荣说："总司令，我备了一杯水酒，不成敬意，算是给您接风洗尘，请赏光！"

蒋介石一听，随手掏出怀表一看，已是十一时左右，他微露歉意说："黄老，十分抱歉，本应在这儿多坐一会，无奈十二时有点要事，非得回去处理不可，盛筵心领了。哦，我还忘了，昨天国民政府通过一项决议，邀请上海耆宿闻人，作为政府咨询的长者。黄老在上海众望所归，已被聘为国民政府参议，聘书不日有官员专程送到府上。今后希望黄老多多为政府建言，我们都是一家人，不必客气！"

黄金荣想，你以前就是我的徒弟，现在得势了，和我打起官话来了。他虽这样感觉，嘴里却十分谦逊："总司令太抬举我这个老头子，没什么说的，今后有什么事，请吩咐。我一定竭尽全力效劳。"

## "孤岛" 黄金荣

光阴荏苒，黄金荣已经成了七十出头的老人。这期间，国内局势大变,"八·一三"淞沪会战爆发,荣记"大世界"全部停业作为难民收容所,他也参加了上海抗敌后援会;然而,曾几何时战事失利,几十万大军纷纷西撤,上海租界成了敌伪势力包围的"孤岛"。

黄金荣陷入十分苦闷的境地,眼看自己的靠山蒋介石从南京撤到武汉,再撤到重庆,离上海越来越远。他和日本人打交道很少,租界当局则对日本人畏惧三分。特别是法租界,似乎更怕日本人。黄金荣不但活动地盘缩小、收入锐减,他还担心日本人来纠缠自己曾反日的事,弄不好会有刺客上门。因此,他闭门蛰居,轻易不出。

然而,黄金荣不出门,日本人却找上来。这天下午,潘明育进来悄悄地对黄金荣说:"日本人小林来拜会,这是个中国通,连我们帮规也很熟,能说一口十分流利的上海话,其实是个特务。他来没有好事,等会儿您见他要当心。"

黄金荣有点愤愤然:"无非要我出来当汉奸,我还没有老糊涂。蒋委员长正在抗战。这么多年,我们交情很深,自己如当汉奸,将来拿什么脸去见他!"

潘明育说:"老太爷,您当心点,反正年纪大了,跟他装聋作哑,推辞就是了。"

黄金荣点点头,走进客厅,看见一个穿中国长袍马褂的矮个子中年人坐在那儿。黄金荣不禁一怔,刚要回头问潘明育,那中年人立起身来招呼了:"黄先生,我是小林贤二郎,在日本领事馆任职,今天特来奉访。"

黄金荣吃了一惊,要不是他自报家门,马路上遇到,谁知道他是日本人呢？于是他点头招呼："原来是小林先生，幸会，幸会。老朽身体不好，耳朵又有点聋，有简慢处，请恕罪！"

小林客气一下，就表明了来意，他说："黄先生，我是受日本政府的委托，来请您出任上海市长的。"

黄金荣顿时心中一沉，他想这汉奸市长怎么能做，上海抗日爱国志士很多，说不定当了没几天，刺客的枪弹就射过来。他装出糊里糊涂的样子，哈哈大笑说："小林先生，你弄错了。我只是个粗人，在租界当过'包打听'；还按照祖师爷教导开过香堂，收了一些弟子，可这都是江湖上的朋友。让我当市长，我斗大的字认得不满一箩筐，怎能办公事？岂不要闹大笑话！"

小林仍然一点也无愠色，笑着说："黄先生，您太客气了。您收的徒弟也不都是江湖上的哥儿们，似乎在重庆的蒋介石先生当年也在门下。就凭这点，请您当市长恐怕还有点屈尊了！"

黄金荣听小林点出蒋介石，不禁打了一个寒噤。他明白小林的意思，作为蒋介石的师父，不愿接受日本人的委任，就是反日，要对你不客气。黄金荣有点愤慨，说："小林先生是中国通，自然懂得我们青帮的规矩，投拜师门，不问出身高低；将来贵显以后，如果不认师父也听便。蒋介石拜在门下时，还没做大官，他现在成了全国的领袖，我早已不认这样的高贵徒弟了。因此，他和我已没有什么关系。"

小林劝不动黄金荣，有点悻悻然，顿时改变了那和颜悦色的态度，目露凶光，冷笑一声说："黄先生既然不肯出山，我们也无法勉强。不过我奉劝一句，现在局势很乱，我们本来是对您这样的人尽力保护的，您既然对我们有误解，我们就爱莫能助了。告辞！"

黄金荣顿时从背脊上感到一股凉意，似乎日本人就要对他下毒手。他闭眼长叹了一口气，自言自语说："我一辈子没有亲手杀过一个人，可是手上也不干净，看来要还债了。不过命丧日本人之手，我死不瞑目呀！"

傍晚，潘明育告诉黄金荣，《申报》馆胡宇之带来一个消息，有人从重庆抵达上海，此人听蒋介石讲起："上海的头面人物黄金荣、杜月笙等都和我有交情，不会帮东洋人；黄老我更是信得过，你到上海带个信给他老人家，说我心里惦念他，要他自己当心。"潘明育说："胡宇之本来想亲自对老太爷讲，他听说下午来过一个日本人纠缠您，怕您心绪不好，不敢惊动，叫我转告。"

黄金荣边听边落了几点眼泪，他用平常少有的亲密语气说："明育，志清还是惦念我的。我虽然退了帖子，但师徒之情仍在。你让胡宇之告诉那位重庆客人，告知我不便接见他，请他带个信给蒋委员长，就说我是中国人，决不做对不起祖宗的事。将来能有见面一天，我总对得起蒋委员长，没有丢脸！"

晚上，钧培里黄公馆静悄悄的，灯光暗淡。黄金荣一个人坐在佛堂里发怔，好久没有动一动，谁也不敢惊扰他。

## 黄家花园的贵客

1947年，黄金荣已是八十岁的老人了。

黄金荣的心情不好，因为抗战胜利以后，蒋介石回到南京，国民党又同共产党打起仗来，弄得物价像火箭一样往上蹿。黄金荣觉得蒋介石已在走下坡路，恐怕他的天下就要收场了。对于共产党，他在二十多年前领教过，想起"四·一二"的情景，不禁浑身发冷；那次政变中，他干了不少推波助澜的坏事，如共产党坐江山，自己可能没好果子吃。因此，当那些徒子徒孙兴高采烈地准备在农历十一月初一给黄金荣做八十大寿时，他实在打不起精神。可是，大徒弟潘明育说："八十大寿古来稀，您不做这个寿，黄门弟子的脸放到哪儿去？"黄金荣一想也对，我活了八十岁不容易，管他局面怎么样，这个寿要做，这个台不能坍。于是，他吩咐寿堂分两处，一处是漕河泾黄家花园，这地方虽偏一点，但有亭台楼阁，可以多接待一些人；一处是钧培里黄公馆，在这里只接待几位尊贵客人，陪他们谈谈天。

转眼就到农历十一月初一，这天黄金荣坐车早早来到花园四教厅落座，几个管事的弟子都先给他拜了寿。黄金荣问他们："那些当地的好友、长官都请过了吗？"

一个安排寿辰、迎客侍宾的徒弟回答："我们连蒋总统、吴市长、孔院长都请了，他们原定上午都来。蒋总统的侍从室曾回话：'总统恐怕寿辰那天有要事，不一定赶到，请向黄老太爷打个招呼。'"

黄金荣听了，黯然若失，蒋介石不能来，使他的寿辰减色不少。外面人看来，他们过去有师徒情分，现在蒋介石连八十大寿都不到，可见黄金荣没有多大市面了。而黄金荣想的是，恐怕蒋介石打仗紧张，连抽空到上海来一次的时间都没有了。他沉默不语。

一会儿，吴国桢、孔祥熙、杨虎都先后来拜寿了，当然只是到一到就走了。再等一会儿，蒋介石的二公子蒋纬国来了。往常黄金荣对小两辈的人，纵然是尊贵的大官，他也从不亲迎，而且对拜寿磕下头去，只还半礼。这次他竟走出四教厅，步下台阶，一直到走廊口，亲自迎接。蒋纬国有点受宠若惊，连忙跑上前扶住他说："黄爷爷，您折煞我这个晚辈了！"

黄金荣拉着蒋纬国的手说："纬国，你来了，我高兴。我请了蒋总统，可他今天来不了。我八十岁了，真想见他一面，可他国事在身，抽不出空。见了你，我心里就高兴了。来，到厅上坐坐，吃碗寿面吧！"说着，他老眼湿涩了，声音有点哽咽。

蒋纬国也动了感情，劝慰说："黄爷爷，爸爸一定会来的，他只是最近两天开军事会议，脱不开身。他也想您老人家呢！"

黄金荣陪着蒋纬国走进四教厅，在一对红木太师椅上分宾主坐定。蒋纬国看黄金荣并不十分高兴，不敢再多说话。因为，他最近没有见到父亲，父亲到底来不来上海给黄金荣拜寿，实在说不清楚。所以，他吃了一碗寿面后，推说有个军事会议就告辞。

黄金荣见蒋纬国来去匆匆，讲话吞吞吐吐，不由更加疑心：我八十整寿，他们父子却是这种态度？他翻来覆去地想，是不是杜月笙在蒋介石面前讲过自己什么坏话呢？但这不大可能，否则今天杜月笙不会来黄家花园帮我招待宾客。杜月笙肯亲自出马为我接待贺寿的贵宾，可算他平生仅有的一次。黄金荣后来想开了，大概蒋介石和共产党打仗打得不顺心，军事上失利，心烦意乱顾不上了。于是，他又坐在太师椅上闭目养神，并吩咐："一般客人在四教厅当中那个五彩灯泡扎成的大'寿'字前行礼后，就入席吃面。不必来叫我，我要养养神。"

黄金荣刚闭上眼打了一会儿盹，大弟子潘明育走来说："李济深来了，您见不见？"

黄金荣心里一怔：这位广西方面的大人物曾和自己有过不少交往。当年，李济深通过黄公馆和法租界的军火贩子挂上钩，买过不少军火，自己从中也肥肥地赚了一笔回扣；后来，李济深和蒋介石关系紧张，自己和他未再联系。最近，听说他正在指责国民政府贪污腐败、挑起内战，使蒋介石很恼火。"怎么他来给我拜寿了？"黄金荣吩咐潘明育快请，自己也颤颤巍巍站起来向厅外迎去。

五短身材的李济深匆匆从回廊上走过来，看见黄金荣迎出来，他三步并作两步跑上前，握住这位寿星的手说："老大哥，我拜寿来了！你真是寿跻八旬，名满寰宇，福寿无疆。"

黄金荣用力握了握李济深的手说："任潮兄弟，你客气什么。好久没见你，怪想你的，咱们哥儿俩进去好好谈谈。"

黄金荣和李济深在四教厅后的一个小间坐下。黄金荣有心听听李济深对蒋介石的看法，试探地问："任潮兄弟，听说你和介石有点不愉快。唉，大家都这把年纪了！介石我是知道的，这人气量有点狭，你是他的前辈，就是有什么过不去的也该好好谈谈。要不要我和介石过个话？"

李济深愤然作色，气呼呼地说："老大哥，你是蒋介石的长辈，咱们交情也不浅。我没有对不起他，可他对我斩尽杀绝，关过我，猜忌我，现在又派人盯梢我，看来要对我下毒手。我对蒋介石就是不买账。今天来，一是给老大哥拜寿，二是辞行。我准备到香港去，国民党已经腐败了，一定要改弦更张。"

黄金荣听了，半晌不作声，他想蒋介石有点众叛亲离了。李济深对蒋介石怨恨如此深，看来到香港以后，肯定会另起炉灶，与之唱对台戏。但衡量起来，自己和蒋介石的关系较深，不便对李济深讲什么，只是叹口气说："任潮兄弟，你多保重。你也是上岁数的人了，到香港给我来信。依我看，你还是不要与介石弄得关系太紧张。"

李济深摇了摇头说："老大哥，这政治的事你就不必管了。我是惦念咱们几十年交情，此次去香港吉凶未卜，也算诀别。唉，我怎么在你的寿诞讲这种丧气话，岂有此理，老大哥恕罪。"

李济深又坐了一会，吃碗面告辞。这天一直到傍晚，没有任何人来。

三天后的下午，潘明育兴高采烈地拿着一封电报奔进黄金荣的房间，连声高呼："老太爷，南京打电报来了，蒋总统明天到上海亲自来给您拜寿。"

黄金荣不打盹了，精神好许多，连忙问："电报怎么说，快念给我听听。"

潘明育不敢怠慢，忙说："电报是侍从室主任陈布雷打来的，电文是：'明日总统到沪，亲赴黄府祝寿。'老太爷，您看在哪儿接待蒋总统？"

黄金荣这几天心中的不快一下子都散尽，兴致勃勃地说："到漕河泾花园里，重新布置一下四教厅，要搞得清爽一些。把我在北京特地订制的十二把红木椅子搬去，这是专门准备接待蒋总统的。"说着，他又停了一下，"你们要和军警联络一下，要他们派人警戒，万万不可大意啊！"

第二天，这个当年上海南郊小镇——漕河泾的小街上，一下子有自卫团、警察百余人站岗，气氛突然紧张起来。镇上居民当然猜得出，一定有什么大好佬要从此经过到黄家花园去，这个人的官位肯定不小。

黄家花园附近更是警探密布，而且都持枪面对群众，令人不敢走近。从中午时分起，这儿就断了行人交通，用句那时的口头语来说叫做"净街"，整个漕河泾到黄家花园都处在一种紧张气氛中。眼前的情景自然不会使人想到这是为给黄家花园主人祝寿，因为太不协调了。

黄金荣一早就到黄家花园来张罗，他看着四教厅前的那尊矾石八仙，不禁想起二十多年前蒋介石到钧培里拜师的一幕：那时，他也有一尊小八仙，供于茶几上，蒋介石不是就在近旁向他叩头行礼的吗？二十多年过去，他再来拜寿，自己却要一早恭迎他了。

一直等到傍晚，黄金荣正在与家人闲聊，潘明育跑进来报告："老太爷，警备司令部打来电话，说蒋总统已从东平路公馆出发了。"

黄金荣立刻抖擞精神，东平路就在复兴中路附近，汽车开到漕河泾黄家花园用不了二三十分钟。他急忙整理了一下衣服，正襟危坐，等在四教厅的滴水回廊前面。忽听得外面汽车喇叭响，接着是喊"立正、敬礼"的声音。黄金荣知道蒋介石到了，于是由两个年轻的徒弟扶着，向园门走去。

走到仪门口，只见蒋介石身穿蓝袍马褂，头戴一顶铜盆帽，脚上着一双布鞋。黄金荣微微一怔：他来看我几次，都是穿那身陆军特级上将的军服；虽说今天穿中式衣裳也对，不过这身打扮却和二十多年前拜师时穿的一模一样，这是什么意思呢？正踌躇间，蒋介石已走到面前，拱手说："老先生，恕我没有能在你华诞这天前来，迟了两日，实在是军务紧张；其次，是考虑那天人多，我一来，大家都受拘束,才晚来了。你的身体可好?"

黄金荣紧紧握住蒋介石的手,嘴唇有点颤动,说:"托总统的福,身体还结实。请到四教厅上坐吧!"

走进四教厅,蒋介石向四周看了一下。虽然黄金荣让他坐下,他却摇摇头,径自走到堂中拣了一把大红木椅子,两手搬起来向正中八仙桌前放。红木椅子毕竟比较重,随从立刻接过来,按蒋介石指的地方放好。蒋介石又从其他椅子上取了一个软垫放在红木椅上,然后亲自扶黄金荣坐上去。接着,蒋介石躬身跪在地上,向黄金荣磕了一个头。这使黄金荣猝不及防,急得口中连连说:"这怎么敢当,折我老汉的寿了!"

蒋介石站起身来,看看厅中除黄金荣、潘明育外,随从等都退了下去。他向黄金荣恭恭敬敬地说:"师父,你不必客气。潘师兄,你对我的那些好,我也不会忘记。"

这两声二十多年没听到蒋介石叫过的称呼,顿时令黄金荣师徒两人一时呆住,好半晌才觉醒过来,却说不出一句话,只是望着他。

蒋介石看了看手上的表,对黄金荣说:"我不能久留,立刻就要从上海飞北平,就从这儿到机场去了。我是专程来拜寿的。"

黄金荣挽留蒋介石吃点东西,他摇摇头说:"心领了,心领了,恕我匆匆来去。"说罢,蒋介石站起身,向厅外走去。黄、潘两人送出厅外。他走到厅前那假山旁停住了脚,回转身来对黄金荣说:"请多多保重身体,要健康长寿。我还准备将来给你做九十大寿呢!"

黄金荣苦笑了一下说:"我活到八十,心满意足了。恕我冒昧,志清贤契，不知咱们还能见面吗?"

蒋介石默不作声，脸色似乎黯淡下来，他快步走向园门。来到门口，他说了一声："都请回吧！"

几辆汽车离开黄家花园，飞驰而去，逐渐消失在尘雾中。

黄金荣呆呆地站在园门口望着。他当然没想到，这次祝寿竟是他们师徒俩见的最后一面……

# 跋

我以前出版过两本老上海题材的书,得到朋友肯定,读者也来信给予好评,报纸还发表了书评。于是,这次在上海书店出版社完颜绍元先生的鼓励下,又整理成具有"野史"色彩的《上海烟云》。此刻,我不禁回想起一点往事。

40多年前,我还是个"红领巾"。这天,班主任收作业簿,我稀里糊涂从书包里取出个本子递过去。刚想转身,被老师拖住,定睛一看:她手中拿着的分明是一册文学杂志。老师有点生气:"好啊,你干脆去当作家吧!"顿时,我的胸口一阵鹿跳,仿佛内心的秘密被看穿似的。是夜,我做了个梦,看见自己真的出版了作品。然而,梦毕竟是虚幻的,从中学做到农场,一直未能变为现实,我创作的小说、散文都是"泥牛入海无消息"。1978年秋,我考入复旦大学历史系,在课余便结合自己所学专业撰写文史随笔。至1980年秋,杂志上登出我的"处女作";随后,我的作品常在报刊露面,在校学生会组织的"学生成果展"中还曾名列前茅。进行实习时,我被安排到《上海县志》办公室,参与编写《上海概述》,其间得以了解:在南宋末期,今十六浦一带海舶云集,附近的一个聚落正式设为上海镇(今中华路、人民路环线内,即老城厢),上海港开始崛起;上海镇由于发展迅速,至元代初期升格为上海县,而位于黄浦区的老城厢则遗存着申城的"脚印"。从此,我与上海史研究结下了不解之缘。

大学毕业后，我先在研究单位整理早期上海党史资料，不久被调往期刊社，从事编辑工作，并继续热衷于撰写文史随笔、上海掌故。有次，我突然收到一位北京读者来信，其中说："我爱浏览报刊，屡屡看到大名。希望有机会共同探讨……"未及回复，那位先生已趁出差之便找上门。也许由于同为期刊编辑，咱俩一见如故，谈得非常投机。当他看了我做的拙文剪报，决定带回去向出版社朋友推荐。过了半年多，我惊喜地收到中国民间文艺出版社寄来的样书。它收入文史随笔 40 多篇，仅 10 万多字，内容提要中介绍："本书以独特的视角，寻访于大千世界，泛舟在历史长河，采撷了几片人生的浮萍……所述之事，或近或远，皆已时过境迁，故名旧闻。"这本《旧闻集》圆了我儿时的梦，所以"爬格子"从爱好变为嗜好。可以说，我后来能加入上海市作家协会，就是由此起步的。

　　通过撰写文史随笔、上海掌故，我积累了经验，得到了灵感。渐渐地，我的通俗小说、散文等也陆续在报刊亮相。虽然在文学创作方面有了进步和收获，但我仍保持着对上海史研究的浓厚兴趣，继而也热衷于搜集上海轶事。

　　记得那次外地作家老金途经上海，他提出希望用半天时间快速感知申城由来。我想了想，便带他看老城厢。逛至中华路、东门路口，我介绍南宋末期上海镇概貌："那时，以市舶分司为中心，建坊凿井，铺路造桥，而镇上标志性建筑受福亭前则有'一市阛阓之所'，这可算上海第一个广场，其遗址就在咱们驻足之处。"望着周边的热闹街景，老金自言自语："它记录了漫长的岁月变迁！"继而，去探访古老街巷，我说："申城五条最早见诸记载的街巷——

新衙巷、康衢巷、新路巷、薛巷、梅家巷，据考分别为今新弄、巡道街、望云路、薛弄底街和梅家街及光启路（乔家路以北段）。"漫游于此，老金颇有感慨："虽然路面狭窄，却透出浓郁人文气息！"走近会馆后街的商船会馆旧址，我说："清代初期，上海成为全国南北贸易枢纽，以同乡同业为基础的组织陆续出现，最早的是康熙年间诞生的商船会馆。"在这座古老建筑四周兜了一圈，老金很兴奋："它是上海以港兴市的见证！"最后，抵达天灯弄书隐楼，我说："书隐楼是清代住宅建筑，曾被列为'江南三大藏书楼'之一。"凝视饱经风霜的围墙，老金突然笑道："它原来是宁波'天一阁'、南浔'嘉业堂'的'兄弟'！"其间，咱们也从沿途的一些老人口中听到不少生动传说。分手前，他表示老城厢之游回味无穷，并嘱我为保留申城记忆多出力，应再出版一本关于老上海的故事。

推出《上海烟云》，也可算是对作家老金的回应。这本集子收入的作品，多在通俗文艺报刊登载过，此次又进行了修订和补充，以期质量上有所提高。必须说明，该书作为逸闻，为了适应情节铺陈的需要，其中的一些人物或综合了多个原型，或进行了局部虚构，因而采用化名；一些人物虽以真名亮相，但出于增强可读性的考虑，也作了艺术加工，同样不能完全与史实挂钩。

最后，深深感谢上海书店出版社领导的热忱支持，以及文史专家完颜绍元先生给予该书的诸多指教。

是为跋。

朱少伟
2015年初夏于浦东渐宜斋

**图书在版编目(CIP)数据**

上海烟云 / 朱少伟著. —上海：上海书店出版社，2015.8
 ISBN 978-7-5458-1120-9

Ⅰ.①上… Ⅱ.①朱… Ⅲ.①故事-作品集-中国-当代 Ⅳ.①I247.8

中国版本图书馆 CIP 数据核字(2015)第 165529 号

---

**责任编辑** 邓小娇
**封面设计** 汪 昊

---

上海烟云
朱少伟 著

| | |
|---|---|
| 出　　版 | 上海世纪出版股份有限公司上海书店出版社 |
| | （200001 上海福建中路 193 号　www.ewen.co） |
| 发　　行 | 中国图书进出口上海公司 |

版　　次　2015 年 8 月第 1 版

ISBN 978-7-5458-1120-9/I · 322

www.ingramcontent.com/pod-product-compliance
Lightning Source LLC
Chambersburg PA
CBHW050334230426
43663CB00010B/1849